全过程工程咨询丛书

U0365897

全过程工程咨询信息管理

张江波 陈朝阳 梁莎莎 杨明芬

—————— 主编 ——————

化学工业出版社

·北京·

内 容 简 介

《全过程工程咨询信息管理》是"全过程工程咨询丛书"的第 10 册。本书系统介绍了信息管理概述，工程建设全过程信息管理的内容、要求、实施，工程建设全过程信息化现状及分析，如软件、云平台与协同网络配置、硬件分析，BIM 技术应用，BIM 信息的动态管理与控制以及工程建设全过程信息化技术的展望。

本书可供建设单位、咨询单位、设计单位、施工单位、监理单位、造价咨询单位、运维管理单位的从业人员及相关专业高校教师、学生参考和使用，还可供对工程管理感兴趣的读者阅读和参考。

图书在版编目（CIP）数据

全过程工程咨询信息管理 / 张江波等主编 . —北京：
化学工业出版社，2022.3
（全过程工程咨询丛书）
ISBN 978-7-122-40433-6

Ⅰ . ①全⋯ Ⅱ . ①张⋯ Ⅲ . ①建筑工程 – 咨询服务 –
信息管理 Ⅳ . ① F407.9

中国版本图书馆 CIP 数据核字（2022）第 026471 号

责任编辑：吕佳丽　　　　　　　　　　文字编辑：林　丹　赵　越
责任校对：田睿涵　　　　　　　　　　装帧设计：王晓宇

出版发行：化学工业出版社（北京市东城区青年湖南街 13 号　邮政编码 100011）
印　　装：三河市延风印装有限公司
787mm×1092 mm　1/16　印张 14　字数 322 千字　2022 年 5 月北京第 1 版第 1 次印刷

购书咨询：010-64518888　　　　　　售后服务：010-64518899
网　　址：http://www.cip.com.cn
凡购买本书，如有缺损质量问题，本社销售中心负责调换。

定　　价：58.00 元

丛书编写委员会名单

本书编写人员名单

主　编：张江波　汉宁天际工程咨询有限公司　总经理

陈朝阳　浙江中诚工程管理科技有限公司　总经理

梁莎莎　卓信工程咨询有限公司　部门经理

杨明芬　金中证项目管理有限公司　董事长

副主编：牟海军　四川华坤工程咨询有限公司

张国栋　长沙营科智城工程咨询有限公司

周效民　河南长秋信息科技有限公司

郭文莉　卓信工程咨询有限公司

王孝云　泰禾云工程咨询有限公司

李东华　金中证项目管理有限公司

参　编：吴　伟　上海中建东孚投资发展有限公司

邹会青　浙江中诚工程管理科技有限公司

张红勇　中铁云网信息科技有限公司

常永振　浙江中诚工程管理科技有限公司

于　静　山东德建集团有限公司

赵剑峰　浙江小塔塔慧信息技术有限公司

丛书序

2017年2月国务院办公厅发布的《关于促进建筑业持续健康发展的意见》（国办发〔2017〕19号）要求：培育全过程工程咨询。鼓励投资咨询、勘察、设计、监理、招标代理、造价等企业采取联合经营、并购重组等方式发展全过程工程咨询，培育一批具有国际水平的全过程工程咨询企业。制定全过程工程咨询服务技术标准和合同范本。政府投资工程应带头推行全过程工程咨询，鼓励非政府投资工程委托全过程工程咨询服务。在民用建筑项目中，充分发挥建筑师的主导作用，鼓励提供全过程工程咨询服务。

自2018年以来，各级部门通过招标网站发布的全过程工程咨询项目累计超过300个，上海同济工程咨询有限公司中标的"乌梁素海流域山水林田湖草生态保护修复试点工程项目全过程工程咨询服务"中标咨询费为3.7亿元，上海建科、上海同济、浙江江南、中冶赛迪、北京双圆、晨越建管等公司纷纷拿下咨询费用超过1亿元（或接近1亿元）的咨询项目。

我们深刻认识到全过程工程咨询是我国工程咨询业改革的重要举措，是我国工程建设管理模式的一次革命性创举，为此国家发展改革委和住房城乡建设部2019年3月15日推出《关于推进全过程工程咨询服务发展的指导意见》（发改投资规〔2019〕515号），明确全过程工程咨询分为投资决策综合性咨询和工程建设全过程咨询，要求充分认识推进全过程工程咨询服务发展的意义，以投资决策综合性咨询促进投资决策科学化，以全过程咨询推动完善工程建设组织模式，鼓励多种形式的全过程工程咨询服务市场化发展，优化全过程工程咨询服务市场环境，强化保障措施。

2019年10月14日山东省住房和城乡建设厅与山东省发展和改革委员会推出《关于在房屋建筑和市政工程领域加快推行全过程工程咨询服务的指导意见》（鲁建建管字〔2019〕19号），要求：政府投资和国有资金投资的项目原则上实行全过程工程咨询服务。这是全国第一个有强制性要求的全过程工程咨询指导意见，大力推进了山东省开展全过程工程咨询的力度，具有良好的示范效应。

2020年5月6日吉林省住房和城乡建设厅与吉林省发展和改革委员会《关于在房屋建筑和市政基础设施工程领域加快推行全过程工程咨询服务的通知》（吉建联发〔2020〕20号），要求：政府投资工程原则上实行全过程工程咨询服务，鼓励非政府投资工程积极采用全过程工程咨询服务。

2020 年 6 月 16 日湖南省住房和城乡建设厅《关于推进全过程工程咨询发展的实施意见》(湘建设〔2020〕91 号),要求：2020 年,政府投资、国有资金投资新建项目全面推广全过程工程咨询；2021 年,政府投资、国有资金投资新建项目全面采用全过程工程咨询,社会投资新建项目逐步采用全过程工程咨询；2025 年,新建项目采用全过程工程咨询的比例达到 70% 以上,全过程工程咨询成为前期工作的主流模式,培育一批具有国际竞争力的工程咨询企业,培养与全过程工程咨询发展相适应的综合型、复合型人才队伍。

越来越多的省、市、自治区、直辖市在各地区推进全过程工程咨询的指导意见、实施意见中采用"原则上"等术语来要求政府投资项目全面采用全过程工程咨询的模式开展咨询服务工作。

从国家到地方,各级政府都在大力推进全过程工程咨询,而目前国内专业的全过程工程咨询类人才却十分匮乏。各建设单位、工程咨询、工程设计等企业目前已经开始在为自己储备专业性技术人员。全过程工程咨询并非简单地把传统的设计、监理、造价、招标代理、BIM 建模等业务进行叠加,而是需要站在业主的角度对项目建设的全过程进行组织重塑和流程再造,以项目管理为主线、以设计为龙头、以 BIM 为载体,将传统做法中的多个流程整合为一个流程,在项目起始阶段尽早定义,提高项目管理效率,优化项目结构,大幅降低建造和咨询成本,驱动建筑业升级转型。

在张江波先生的带领下,来自企业、高校近 200 位专家、学者,历时三年的时间完成了对全过程工程咨询领域的共性问题、关键技术和主要应用的探索和研究,融合项目实践经验,编写出本套系统指导行业发展及实际操作的系列丛书,具有十分深远的意义。本套丛书凝聚了享有盛誉的知名行业专家的群体智慧,力图呈现并解决目前正在开展全过程工程咨询项目或已完成的全过程工程咨询项目在实施过程中出现的各种问题。

丛书紧扣当前行业的发展现状,围绕全过程工程咨询的六大阶段、十大传统咨询业务形态的融合,实现信息集成、技术集成、管理集成与组织集成的目标,总结和梳理了全过程工程咨询各阶段需要解决的关键问题及解决方法。丛书共有十个分册,分别是《全过程工程咨询实施导则》《全过程工程咨询总体策划》《全过程工程咨询项目管理》《全过程工程咨询决策阶段》《全过程工程咨询设计阶段》《全过程工程咨询施工阶段》《全过程工程咨询竣工阶段》《全过程工程咨询运维阶段》《全过程工程咨询投资管控》《全过程工程咨询信息管理》。相较于传统图书,本套丛书主要围绕以下五个方面进行编写：

（1）强调各阶段、各种传统咨询服务的融合,实现无缝隙且非分离的综合型咨询服务,是传统咨询的融合而非各类咨询服务的总包；

（2）强调集成与协同,在信息集成、技术集成、管理集成、组织集成的四个不同层面,完成从数据—信息—知识—资产的升级与迭代,在集成的基础上完成各项服务的协同作业；

（3）强调全过程风险管理,识别各阶段各业务类型的各种风险源,利用风险管理技术手段,有效规避和排除风险；

（4）强调"前策划、后评估"，重视在前期的总体策划，将全过程实施中足够丰富、准确的信息体现在设计文件、实施方案中，在后期实施时，采用"全过程工程咨询评价模型"来评估实施效果，用"全过程工程咨询企业能力评估模型"来评估企业的相关能力；

（5）强调与建筑行业市场化改革发展相结合的方针，将"全过程工程咨询"作为建筑行业技术服务整合交付的一种工程模式。

丛书内容全面，涉及工程从策划建设到运营管理的全过程，在组织模式上进行了较强的创新，体现出咨询服务的综合性和实用性，反映了全过程工程咨询的全貌，文字深入浅出，简洁明了，系统介绍了工程各阶段所需完成的任务及完成策略、方法、技术、工具，能为读者从不同应用范围、不同阶段及技术等角度了解全过程工程咨询提供很好的帮助，具有很高的指导意义和应用价值，必将对推动我国建筑行业的发展起到积极的作用。希望本丛书的出版，能够使建筑行业工作者系统掌握本领域的发展现状和未来发展，在重大工程的建设方面提供理论支撑和技术指导。

由于编者水平有限，书中不当之处在所难免，恳请读者与专家批评指正。

丛书主任：张江波 王宏毅

2021 年 7 月

丛书前言

为深入贯彻习近平新时代中国特色社会主义思想和党的十九大精神，深化工程领域咨询服务供给侧结构性改革，破解工程咨询市场供需矛盾，必须完善政策措施，创新咨询服务组织实施方式，大力发展以市场需求为导向、满足委托方多样化需求的全过程工程咨询服务模式。《国家发展改革委 住房城乡建设部关于推进全过程工程咨询服务发展的指导意见》（发改投资规〔2019〕515号）提出为深化投融资体制改革，提升固定资产投资决策科学化水平，进一步完善工程建设组织模式，提高投资效益、工程建设质量和运营效率，根据中央城市工作会议精神及《中共中央国务院关于深化投融资体制改革的意见》（中发〔2016〕18号）、《国务院办公厅关于促进建筑业持续健康发展的意见》（国办发〔2017〕19号）等要求，对房屋建筑和市政基础设施领域推进全过程工程咨询服务发展给出指导意见。意见指出要遵循项目周期规律和建设程序的客观要求，在项目决策和建设实施两个阶段，着力破除制度性障碍，重点培育发展投资决策综合性咨询和工程建设全过程咨询，为固定资产投资及工程建设活动提供高质量智力技术服务，全面提升投资效益、工程建设质量和运营效率，推动高质量发展。

作为供给体系的重要组成部分，固定资产投资及建设的质量和效率显著影响着供给体系的质量和效率。工程咨询业在提升固定资产投资及建设的质量和效率方面发挥着不可替代的作用。从项目前期策划、投资分析、勘察设计，到建设期间的工程管理、造价控制、招标采购，到竣工后运维期间的设施管理，均需要工程咨询企业为业主方提供有价值的专业服务。但传统工程咨询模式中各业务模块分割，信息流断裂，碎片化咨询的弊病一直为业主方所诟病，"都负责、都不负责"的怪圈常使业主方陷入被动。传统工程咨询模式已不能适应固定资产投资及建设对效率提升的要求，更无法适应"一带一路"建设对国际化工程咨询企业的要求。2017年2月，《国务院办公厅关于促进建筑业持续健康发展的意见》（国办发〔2017〕19号）文件明确提出"培育全过程工程咨询"，鼓励投资咨询、勘察、设计、监理、招标代理、造价等企业采取联合经营、并购重组等方式发展全过程工程咨询，培育一批具有国际水平的全过程工程咨询企业。同时，要求政府投资工程带头推行全过程工程咨询，并鼓励非政府投资项目和民用建筑项目积极参与。

在国家和行业的顶层设计下，全过程工程咨询已成为工程咨询业转型升级的大方向，如何深入分析业主方痛点，为业主方提供现实有价值的全过程咨询服务，是每一个工程咨询企业都需要深入思考的问题。与此同时，咨询企业应借助国家政策，谋划升级转型，增强综合实力，培养优秀人才，加快与国际先进的建设管理服务接轨，更好地服务于"一带一路"倡议。全过程工程咨询是我国工程建设领域的一次具有革命性意义的重大举措，它是建筑工程领域供给侧改革、中国工程建设领域持续健康发展的重要抓手，影响着我国工程建设领域的未来发展。

在全面推进全过程工程咨询的历史时刻，上海汉宁建筑科技有限公司董事长张江波先生与晨越建设项目管理集团股份有限公司董事长王宏毅先生于 2018 年 5 月份经过两次深入的交流，决定利用双方在工程咨询领域长期的理论与实践探索，出版一套能够指导行业发展的丛书，这便有了这套"全过程工程咨询丛书"。编写这套丛书的意义在于从行业和产业政策出发，抓住长期影响中国工程建设的"慢变量"，能够从理论和实践两个层面共同破除对全过程工程咨询的诸多误解，引导更多的从业者在正确的理论和方法指引下、在工程实践案例的指导下更好地开展全过程工程咨询。

本书从 2018 年 7 月份启动编写，编写过程中邀请了来自全国各地 200 多位专家学者共同参与到这套丛书的编写与审核，参与者们都是来自工程咨询一线、具有丰富的理论知识和实践经验的专家，经过将近一年时间的写作和审核，形成了一整套共 10 个分册的书稿。编写委员会希望本丛书能够成为影响全过程工程咨询领域开展咨询工作的标杆性文件和标准化手册，指引我国工程咨询领域朝着持续、健康方向的发展。

感谢编委会全体成员以及支持编写工作的领导、同仁和朋友们在本书写作、审核、出版过程中给予的关心，正是你们的支持才让本书的论述更加清晰、有条理，内容才能更加丰富、多元。

由于图书编写工作量十分巨大，时间比较紧张，难免有不足之处，欢迎广大读者予以指正。

前　言

《全过程工程咨询信息管理》是"全过程工程咨询丛书"的第 10 册，由于项目过程的管理工作是一项巨大复杂的工作，因此具有信息量较大的特征。建立完善的信息管理体系，利于对项目工程的信息掌握和分析。建立完善的信息管理体制，首先要建立在项目过程的整体出发点，对于项目过程中的各参建方、各项工程内容、工程计划、工程价款等内容整合考虑。因为项目过程的运作不是单一的活动，它是各部门、各领域、各阶段彼此联系的运作任务，因此要建立一整套全方位、多样化的管理体系，促进工程整体运作效率的提高。

在当前发展形势下，我国工程项目管理的软件部分的构建还不够完善，设计的软件比较单一，其中针对项目工程整体的软件体系较少，不能满足项目工程的整体性发展。其次在不断应用这些软件的过程中，急需一个信息的整合平台，利用这个平台来整合信息的采集，进行有效管理。整合平台的建立主要是在工程运作的各个环节基础上，包括对人力资源信息、档案信息、财务信息、质量监管、工程监控等方面进行管理。

我国当前的工程管理体系是在西方先进的理念基础上形成的，是在多年的实践活动中总结发展而成的，因此具有划时代意义。但是我国当前的工程管理的法律仍需进一步完善，这也是制约工程管理发展的一大因素。其次，相关工作人员自身的不足，导致对于这些不完善的法律造成理解偏差，进而实际应用起来意义不大。面对此种情况，应该建立完善的、符合中国国情的法律管理体系。

全书共 6 章，编写工作的具体分工如下：

张江波、陈朝阳、梁莎莎、杨明芬主编并负责统稿，牟海军、张国栋、周效民、郭文莉、王孝云、李东华担任副主编。由陈朝阳主持编写第 1、2 章，张江波主持编写第 3、4 章，梁莎莎主持编写第 5 章，杨明芬主持编写第 6 章，张国栋参与第 1、2 章编写，牟海军、周效民参与第 3 章编写，牟海军、郭文莉参与第 4 章编写，王孝云参与第 5 章编写，李东华参与第 6 章编写。吴伟、邹会青、张红勇、常永振、于静、赵剑峰等人参与了资料收集和过程编写，并提出了宝贵意见，对编写工作的帮助很大。

本书较为系统地介绍了全过程工程咨询信息管理所需开展的工作及工作程序，供大家在工作中借鉴参考。由于编者水平有限，书中的不足之处在所难免，恳请读者与专家批评指正。

编者

2021 年 12 月

目 录

第1章

信息管理概述

1.1 信息与信息管理的概念

1.1.1 信息与数据的概念

1.1.1.1 信息的定义

信息是有一定含义的数据，是加工（处理）后的数据，也是对决策有价值的数据。具体可从如下几个方面进一步理解：

（1）信息是对客观事物特征和变化的反映。

（2）信息是可以传递的。

（3）信息是有用的。

（4）信息形成知识。

1.1.1.2 数据的定义

数据是反映客观实体的属性值，是人们用来反映客观世界而记录下来的可鉴别的符号。数据有多种表现形态，如数字、文字、声音、图像、图形等。

1.1.1.3 信息与数据的关系

信息与数据既有联系，又有区别。

信息与数据的联系：数据经过处理之后的表现形式依然是数据，处理数据是为了更好地解释它。只有经过解释，数据才有意义，才能成为信息。可以说，信息是经过加工之后对客观世界产生影响的数据。数据是信息的表现形式，信息是数据有意义的表示。

信息与数据的区别：数据是符号，是物理性的；信息是逻辑性的，能对决策产生影响。数据本身不能确切地给出具体含义，而信息对接收者的行为能产生影响，并对其决策具有现实或潜在价值。对于一个系统或者管理者是信息，对于另一系统或管理者可能是数据。例如，滴滴派车单，对司机来说是信息，而对滴滴公司管理者而言，它只是数据。

1.1.2　信息的特点

信息具有以下特点。

（1）真实性。

（2）层次性。

（3）时效性。

（4）可压缩性。

（5）扩散性。

（6）传输性。

（7）分享性。

（8）增值性。

（9）转换性。

1.1.3　信息管理的概念

信息管理是指信息的收集、加工分析、存储、查询、传递与使用等一系列工作的总称。信息化管理的目的就是通过有组织的信息流通，让使用者能及时、准确地获取相应的信息。为了达到信息化管理的目的，就要把握信息化管理的各个环节，并做到：

（1）了解和掌握信息来源，对信息进行分类。

（2）掌握和正确运用信息管理的手段。

（3）掌握信息流程的不同环节，建立相应的信息管理系统。

对信息管理的研究，主要包括以下几个方面：

① 从技术角度：主要研究了以不同的方式采集、处置和处理信息的方法，以实现信息的统计分类，便于存储和需要时的检索，并便于信息在特定用户中快速传输和处置。

② 从经济角度：主要研究以信息的产生、传递和使用为基础的信息需求市场。

③ 从行政和法律角度：应该立足于行政职能和必要的法律手段，对信息活动进行必要的控制和管理。

④ 从人文角度：主要考虑道德、伦理和文化在信息管理和控制过程中的影响和构建。

本书从技术角度，重点阐明如何研究信息的收集、整理和利用，并将其作为一种辅助手段，为项目全过程管理提供更为精确的信息应用。

1.1.4　信息管理内容

1.1.4.1　信息计划管理

信息计划管理应纳入项目管理策划过程。

信息计划管理应包括项目信息管理范围；项目信息管理目标；项目信息需求；项目信息管理手段和协调机制；项目信息编码系统；项目信息渠道和管理流程；项目信息资源需求计划；项目信息管理制度与信息变更控制措施。

1.1.4.2　信息过程管理

信息过程管理应包括信息的采集、传输、存储、应用和评价。应按信息管理计划实施下列信息过程管理：与项目有关的自然信息、市场信息、法规信息、政策信息；项目利益相关方信息；项目内部的各种管理和技术信息。应建立相应的数据库，对信息进行存储。项目竣工后应保存和移交完整的项目信息资料。

1.1.4.3　信息安全管理

应分类、分级管理，设立信息安全岗位，明确职责分工；实施信息安全教育，规范信息安全行为；采用先进的安全技术，确保信息安全状态。建立完善的信息安全责任制度，实施信息安全控制程序，并确保信息安全管理的持续改进。

1.1.4.4　文件与档案管理

项目管理团队应配备专职或兼职的文件与档案管理人员。项目管理过程中产生的文件与档案均应进行及时收集、整理，并按项目的统一规定标识，完整存档。档案管理宜应用信息系统，重要项目文件和档案应有纸介质备份。

1.1.4.5　信息技术应用管理

采用先进技术进行建设和应用，如采用建筑信息模型、云计算、物联网、大数据建立信息系统。信息系统应包括项目所有的管理数据，为用户提供项目各方面的信息，实现信息共享、协同工作、过程控制、实时管理。

1.2　信息生命周期与工程建设项目全寿命周期

1.2.1　信息生命周期与工程建设项目全寿命周期的概念

信息的处理一般包括信息的收集、传输、加工、储存、维护和使用六个阶段，这六个阶段串接起来，形成信息的生命周期。

信息的全生命周期管理的目标在于通过信息的应用实现系统的建设和完善，在信息应用的每一个阶段均能通过相应信息的获得和使用实现管理价值的最大化。

工程项目的建设工作有始有终，从开始到终结的整个建设过程中的各个阶段合在一起就构成了该工程建设项目全寿命周期。工程建设项目全寿命周期，是指从项目的决策到项目实施交付并使用的全部过程，即项目的决策阶段、实施阶段、使用阶段。工程建设项目生命周期划分为如下 4 个阶段：

（1）项目立项与可行性研究阶段。主要工作内容是拟订项目建议书、可行性研究、初步设计、项目批准等。

（2）项目设计、计划与承发包阶段。主要内容是技术设计、造价预算、计划安排、招投标等。

（3）项目实施与项目控制阶段。主要内容有设备材料采购、建安工程施工、预试车等。

（4）项目完工与交付使用阶段。主要内容是最终试车完毕、进入使用阶段等。

1.2.2　工程建设全寿命周期信息管理的传递及基本原则

一般定义理解的项目全过程管理，通常指项目决策阶段、实施阶段和使用阶段的管理，没有了信息管理的串联和传递应用，在各个阶段使用的决策或使用的依据就不够全面，互相之间不予沟通，因此有可能出现重复决策或决策漏项的情况，特别是在项目决策阶段和实施阶段，信息不沟通可能会直接影响项目在使用过程中的缺失或不完善，信息沟通和传递的不畅还有可能会导致工程成本的增加、资源浪费以及提高不可预见的风险，有可能失去最初进行项目策划的意义和目的。

正是由于工程建设项目的管理过程被分割成相互分离的管理阶段，在不同阶段中不同参与方建立独享的数据信息，造成信息沟通和共享的障碍极大，所以随着业主需求的改变以及信息技术的迅速发展，项目管理已经向集成化、信息化的趋势发展，为了应对这种趋势，工程项目全寿命周期管理成为必然。

工程建设项目生命周期管理要求实现在项目内各参与方之间的建设工程信息共享，即逐渐积累起来的建设工程信息能根据需要对不同阶段参与项目的业主、设计方、施工方、咨询方与主管部门等保持较高的透明性和可操作性。这一方面需要项目各参与方改变传统的工作方式，改善相互之间的工作协调和信息交流渠道；另一方面需要应用最新的 IT 方法为信息的交流和利用提供有力的技术支持。

信息管理的传递过程中应注意以下几个基本原则。

（1）标准化原则。在项目管理的过程中，信息的产生是恒定的，基本上也是唯一的，但是由于信息的接收者、发送者或者使用者本身的原因，如身份、文化差异等，对信息的解读和理解会出现不同的偏差，在传递过程中有可能会因为各种未知的偏差导致信息的传递方向和传递目的出现不可预计的偏差风险，从而直接影响信息传递的初衷。因此，在项目管理的前期，就应结合本项目的实际情况，对项目管理过程中各类信息赋予标准的定义和要求，并要求按照标准定义进行传递和使用，可以最大限度地降低信息在使用过程中出现偏差的概率。

（2）有效性原则。项目实施过程中相关的信息应根据各级管理者的要求进行相应的整理，以保证在不同层次的管理信息和实施细则的不同要求和细节情况的匹配，并可获得该管理层面上进行决策和管理实施的有效依据，并可进行必要的转化。

（3）可量化原则。项目全过程管理过程中产生的各类信息，经过标准化原则要求后，经过信息传递和处理流程过程中必要的比较和分析，采用定量的方式对相关的信息数据进行可量化的处理，可以使信息的接收者得到具体的工作要求和准则，更有效地完成相关的管理要求。

（4）时效性原则。项目全过程工程管理中，有部分信息是具有使用和管理的时间要求的，无法实现往复使用，具有不可逆性，因此，要在信息使用的策划和管理中进行相应的规定，以保证信息的产生、传递和使用足够及时，避免出现因信息失去时间效应造成的管理决策的失误。

（5）处理原则。即通过相对高效的信息处理工具，尽量减少或缩短信息在传递和处理过程中的延迟现象，保证信息应用实现预期目的。

（6）前瞻性原则。信息的归集和统计可以形成某项管理过程的趋势图，为尚未发生的管理过程提供必要的参考性依据，从而提前采取纠正和预防措施，从而达到保证全过程有效管理的目的。

1.3 信息化发展现状与趋势

1.3.1 信息化发展现状

随着大数据、云计算、人工智能、区块链等技术的"赋能"，建筑行业如今也迎来了新的转折点。2015麦肯锡全球机构行业数字化指数图显示（图1-1）：建筑业的数字化水平相对比较低；房地产业数字化水平排名居中；排在前面的是智能制造、金融、媒体和信息产业。可以说，数字化浪潮虽然猛烈，但是建筑业的数字化、信息化发展尚任重道远。

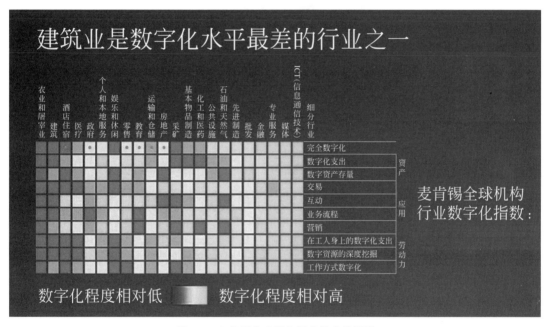

图1-1 麦肯锡全球机构行业数字化指数

根据2017年中国建筑信息化行业发展趋势分析报告，我国建筑业体量大但信息化水平低，存在较大提升空间。建筑业是我国经济支柱型产业，近年来保持着良好的增长态势，在国内GDP中的比例一直保持在6%以上，2016年我国建筑业总产值达到19.36万亿元，其中建筑业增加值达到4.95万亿元，超越美国位居全球第一。但与此相对的是，我国建筑业信息化率仅约为0.03%，与国际建筑业信息化率0.3%的平均水平相比差距高达10倍左右。基于我国建筑业现有的庞大体量测算，信息化率每提升0.1个百分点就将带来近200亿元的增量市场，未来提升空间巨大。

1.3.2 信息化发展趋势

从信息化革命到今天，网络、硬件、软件和应用的更新均可划分为三次重要改变，信息化发展趋势见图 1-2。

图 1-2   信息化发展趋势图

纵观建筑行业信息化的发展历程，第一代画图工具是 20 世纪 90 年代左右，在图板上画图纸；本质是建筑设计、结构设计的手算设计好了，专门用图纸表达，效率低下。第二代画图工具是 CAD，在 2000 年左右开始大量推广；本质是建筑设计、结构设计的电算好了，直接出图，又叫甩图板，效率极大提高，准确率也极大提高，成功变革。

大约在 2015 年，BIM 的概念被广泛推广，在理论上它是在建筑设计、结构设计电算化的基础上，将构件的价格链接到构件里面，让设计人员跟成本人员协同作业，并且对于大型复杂的建筑，比如体育场、地铁、隧道等工程有检查设计错漏碰缺的功能。

首先是 20 多年前的"甩图板"工程，也就是计算机辅助绘图（CAD）技术的普及推广，使广大建筑从业者从手工绘图走向电子绘图，实现生产效率的提升，完成建筑领域的第一次信息革命。随后工程造价软件、项目管理软件陆续推出，信息化程度不断加深，但本质上还是基于 CAD 的功能开发，并没有脱离二维图纸的范畴。

从技术驱动角度来看，个人计算机的普及是 CAD 取代手绘的关键因素，而从 BIM 技术特点来看，认为云服务将成为其主要的应用模式，当前云计算、大数据以及物联网等底层技术的日趋成熟将加速建筑业从二维图纸到三维设计和建造的二次信息革命。

从建筑行业信息化进程示意图（图 1-3）可以看出，5D、BIM、大数据、云计算、虚拟现实、物联网以及行业云 AI 等革新技术皆在行业内取得突破性进展，作为数字科技与建筑产业有效融合的"数字建筑"，必然成为建筑产业转型升级的核心引擎。数字建筑就是利用 BIM 和云计算、大数据、物联网、移动互联网、人工智能等信息技术，结合先进的精益建造项目管理理论方法，形成的以数字技术驱动的行业业务战略。它集成了人员、流程、数据、技术和业务系统，管理建筑物从规划、设计开始到施工、运维的全生命周期，包括全过程、全要素、全参与方的数字化、在线化、智能化,从而实现项目、企业和产业的生态体系全新建立。

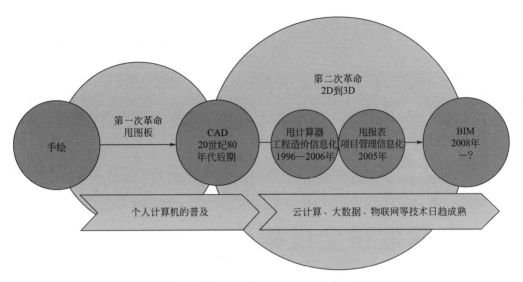

图1-3 建筑行业信息化进程示意图

第2章

工程建设全过程信息管理

2.1 工程建设全过程信息管理的概念与内容

2.1.1 工程建设全过程信息管理的概念

工程建设项目自决策、施工准备、施工到运维等各阶段运用信息化技术手段进行统筹管理的活动为工程建设全过程信息管理。信息管理应覆盖项目建设全过程各个阶段且包含项目方案管理、技术图纸管理、招标采购管理、合同管理、施工准备管理、施工进度管理、工程质量管理、施工安全管理、物资计划管理、劳务工资管理、工程验收管理、资料归档管理、运营维修管理等，宜采用工程建设全过程项目管理平台作为管理辅助工具。

从各阶段使用者差异来区分，宜分为项目法人单位、项目设计单位、项目施工单位、项目造价咨询单位、项目监理单位、项目设备/材料供应单位等。通过众多参与部门和单位形成工程建设全过程信息管理整体。从管理和其发挥作用的角度，可将这些信息分为静态信息和动态信息。所谓静态信息，是指成果性、结论性信息，典型的如隐蔽工程验收记录、材料检验报告等多作为资料性文件，关系到能否为工程检查验收及日后的维护、改造、扩建提供足够的依据。所谓动态信息，是指阶段性、指令性的信息，如发函、通知、投资、进度、质量瞬时值及其分析结论等，关系到工程进展各阶段的衔接，关系到各个管理方的内部与内部、内部与外部的沟通、决策与协调，信息管理对工程的成败至关重要。

2.1.2 工程建设全过程信息管理的分类

信息的分类是信息管理的基础和前提。根据工程项目管理的需求，可以从不同的角度对信息进行分类。

（1）按照工程项目信息的形式划分。按照信息的表现形式，工程项目信息主要包括文字、图纸、图片、影音等类型。传统的工程项目管理中，文字、图纸信息占了很大部分。随着信息存储形式的多样化和信息交流工具的发展，图片、照片、图像和声音等多媒体信息开始发挥重要作用。文字类的信息，指项目的可研报告、投资评估报告等；图表类信息，指项目设计图纸、相关图表等；影音资料类信息，指视频信息等。

（2）按照工程项目信息的内容划分。按照信息的内容，工程项目信息具体包括：项目的组织类信息，如项目参与方的组织信息、建筑业相关的机构组织信息和专家信息等；管理类信息，如与投资控制、进度控制、质量控制、合同管理和信息管理有关的信息等；经济类信息，如建设物资的市场信息、项目融资的信息等；技术类信息，如与设计、施工过程和物资采购有关的技术信息等；也包括法规类信息等。

（3）按照工程参与方的需求划分。按照工程参与方的需求，工程项目信息包括业主单位的信息、勘察设计单位的信息、监理单位的信息、施工单位的信息、设施管理单位的信息等。业主单位对项目信息的需求贯穿于项目全寿命周期中，如在决策阶段掌握的市场信息，规划设计阶段的调查设计文件资料，施工阶段的监理单位监理月报、施工单位施工档案等，项目运营维护阶段的使用状况和工程维修信息等。勘察设计单位对项目信息的需求包括勘察任务书和勘察合同，业主单位对勘察任务的具体要求，设计单位的项目信息包括设计任务书、项目前期相关资料、项目基础资料和技术文件、设计合同、业主单位对设计任务的要求等。监理单位信息需求包括监理委托合同、工程承包合同以及与项目开展有关的所有资料，如监理日志、整改通知单等。施工单位信息需求包括施工招标文件、工程承包合同、设计文件以及与项目施工有关的所有技术基础资料等。设施管理单位的信息需求主要包括项目接管验收资料、客户档案等，在进行日常的物业管理阶段，设施管理公司的信息包括日常管理文件、工程使用维修状况等技术文件等。

（4）按照工程项目管理的任务和职能划分。按工程项目管理的任务和职能划分，包括投资控制信息、进度控制信息、质量控制信息、合同管理信息、风险管理信息、环境管理信息、行政事务管理信息等。投资控制信息，如各种投资估算指标、概预算定额、设计概预算、合同价款、工程进度款支付、竣工结算与决算、投资控制的风险分析等。质量控制信息，如相关的质量标准和规范、质量计划、质量控制工作流程、质量控制工作制度、质量控制的风险分析、质量抽样检查结果、工程质量备案、质量事故等。进度控制信息，如项目总进度计划、进度目标分解结果、里程碑事件、进度控制工作流程、形象进度、进度控制的风险分析、施工进度记录等。合同管理信息，如国家有关法律规定、工程项目招投标文件、工程建设监理合同、工程项目勘察设计合同、土木工程施工合同条件、合同变更协议、合同支付信息等。风险管理信息，如项目投资风险预测、项目敏感性分析、项目实施风险控制管理等。环境管理信息，如项目环境目标的策划、环境目标实现措施等。行政事务管理信息，如上级主管部门、设计单位、承包商、业主间的来函文件、有关技术资料等。

（5）按照工程实施过程中主要环节划分。按工程实施过程中主要环节，工程项目管理信息可以分为决策阶段的信息、实施阶段的信息、运营阶段的信息。

① 决策阶段。如批准的项目建议书、可行性研究报告及设计任务书；批准的建设选址报告、城市规划部门的批文、土地使用要求、环保要求；工程地质和水文地质勘察报告、区域图、地形测量图；地质气象等自然条件资料；设备条件；规定的设计标准；国家或地方的监理法规或规定；国家或地方有关的技术经济指标和定额等。

② 实施阶段。工程的实施阶段又可分为规划设计阶段和施工阶段两个时期。

a. 规划设计阶段。该阶段主要是形成项目建设技术性解决方案，该阶段需要更多的抽象和模拟信息。设计工作是多专业共同的工作，设计过程是不断修改、变更和完善的动态过程，因此变更管理、版本控制、并行控制和信息跟踪是设计信息管理的重要内容。设计阶段的成果是可接受工程项目产品模型的一系列规格说明书和描述。

规划设计阶段的信息包括一系列设计文件。

- 初步设计文件：包括建设项目的规模、总体规划布置；主要建筑物的位置、结构形式和设计尺寸；各种建筑物的材料用量；主要设备清单；主要技术经济指标；建设工期；总概算等。

- 技术设计文件：与初步设计文件相比，提供了更确切的数据资料，如对建筑物的结构形式和尺寸等进行修正，并编制了修正后的总概算。主要包括工艺流程、建筑结构、设备选型及数量确定等。

- 施工图设计文件：完整地表现建筑物外形、内部空间分割、结构体系、构造状况以及建筑群的组成和周围环境的配合，具有详细的构造尺寸。它通过图纸反映出大量的信息，如施工总平面图、建筑物的施工平面图和剖面图、设备安装详图、各种专业工程的施工图以及各种设备和材料的明细表等。此外，还有根据施工图设计所做的施工图预算。

b. 施工阶段。

- 施工招投标阶段信息：如投标邀请书、投标须知、合同双方签署的合同协议书、履约保函、合同条款、投标书及其附件、工程报价表及其附件、技术规范、招标图纸、发包单位在招标期内发出的所有补充通知、投标单位在投标期内补充的所有书面文件、投标单位在投标时随同投标书一起递送的资料与附图、发包单位发出的中标通知书、合同双方在洽商合同时共同签字的补充文件等。此外还有上级有关部门关于建设项目的批文和有关批示，有关征用土地、迁建赔偿等协议文件。

- 工程建设施工信息：包括各种施工技术操作规程，各种施工组织设计及施工方案，各种施工技术表单及报告，各种施工技术记录和日志，各种施工测量、放线、检测记录，各种工序施工验收单，各种隐蔽工程验收报告，各种施工技术测试报告等。

- 工程建设竣工信息：包括与竣工验收有关的各种信息资料，其中一部分是在整个施工过程中长期积累形成的，另一部分是在竣工验收期间，根据积累的资料整理分析得到的。

③ 运营阶段。该阶段包括设施空间管理、设备运行和建筑物的维护等信息。设施空间管理强调空间的分配、利用和管理，需求的信息主要包括楼层布局、设备布局和空间房间信息等。设备运行需要的信息包括设备参数、运行计划、周围环境信息和气候条件等，以使设备能尽可能地保值增值。建筑维护需要的信息包括建筑物的体量和外观尺寸、材料性能和维护计划等。

2.2　工程建设全过程信息管理的相关要求

2.2.1　工程建设全过程信息管理的完整性

工程建设全过程信息必须保证其完整性，也就是在工程建设全过程信息管理中要提供信息的一切情况，以便使用者能够通过这些全面的信息来做出决策，而信息的完整性则是这些决策保证其科学性的前提条件。所以保证信息的完整性是信息管理中的基本要求，对信息管理设备以及工作人员的业务素质都提出了很高的要求。从时间上说，工程建设全过程信息管理需要过去、现在、将来三部分信息，并完成加工与传输。从空间上说，要充分了解工程建设全过程的宏观信息与微观信息。从内容上说，要做到与使用者息息相关。

2.2.2　工程建设全过程信息管理的准确性

工程建设全过程信息必须保证其准确性，也就是在工程建设全过程信息管理中务必做到收集到真实可靠的信息，最大限度地做到能够把事物的特征或动态客观真实地反映出来。对于信息本身来说，准确无异于生命，是实现信息价值的决定性条件，对信息管理工作造成的影响也是重大的，没有信息只会使工作盲目进行，而失真的信息则会很大程度上对工作起到反效果，对信息的使用者造成重大损失。

2.2.3　工程建设全过程信息管理的适用性

工程建设全过程信息必须保证其适用性，也就是在工程建设全过程信息管理中要让搜集到的信息符合信息使用者的需求，要具有实效性与针对性。信息只有得到使用才能实现自身的价值，如果收集大量的信息，而这些信息中有大量的重复甚至无关紧要，则不仅失去了信息管理的意义，并且浪费了大量的时间，当然也得不到科学的决策或有意义的结论。没有适用的信息相当于没有信息，所以在信息管理中，要保证信息的高价值以及高适用性。

2.3　工程建设全过程信息管理的实施

2.3.1　工程建设项目管理信息传递途径

工程建设项目管理信息传递的相关流程及途径如图 2-1 ～图 2-24 所示。

（1）工程建设项目各阶段信息传递见图 2-1。

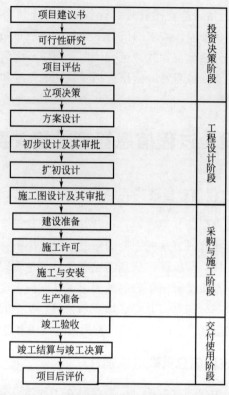

图 2-1　工程建设项目各阶段信息传递示意图

（2）工程项目投资决策信息传递途径见图 2-2。

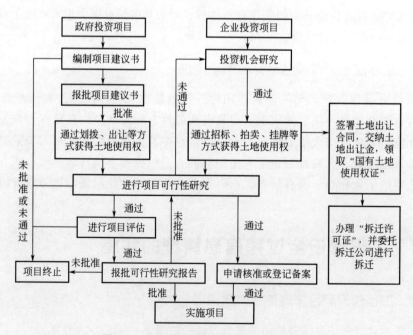

图 2-2　工程项目投资决策信息传递途径图

（3）建设项目设计阶段信息传递途径见图 2-3。

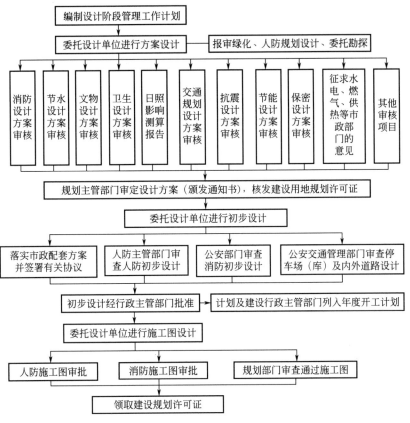

图 2-3　建设项目设计阶段信息传递途径图

（4）建设项目准备阶段信息传递途径见图 2-4。

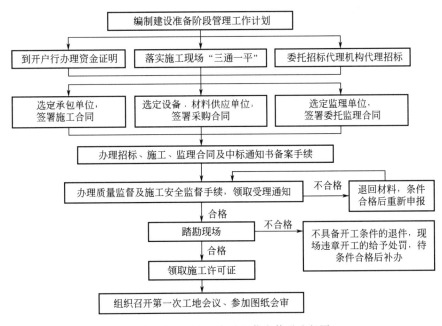

图 2-4　建设项目准备阶段信息传递途径图

（5）建设项目全过程信息传递途径见图2-5。

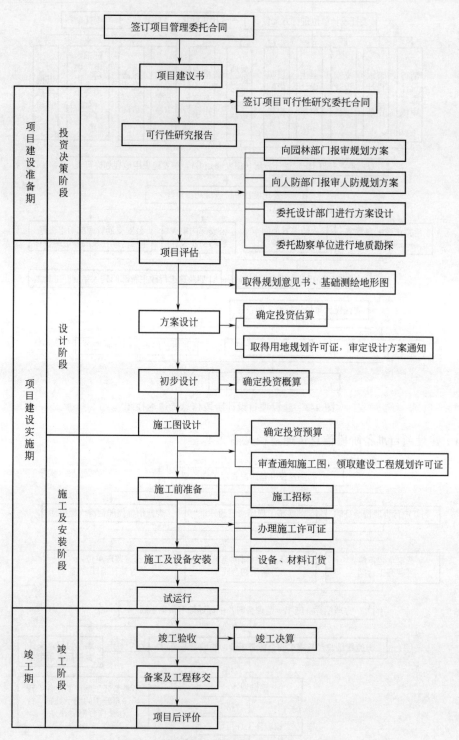

图2-5　建设项目全过程信息传递途径示意图

（6）建设项目投标阶段信息传递途径见图2-6。

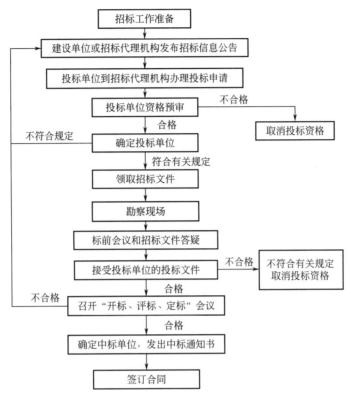

图 2-6 建设项目投标阶段信息传递途径图

（7）建设项目合同签订阶段信息传递途径见图 2-7。

（8）建设项目施工准备阶段信息传递途径见图 2-8。

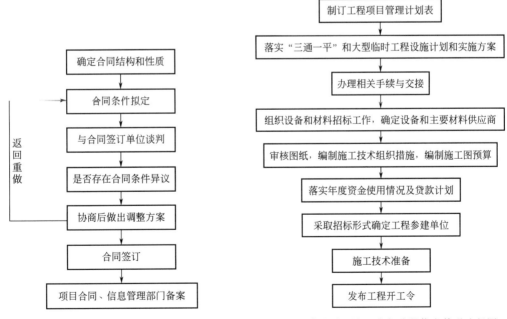

图 2-7 建设项目合同签订阶段信息传递途径图　　图 2-8 建设项目施工准备阶段信息传递途径图

（9）建设项目风险管控阶段信息传递途径见图2-9。

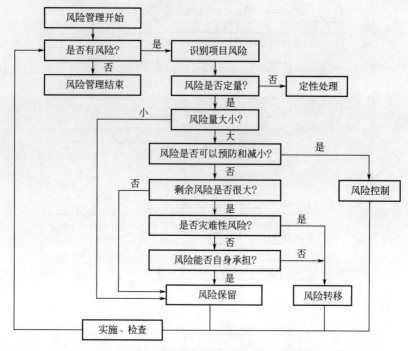

图 2-9 建设项目风险管控阶段信息传递途径图

（10）建设项目信息管理阶段信息传递途径见图2-10。

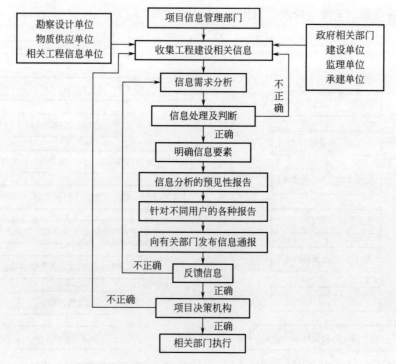

图 2-10 建设项目信息管理阶段信息传递途径图

（11）建设项目竣工监理阶段信息传递途径见图 2-11。

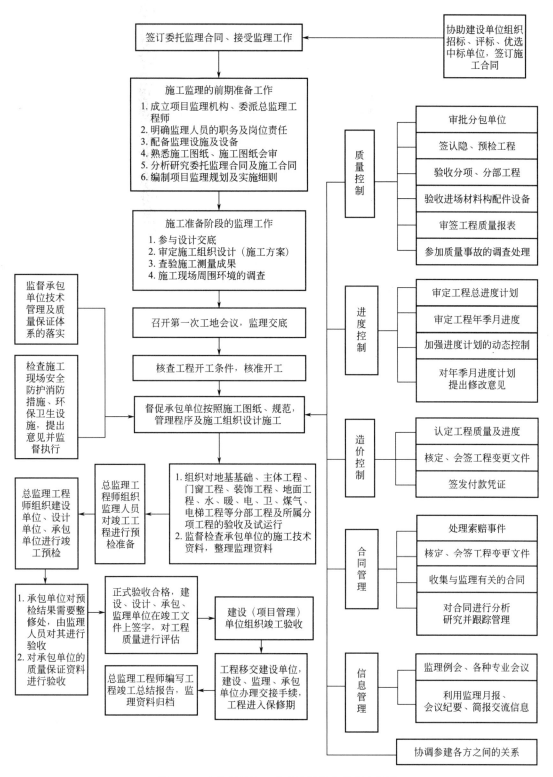

图 2-11　建设项目竣工监理阶段信息传递途径图

（12）建设项目施工阶段监理信息传递途径见图 2-12。

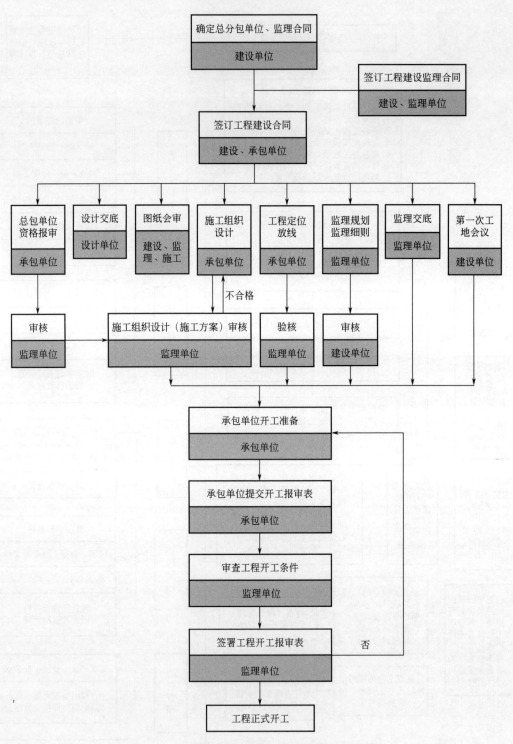

图 2-12　建设项目施工阶段监理信息传递途径图

（13）建设项目施工阶段工程投资控制信息传递途径见图 2-13。

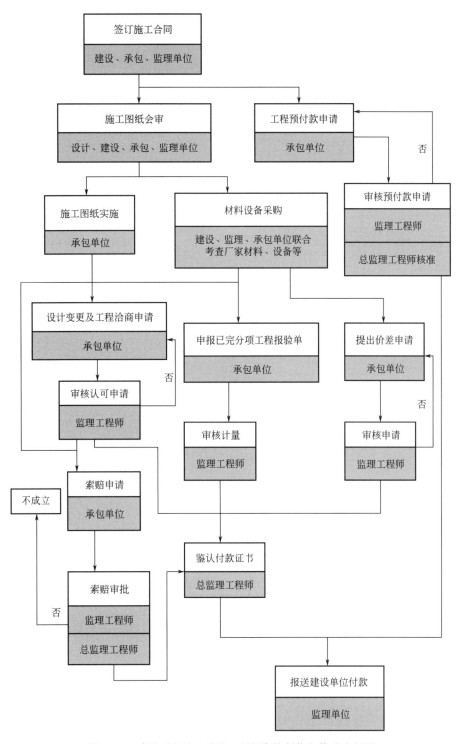

图 2-13　建设项目施工阶段工程投资控制信息传递途径图

（14）建设项目施工阶段进度控制信息传递途径见图 2-14。

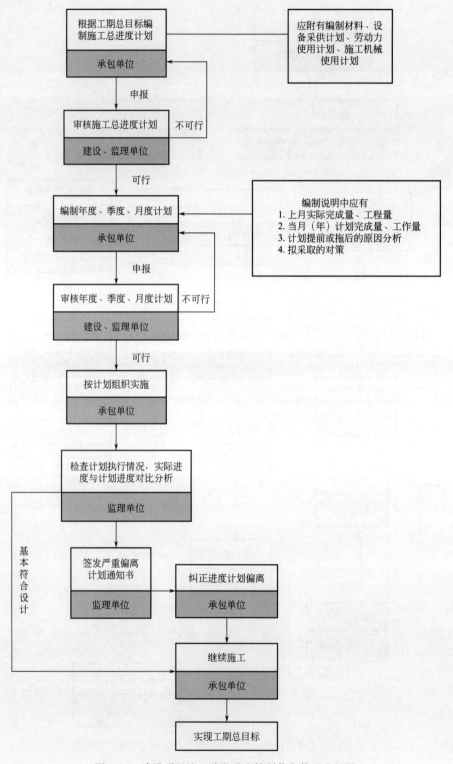

图 2-14　建设项目施工阶段进度控制信息传递途径图

（15）建设项目施工阶段质量控制信息传递途径见图2-15。

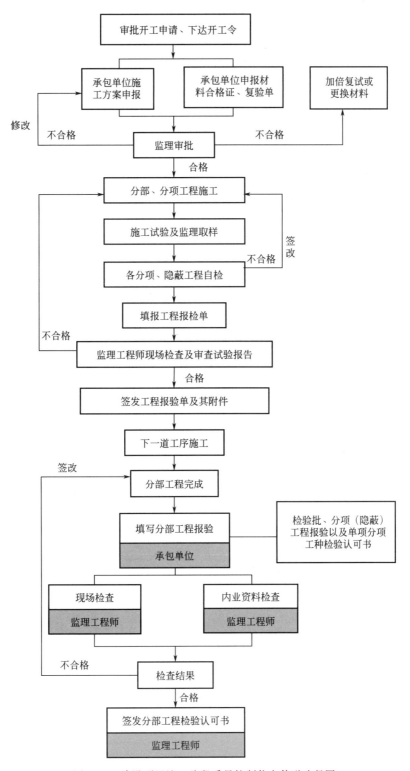

图2-15 建设项目施工阶段质量控制信息传递途径图

（16）建设项目施工阶段安全监理控制信息传递途径见图 2-16。

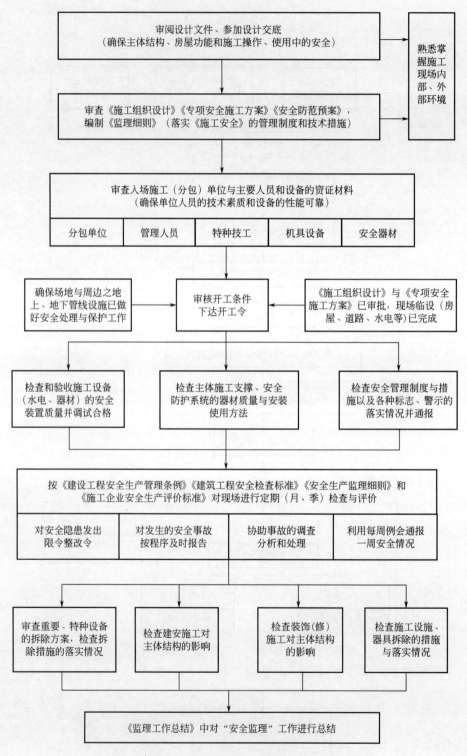

图 2-16　建设项目施工阶段安全监理控制信息传递途径图

（17）建设项目合同管理控制信息传递途径见图2-17。

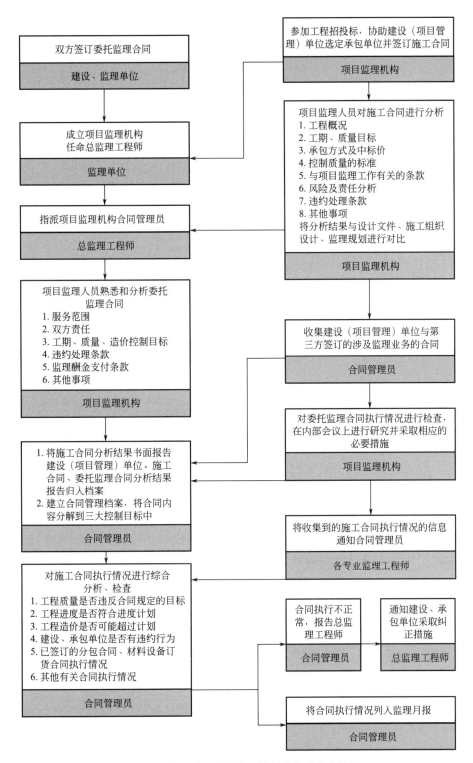

图 2-17 建设项目合同管理控制信息传递途径图

（18）建设项目信息控制信息传递途径见图 2-18。

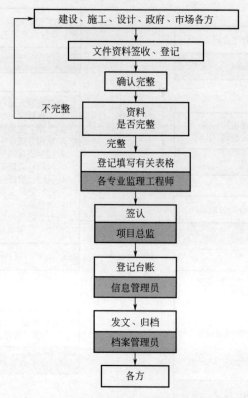

图 2-18   建设项目信息控制信息传递途径图

（19）建设项目组织协调信息传递途径见图 2-19。

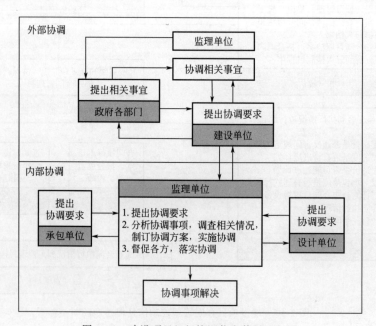

图 2-19   建设项目组织协调信息传递途径图

（20）建设项目工程质量问题及工程质量事故处理信息传递途径见图 2-20。

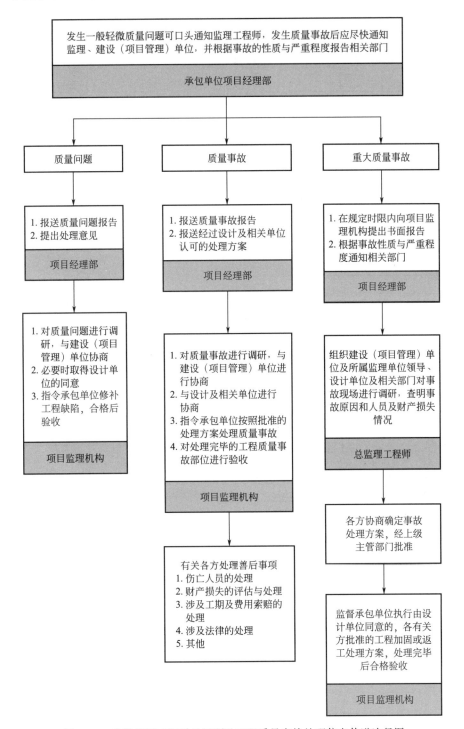

图 2-20　建设项目工程质量问题及工程质量事故处理信息传递途径图

（21）建设项目工程安全事故处理信息传递途径见图 2-21。

图 2-21　建设项目工程安全事故处理信息传递途径图

（22）建设项目工程洽商控制及签证信息传递途径见图 2-22。

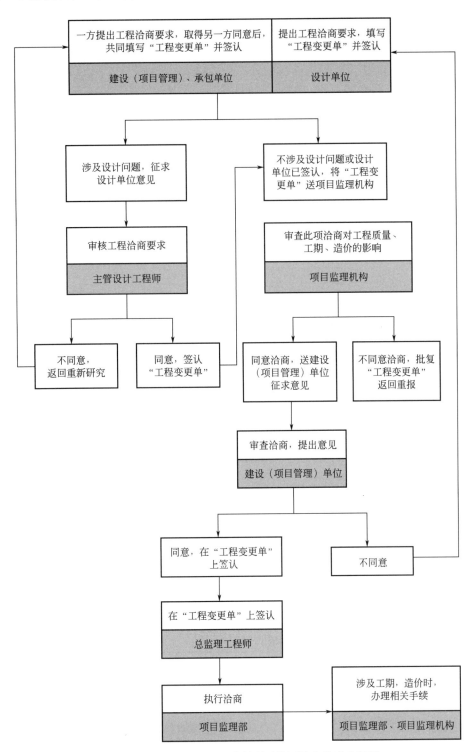

图 2-22　建设项目工程洽商控制及签证信息传递途径图

（23）建设项目工程竣工验收控制信息传递途径见图2-23。

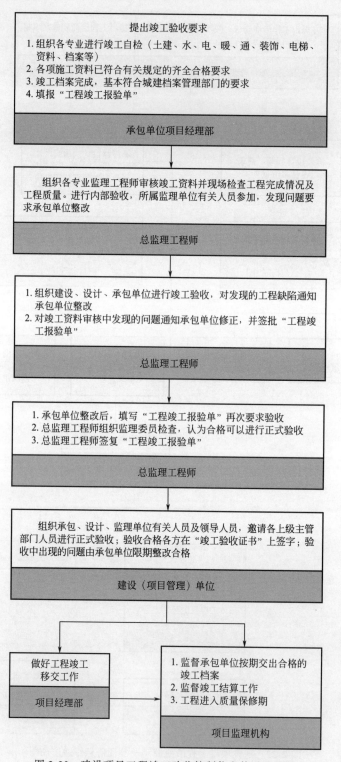

图2-23　建设项目工程竣工验收控制信息传递途径图

（24）建设项目保修阶段监理信息传递途径见图2-24。

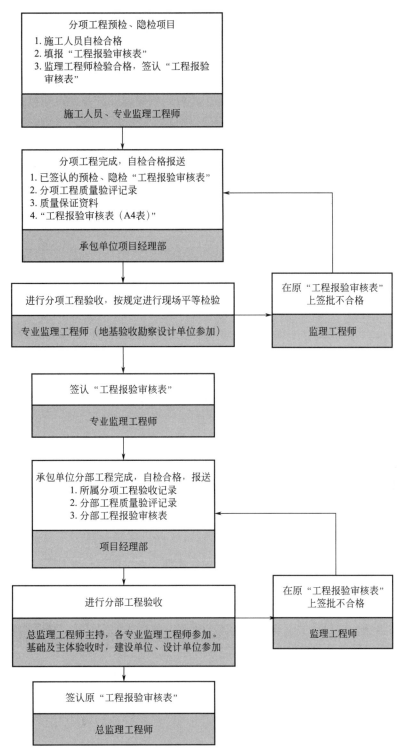

图2-24 建设项目保修阶段监理信息传递途径图

2.3.2　基于互联网的工程建设全过程信息管理系统的特点

根据"简单、易懂、好操作"的要求，基于互联网的工程建设全过程信息管理系统的特点如下。

（1）全面：工程建设全过程信息管理系统的内容包括项目方案管理、技术图纸管理、招标采购管理、合同管理、施工准备管理、施工进度管理、工程质量管理、施工安全管理、物资计划管理、劳务工资管理、工程验收管理、资料归档管理、运营维修管理等，基本涵盖了项目建设全过程的各个阶段。

（2）集成：编制工程建设全过程信息管理系统接口及数据标准，作为工程建设全过程信息管理系统与工程建设的各相关方提供数据交互和应用集成的规范标准；梳理工程建设各相关方的数据接口，实现移动办公。

2.3.3　系统的逻辑结构

工程建设全过程信息管理平台通过统一用户管理和权限管理，实现甲方、设计、施工、监理等多方协同管理，同时实现甲方、总咨询方、监理方、设计方、造价咨询方、施工方、项目设备 / 材料供应方等多级管理，又使用户数据范围只限于其权限范围之内，系统逻辑结构宜包括以下分类层。

（1）项目信息分类层：对信息进行有效的分类编码以便于项目各参与方的信息利用；

（2）项目信息搜索层：为项目各参与方提供方便的信息检索服务；

（3）项目信息发布与传递层：支持信息内容的网上发布；

（4）工作流支持层：使项目各参与方通过项目信息门户完成一些工程项目的日常工作流程；

（5）项目协同工作层：使用同步或异步手段使项目各参与方结合一定的工作流程进行协作和沟通；

（6）个性化设置层：使项目各参与方实现个性的界面设置；

（7）数据安全层：通过安全保证措施，用户一次登录就可以查看所有信息。

2.3.4　系统的功能结构

（1）全过程项目管理：包含投资立项、招标采购、施工准备、工程施工、工程验收、试运行、后评估等阶段的全过程项目管理。

（2）全方位项目管理：包含技术图纸管理、招标采购管理、支出合同管理、施工准备管理、施工进度管理、工程质量管理、施工安全管理、物资采购管理、劳务工资管理、工程验收管理、归档资料管理等阶段的全方位项目管理。

（3）总体进度跟踪：可以通过工程建设全过程信息管理系统对投资立项、招标采购、施工准备、工程施工、工程验收、试运行、后评估等阶段的总体进度进行跟踪。

（4）阶段进度跟踪：从项目总体进度跟踪链接投资立项计划、招标采购计划、施工准备计划、工程施工计划、工程验收计划、试运行计划、后评价计划，查询阶段计划执行情况。

（5）随时掌控现场情况：通过手机 APP 查询施工进度情况、工程质量情况、施工安全情况、人员考勤情况、采购到货情况。

（6）自动完成统计分析：投资完成情况自动跟踪、合同履约情况自动跟踪、项目成本自动核算。

（7）项目风险自动预警：进度滞后自动预警、质量不达标自动预警，并推送至项目管理人员手机 APP。

（8）图纸线上审核：设计单位提交 PDF 图纸，甲方线上审核、批注意见，然后自动反馈给设计单位。设计单位修改好的图纸可在平台发布，共享给相应的施工单位和监理单位。

（9）过程结算依据：可直接参考工程进度和质量评定结论。可直接统计到货数量、到货日期和质检资料。

（10）质检资料随时上传：通过手机 APP 现场随时上传质量评定表及现场图片、视频等资料。

（11）劳务薪酬动态监督：劳务管理体系文件、劳务实名制管理、劳务薪酬发放凭证。

（12）工程资料同步归档：竣工时可按档案接收单位要求目录，将平台内已有资料自动归档。可补充上传平台内没有的归档资料。

2.3.5 基于互联网的工程建设全过程信息管理系统的实现方式

（1）自行开发。企业内部利用自身的计算机管理人才或聘请有关软件公司，针对企业的具体情况自行开发，承担系统的设计、开发及维护工作。这种模式针对性强，安全性和可靠性高，但开发费用最高，维护工作量较大。

（2）直接购买。企业针对其具体情况有选择地购买成熟的信息化管理系统软件，搭建企业的信息化管理系统平台，安全性和可靠性高，但维护费用稍高。

（3）租用服务。企业针对自己的具体情况有选择地租用服务供应商已开发好的信息化管理系统平台，来实现企业的信息共享，以提高企业管理效率。通常按租用时间、项目数、用户数、数据占用空间大小收费。这种模式针对性较差，安全性和可靠性较低，但维护工作量最小。

自行开发、直接购买与租用服务三种实现方式的对比情况见表 2-1。

表 2-1　工程项目信息管理系统实现方式的对比表

项目	自行开发	直接购买	租用服务
优点	对项目的针对性最强，安全性和可靠性较高	对项目的针对性较强，安全性和可靠性较高	实施费用最低，实施周期最短，维护工作量最小
缺点	开发费用最高，实施周期最长，维护工作量较大	购买费用最高，维护费用最高	对项目的针对性最差，安全性和可靠性较低
适用范围	大型工程项目，复杂性较高的工程项目，对系统要求高的工程项目	大型工程项目	中小型工程项目，复杂程度低的工程项目，对系统要求低的工程项目

第 **3** 章

工程建设全过程信息化现状及分析

3.1 项目管理软件现状及分析

3.1.1 项目管理类

项目管理类的软件平台很多，现将主流 BIM 平台（含轻量化平台）的对比情况列于表 3-1 中。

表 3-1 主流 BIM 平台（含轻量化平台）的对比情况表

软件名称	优点 / 缺点
Aconex	简介：国外知名 BIM 协同管理平台，注重设计、施工管理，多终端支持，拥有流程管控、文档管理、现场跟踪与邮件服务等主要功能； 优点：无终端，运行流畅，可提供 API 文档，模型可轻量化浏览，无需搭建项目服务器，平台有全面的指导文档、培训服务； 缺点：数据保存在香港，操作与国人习惯存在差异，有一定的复杂性
Autodesk360	简介：通过一系列产品，实现团队在一个集中的工作空间设计、查看、共享、审阅和查找二维及三维设计与项目文件，产品系列包含云渲染、设计优化、能耗分析、构件统计与分析； 优点：一个账号可以从 Autodesk 系列产品中及时获取数据信息，在设计过程中也能获取关于能量消耗和成本的信息、模型和项目的统计分析； 缺点：服务器在国外，存储空间需要按需扩充

续表

软件名称	优点 / 缺点
Bentley-PW	简介：老牌项目协同管理平台，具备项目异地分布式存储、C/S 和 B/S 访问支持、应用程序继承、工程内容目录结构映射、工程流程管理、动态出图审阅、内部消息沟通、规范管理和设计标准、档案管理、项目模板、三维检视、碰撞检查和进度模拟等功能； 优点：功能模块化程度高，支持各模块组件化组合，接口开放程度较高，种类较多，沿用 Windows 的文件结构，操作行为易被接受，工程文件管理系统功能较完善，恢复系统功能较好； 缺点：整个系统功能庞大，整体部署需对员工进行集中培训，界面美观性差，尚不支持移动终端访问，部分功能不符合中国企业使用习惯，核心功能模块对二次开发有较高要求
Dassault 3D EXPERIENCE（达索）	简介：通过一系列云端产品组合扩展达索现有设计软件的功能，主要面向工程、制造、模拟、销售、营销、财务等企业部门，以 SaaS 形式提供服务，云供应商的全部服务和支持均包含在付费产品中，涵盖维护、许可和升级等方面； 优点：功能全面，从产品设计到销毁都可在平台上找到对应的功能服务； 缺点：主要面向产品，而非工程，在市政领域，达索的主流产品 CATIA 有较高的声誉，在民用行业却很难获得足够的应用场景
TdesMsterConcept	简介：集图文档管理、构件级主数据管理、轻量化浏览器、运维管理（偏机电设备）、项目 / 任务内容管理与物资材料管理； 优点：集成 Autodesk 与 Revit，支持 IFC，一个平台支持多种业务，支持后期运维，擅长数据管理与操作，业务模块成熟，无需后期过大开发，只需配置； 缺点：本地化开发相对薄弱
Trimble（天宝）	简介：美国一家从事测绘技术开发与应用的公司的产品，GPS 技术开发和实际应用方面处于行业领先地位； 优点：施工阶段的软硬件配置和应用较其他品牌平台具有一定的先进性，尤其是对于施工现场的数据采集尤为突出； 缺点：国外产品，操作习惯与国内可能存在差异，需要采购软硬件配合项目
BDIP（毕埃慕）	简介：面向项目管理全生命周期，主要功能包括数据管理（不受地域和时间限制访问工程文件）、项目文档集中管理（便捷发布与共享）、手机移动端数据同步、任务创建与发起（多方快速响应）、现场模型联动（2D/3D 任意切换）、模型多选择筛选等； 优点：整体表现优良，在模型渲染和操作上，以及信息化快速建模上都有良好表现，界面美观； 缺点：运维功能性稍显不足
VPM（大象云）	简介：基于三维引擎的设计阶段和施工阶段的应用平台，以 Web 端为主； 优点：三维引擎的渲染表现力与轻量化浏览是业内知名的，平台扩展性较强，操作界面简洁易用，引擎性能由远程服务器承担； 缺点：对浏览器的兼容性与网络的稳定性有较高要求，对于项目全生命周期管理的应用性较弱
鲁班软件	简介：面向项目管理全生命周期，拥有众多的分支软件，功能全面，包括 BIM 系统类软件、建模算量类软件、工程数据类软件； 优点：系统稳定性、安全性和可维护性上均有较大保障； 缺点：图纸、模型和其他软件的开放性稍显不足
广联达 – 协筑	简介：广联达旗下面向施工阶段的文档分级管理浏览存储的项目协同管理平台，采用公有云的部署形式，平台更新和维护由协筑负责，支持 PC 和移动端，主要功能包括文档管理、在线浏览、任务流程、BIM 协作、团队沟通、移动办公、数据同步、动态留痕等； 优点：文件形式兼容性强，针对其他平台提供 API 接口； 缺点：数据方面尚无有效的分析和管理功能
IsBIM	简介：采用 BIMGO 与云立方配合应用的模式，完成文档、时程、通信、组织等管理工作，并完成构件管理、模型浏览、图纸管理、会议管理等功能； 优点：API 开放性高，多终端支持，文档管理功能强大； 缺点：产品发布时间短，部分功能尚不成熟，对设计协同、施工现场的数据跟踪关注度不够

软件名称	优点 / 缺点
蓝色星球	简介：全过程项目管理平台，实现建筑信息和地理信息互通，能够产生人员作业监控、安装过程监控、设备维护运营、设备温度分布检测、安装形状检测、腐蚀现象预警等相关应用点； 优点：GIS 功能尤为出众，定制开发经验丰富； 缺点：多数产品都是定制开发，更新迭代不足
普华科技 PMS	简介：应用于全项目生命周期的项目管理平台，目前模块有 PowerOn（2 条控制主线、8 条管理副线、1 个平台、3 个门户）、PowerPiP（集成平台、项目监控、投资与合同管理、采购管理、质量管理、安全还款管理、文档管理、其他模块）、PowerPlan（项目统筹计划模块、项目专业计划管理模块、项目计划执行反馈模块）； 优点：支持企业定制化开发，从协同工作到进度计划再到项目管理全过程均有完善的功能； 缺点：并非整体解决方案，需要与其他平台相结合，移动端尚不支持
奇境	简介：通过不同的系列产品满足个人到企业的设计和项目管理需求，主要功能包括设计管理、进度计划、成本管理、物资采购、施工管理、文档管理、岗位群组、合约管理、流程审批； 优点：公有云部署，安全性和稳定性得以保障，系统资源占用少； 缺点：Web 端产品，兼容性和扩展性欠缺
北京联创项目管理系统	简介：针对工程建设管理角色设置第三方管理平台（法人监管平台），多种部署方式，既可公有云托管部署，也可以私有云单独部署，两种方式都可以保证企业信息私密独享，又可实现项目各方的互联互通； 优点：第三方项目管理平台，支持多方协同管理；支持托管模式，费用低廉； 缺点：非定制化系统，不一定完全符合用户个性化要求
新中大 i8 工程管理软件	简介：以合同、资金、进度、质安 4 个维度进行切入，实现从项目前立项到项目竣工全生命周期管理； 优点：针对建筑业营改增大变革，i8 以发票、税务管理为重点，以合同、物资管理为突破口，业税财一体管控，帮助企业系统性应对税务风险； 缺点：是以财务管理为核心的软件，实际项目管理方面较弱
译筑科技 EBIM 云平台	简介：主要应用于工程项目的施工和运维阶段，以客户端为主，数据存储在客户服务器中； 优点：浏览本地项目较流畅，本地服务器确保数据的安全和可维护，软件运行占用系统资源较少，功能详细，操作方便，提供多端口协同应用、多专业协作应用、用户管理中心； 缺点：对浏览器的兼容性与网络的稳定性有较高要求，对于项目全生命周期管理的应用性较弱
深圳设施之家（FMC）	简介：基于工程项目中设备设施信息化管理扩展而来的智能化信息平台，专注于设施管理领域，提供设施管理专业诊断、管理咨询和培训服务，开发和推广"移动设施云平台"，围绕设施管理建设包括不动产与设施管理平台、空间管理系统、能源管理系统、智能集成系统、信息发布系统； 优点：专注后期项目运维，功能齐全； 缺点：目前设计阶段的功能处于研发中

3.1.2　投资管控类（算量软件）

对行业内 5 款主流算量软件的 7 项关键要素的比较显示，算量软件最大的差异在于是否是自有独立的平台，该项指标的差异影响到算量效率、对模型数据的交互性等因素。7 项指标的评分结果对比列于表 3-2。

表 3-2　主流算量软件的对比评分表

软件名称	独立平台	插件模式	易用性	模型延续性	算量准确	算量效率	成本咨询	得分
广联达	4	—	4	2	4	5	2	19+2
Rib	5	5	2	2	3	5	—	17

续表

软件名称	独立平台	插件模式	易用性	模型延续性	算量准确	算量效率	成本咨询	得分
斯维尔	—	5	4	4	5	2	—	20
鲁班	3	—	3	2	3	4	3	15+3
宾孚	—	3	4	4	4	2	4	17+4

7 项关键指标总结如下：

独立平台：目前广联达、Rib 和鲁班都是自有算量平台，将 Revit 创建的模型导入后进行算量、计价等后续应用。该模式存在的问题是模型数据不能进行双向交互，且对数据模型不能做到 100% 无缝导入。

插件模式：斯维尔和宾孚均是基于 Revit 的插件，能够 100% 读取模型数据并能够实现数据双向交互，但存在的问题是受到模型拆分的影响，算量的效率较独立平台软件要低。

易用性：软件操作友好性，除 Rib 是国外软件外，其他的软件基本符合国人的使用习惯。

模型延续性：算量模型与设计模型、施工模型的延续性和交互性，基于 Revit 开发的算量软件这方面有优势，但是算量功能的功效也受到制约。

算量准确：总体来看基于 Revit 开发的算量软件对于模型的工程量计算是相对更加准确的，但是在钢筋这一单项上看斯维尔更具有优势。

算量效率：总体来看基于平台模式的算量软件更具有优势，但是对全过程数据应用存在极大的困难。

成本咨询：该指标是对软件公司专业能力的评估，作为软件功能以外的独立项，不纳入整体计分。对于需要独立定制算量软件的企业，该项指标的重要意义在于专业能力会影响到模型规定、平台构架等技术路线，因此是选择软件公司的重要考虑因素。

5 款软件的总结评价见表 3-3。

表 3-3　主流算量软件的对比评价表

软件名称	优点 / 缺点
广联达	简介：建筑行业知名软件公司，成本软件市场占有率最高，软件产品丰富，涵盖项目管理、施工等多方面； 优点：有独立建模平台，不需要依托 CAD 或 Revit；除了能完成算量，还能套取定额，完成计价；国内成本站采用广联达软件较多，可用于对价审计； 缺点：需二次建模，效率下降；钢筋计算需要重新建模，部分钢筋构件无法表达和计算；无法直接利用 Revit 模型；Revit 模型导入广联达平台识别度不高，会导致算量不准确
Rib	简介：全球知名德国企业，着重于建筑业 5D 全过程项目管理平台的使用和研发； 优点：全过程项目管理平台，除了应用于算量和计价方面，还能结合其他应用，如招投标、分包及采购； 缺点：建模要求苛刻，前端建模工作量十分巨大；对人员软件操作的要求和专业度要求都很高，培养成本很高；本土化程度不高，有待加强
斯维尔	简介：建筑行业知名软件公司，软件产品涵盖工程设计、工程成本、工程管理、电子政务、互联网＋五大板块，成本软件应用方便； 优点：基于 CAD 和 Revit 开发的算量插件，可直接利用图纸和模型；算量准确性高；钢筋算量灵活方便准确； 缺点：对 CAD 和 Revit 操作的要求比较高；只能用于算量，项目使用的集成度不高

软件名称	优点 / 缺点
鲁班	简介：建筑行业知名软件公司，在施工企业应用广泛； 优点：有独立建模平台，也可与 CAD 或 Revit 互导；支持鲁班成本模块应用，如招投标、分包及采购； 缺点：需二次建模，效率下降；如与 CAD 或 Revit 互导，构件识别性较差，算量准确性降低
宾孚	简介：工程顾问公司，公司定位是"基于 BIM 的精益管控专家"，着力于"专业顾问＋平台实施"的全生命周期工程管理服务； 优点：基于 Revit 的算量插件，不需要二次建模，直接提取工程量，并能与相应清单对应，直接编制工程量清单；算量准确性高；与族库平台及成本管理平台共享底层数据，与企业标准化建设及项目成本管控合为一体； 缺点：对 Revit 操作有一定的要求；无钢筋算量功能

3.1.3　建模类

3.1.3.1　主流 BIM 软件

主流 BIM 软件见表 3-4。

表 3-4　主流 BIM 软件

软件	所属国家	应用阶段	市场占比
Autodesk Revit	美国	模型创建	大于 80%
Graphsoft Archicad	匈牙利	模型创建	小于 10%
Bentley 系列	美国	模型创建	小于 10%

3.1.3.2　主流 BIM 二次开发软件

对行业中 5 款主流 BIM 二次开发软件的 6 项关键要素的比较显示，各款软件对 BIM 的体系性应用和支持方面，往往都是在某些应用点上具备优势。6 项指标的评分结果见表 3-5。

表 3-5　主流 BIM 二次开发软件的对比评分表

软件名称	支持 Revit	全专业建模	出图体系	工程算量	深化设计	族库	项目服务	得分
鸿业	√	5	3	0	2	5	5	20
橄榄山	√	5	3	0	0	4	0	12
品茗	√	4	2	4	5	2	2	19
理正	√	4	2	0	1	0	2	9
探索者	√	3	3	2	1	0	0	9

6 项关键指标总结如下。

全专业建模：目前软件都具备辅助全专业建模的功能，但是便捷程度各有擅长。

出图体系：目前软件都支持基本的出图及标注功能，但是与设计有关的修改、修饰需要人工完成，探索者在结构专业这块做得比较完善。

工程算量：目前仅有品茗能够按清单格式生成工程量统计，探索者在结构专业方面能做到混凝土和钢筋量非常准确的统计。

深化设计：品茗对接施工阶段应用较全面（如模板、脚手架、综合支架建模、施工策划），鸿业、理正都具备快速布置支吊架的建模功能。

族库：目前鸿业了建立完整的云族库体系，其他软件还不成熟。

项目服务：鸿业成立了专门项目服务的事业部。其他软件公司还是以做产品为主，定制服务也是抽调临时性团队。

5 款软件的总结评价见表 3-6。

表 3-6　主流 BIM 二次开发软件的总体评价表

软件名称	优点 / 缺点
鸿业	优点：专业齐全，使用习惯比较接近传统设计；具备一些辅助设计功能，集成一些规范计算；有支吊架布置功能； 缺点：机电专业的二维图例、尺寸标注样式、线型线宽和机电系统设置还不够完善
橄榄山	优点：建筑、结构翻模能力强，精装面层翻模速度较快，有族库管理模块； 缺点：不支持 BIM 设计，机电建模较弱
品茗	优点：快速翻模、BIM 设计和土建、安装算量；显示控制和快速选择较直观快捷，翻模命令简洁；有支吊架布置功能，有和施工方相结合的功能； 缺点：BIM 设计能力一般
理正	优点：注重机电的翻模；具有智能坡道、幕墙曲面展开功能和少量 BIM 设计的辅助功能（如智能楼梯、管道管径设计方案按照规范自动调整、万能表格）； 缺点：建筑、结构建模能力较弱，BIM 设计不成体系
探索者	优点：结构专业 BIM 设计，尤其是结构出图、钢筋植入算量等的研究比较务实；平台较全面，结构计算软件和三维软件间的模型转换也比较成熟，甚至可以实时修改、互导； 缺点：其他专业建模出图较弱

3.2　云平台与协同网络配置

3.2.1　云平台

云计算是一种商业计算模型。它将计算任务分布在大量计算机构成的资源池上，使各种应用系统能够根据需求获取计算力、存储空间和信息服务，是网格计算、分布式计算、并行计算、效用计算、网络存储、虚拟化、负载均衡等传统计算机技术和网络技术发展融合的产物。云计算实现了对共享可配置计算资源（网络、服务器、存储、应用和服务等）的方便、按需访问，这些资源可以通过极小的管理代价或者与服务提供者的交互被快速地准备和释放。

云计算平台也称为云平台。云计算平台可以划分为 3 类：以数据存储为主的存储型云平台、以数据处理为主的计算型云平台，以及计算和数据存储处理兼顾的综合云计算平台。云计算服务具有基础资源租用、按需弹性使用、透明资源访问、自助业务部署和开放公众服务五大特征。

　　云计算与传统 IT 模式相比，降低了成本，提高了资源利用率，在弹性计算和存储能力、灵活定制、可靠性和安全性等方面都有很大程度的提升。云计算具有前所未有的计算能力，同时具备虚拟化、高可靠性、通用性、高可扩展性、按需服务和极其廉价的优势。

　　全过程工程咨询下，建筑行业信息化具有 BIM 软件安装程序文件大、数据量大的特点。BIM 工作站处理器和存储量有限，云计算平台是建筑行业信息化发展的必然选择。云计算模式中，数据在云端，不怕丢失，不必备份，可以实现任意点的恢复。软件在云端，不必下载自动升级。在任何时间、任意地点、任何设备登录后就可以进行计算服务。这对实现数据的共享、降低企业 BIM 使用成本具有巨大的优势。

　　云计算平台主要有公有云、私有云、混合云。

　　（1）公有云。公有云是云计算服务提供商为工种提供服务的云计算平台，理论上任何人都可以通过授权进入该平台。公有云可以充分发挥云计算系统的规模经济效益，但同时也增加了安全风险。提供公有云服务的国内主要云服务平台是阿里云、腾讯云、百度云、华为云。国际提供云平台服务的有 Google 的云计算平台、IBM 公司的"蓝云"平台以及 Amazon 公司的弹性计算云。

　　（2）私有云。私有云是云计算服务提供商在其内部建设的专有云计算系统。私有云系统存在于企业防火墙之内，为企业提供内部服务，安全性高，但成本也高。提供私有云服务的有华为的 FusionCloud、新华三的 Cloud OS 3.0 云操作系统、浪潮的浪潮云海 OS、中国电信的私有云解决方案、阿里云的专业云解决方案。

　　图 3-1 是 2017—2018 年中国私有云市场竞争能力分析象限图。

图 3-1　2017—2018 年中国私有云市场竞争能力分析象限图

　　（3）混合云。混合云集成公有云、私有云双重优势，同时提供公有和私有服务的云计算系统，是介于公有云和私有云之间的一种折中方案。

3.2.2　协同网络配置

云计算体系结构的模型由客户端、服务目录、系统管理、配置工具、监控、服务器几个模块构成，各模块负责不同的功能。

3.3　可视化软件现状及分析

模型可视化是将模型内容进行表达的应用，表现效果的好坏直接影响漫游表达质感。同时，好的表达效果也是 BIM 应用能力的体现。

可视化软件对比见表 3-7。Lumion 是目前最主流的软件，其操作简单，对于需要在短期内快速展示和表达模型效果的项目而言，这款软件见效最快，但其功能相对单一，对电脑的内存要求高，装修部分表现一般。Navisworks 在各方面表现中规中矩，作为可视工具，常常还要配合其他软件进行效果优化，导致模型在多个软件之间辗转，严重降低效率，唯一的优势在于价格亲民。Fuzor 在真实度和视觉效果上优于 Lumion，在内部装修上更精细。Twinmotion、Enscape 集合了以上优点，表现出更优秀的渲染效果。Mars 是国内开发的渲染软件，在真实度、视觉效果等方面都优于其他可视化软件，出图效率最快。

表 3-7　可视化软件对比

软件工具		展示效果		
公司	软件	真实度	视觉效果	操作
Act-3D	Lumion	优秀	一般	简易
Kalloc Studios	Fuzor	优秀	优秀	单一
Autodesk	Enscape	优秀	优秀	简易
Abrent	Twinmotion	优秀	优秀	简易
Autodesk	Navisworks	一般	较差	简易
光辉城市	Mars	优秀	优秀	简易

综合对比上述可视化软件，由于 Twinmotion 在真实度、视觉效果方面的表现优异，以及其在国内市场的免费开放，将会是一款竞争力非常强的可视化软件。

出图效果对比见图 3-2 ～图 3-10。

图 3-2　Lumion 出图效果图

图 3-3　Navisworks 出图效果图

图 3-4　Fuzor 出图效果图

图 3-5　Enscape 出图效果图

图 3-6　Twinmotion 出图效果图

图 3-7 Mars 出图效果图

3.4 项目管理硬件及分析

3.4.1 计算机硬件

建筑信息化的第一步是 BIM 硬件的选择，硬件的配置直接影响了信息化投资成本。

3.4.1.1 硬件配置原则

计算机采购方案包括计算机的硬件配置和软件配置两项重要内容。建筑信息化对计算机硬件配置要求高。在硬件环境的配置上，首先考虑计算机性能，同时从投资管控的角度出发，计算机硬件的选配要遵守实用性、高性价比、可靠性这三大原则。

（1）实用性原则。计算机硬件的选择，要求在性能和实际需求的条件下并有一定的前瞻性，就是满足了实用性原则。

（2）高性价比原则。配置计算机硬件不能盲目攀高，而应追求较高的性能价格比。同性能的硬件价格实际上存在着差异，有些产品的价格高是因为附加功能多，实际用不上。因此实现较高的实用性能和较低的采购价格是配置计算机硬件的另一项重要原则。

（3）可靠性原则。计算机硬件的可靠性包含两方面的内容：一方面是性能稳定，故障率低；另一方面是兼容性好，不存在硬件和软件的冲突问题。

3.4.1.2 硬件的选择

做全过程咨询项目，涉及项目的整个过程，需要的软件涉及 BIM 设计软件、深化软件、算量软件、协同软件、渲染软件。这对硬件的要求会很高。

常规的建模软件、算量软件、进度管理软件、协同管理软件、运维管理软件、渲染软件，每一个 BIM 软件安装文件都在 2GB 以上。

（1）CPU 的选择。作为办公电脑，可靠性是仅次于实用性的重要原则。市场上常见的 CPU 品牌有 Intel 和 AMD 两家公司。为 BIM 工作选择 CPU 时，遵循可靠性原则，可选择以可靠性著称的 Intel 品牌 CPU。

目前的桌面平台 CPU 编号方式基本可以用图 3-8 解释。如 i7 4790K 可以解释为：i7 产品，第四代，SKU=790（SKU 为 Stock Keeping Unit 的缩写，即生产商对这类相同规格的 CPU 赋予的统一编号，仅起标识作用），K 表示 Unlocked，不锁倍频的版本。

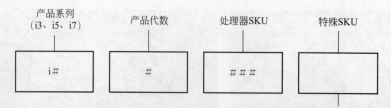

K表示Unlocked，不锁倍频。类似的还有S，表示Performance optimized lifestyle，节能版；T表示Power Optimized Lifestyle，超低功耗版；QM，Q表示四核，M指移动版

图 3-8　桌面 CPU 编号含义

除了桌面平台 CPU 之外，处理器 CPU 也可以用于组装个人电脑，而处理器 CPU 的命名方式较桌面平台 CPU 复杂，如 E3 1230 V5 可以解释为：E3 产品，最大节点为 1，插槽类型为 2，SKU=30，5 代版本。

采用 64 位 CPU 和 64 位操作系统对提升运行速度有一定的作用，大部分软件目前也推出了 64 位版本。多核系统可以提高 CPU 的运行效率，在同时运行多个程序时速度更快，即使软件本身并不支持多线程工作，采用多核也能在一定程度上优化其工作表现。在为 BIM 工作选择 CPU 时，主频为第一决定因素，核心数为第二决定因素。目前市面上最新的 Intel 系列 CPU 已全面支持 DDR4 系列内存。随着技术的发展，DDR4 内存也将逐步取代 DDR3 内存成为内存市场的主流，因此不再考虑老平台 CPU。

推荐作为 BIM 工作计算机 CPU 配置的新一代 CPU 有 i7 6700K、i7 6700、i5 6600K，见表 3-8。

表 3-8　i7 6700K、i7 6700、i5 6600K 详细参数对照表

项目	i7 6700K	i7 6700	i5 6600K
CPU 系列	i7	i7	i5
CPU 主频 /GHz	4.0	3.4	3.5
最大睿频 /GHz	4.2	4.0	3.9
CPU 架构	SkyLake	SkyLake	SkyLake
核心数	4	4	4
制作工艺	14nm	14nm	14nm
三级缓存	8MB	8MB	6MB
参考价格	2549 元	2249 元	1699 元

以建模为主的计算机在经济条件允许的前提下应优先选择 i7 6700K，因为此款 CPU 同时具备高主频和多核多线程工作能力，能有效地运行 BIM 相关的建模软件和分析软件，辅助提高建模人员的工作效率；而其他以模型分析优化、数据处理为主的计算机，遵循高性价比原则，可以配置价格相对低廉的 i7 6700 和 i5 6600K，以获得较高的性价比。

（2）内存的选择。自 2007 年 DDR3 内存问世以来，直到 2015 年，DDR3 内存一直占据着主流内存市场。2015 年 DDR4 内存问世以后，虽然性能有所提升，但其配套的平台价格较高，使得其暂时无法称霸主流市场。随着最新的 Intel CPU 支持 DDR4 内存，DDR4 内存

也逐渐成为市场主流。DDR4 内存和 DDR3 内存在支持处理器、外观、性能上都有较大区别。而作为使用者，我们仅需要了解其性能差别即可。

DDR4 内存的每个针脚都可以提供 2GB/s（256MB/s）的带宽，DDR4-3200 可达到 51.2GB/s，比 DDR3-1866 高出了 70%。DDR4 在使用了 3DS 堆叠封装技术后，单条内存的容量最大可以达到目前产品的 8 倍之多。例如目前常见的大容量内存单条容量为 8GB（单颗芯片 512MB，共 16 颗），而 DDR4 则完全可以达到 64GB，甚至 128GB。而电压方面，DDR4 使用 20nm 以下的工艺来制造，电压从 DDR3 的 1.5V 降低至 DDR4 的 1.2V，移动版的 SO-DIMMD DR4 的电压还会降得更低，提高能效。

综上所述，采用新的 DDR4 内存已是大势所趋，为满足软件需要，双通道 8G 是最低配置，而 i7 6700K 最高支持 64GB 内存，存在一定的升级空间，对于操作单个 BIM 项目的计算机，32GB 内存已经能满足项目需要。

（3）硬盘的选择。市面上的硬盘主要有固态硬盘（solid state drives，SSD）与机械硬盘（HDD），固态硬盘的存储介质分为两种，一种是采用闪存（Flash 芯片）作为存储介质，另外一种是采用 DRAM 作为存储介质。固态硬盘简称固盘，是采用固态电子存储芯片阵列而成的硬盘，由控制单元（Flash 芯片）和存储单元（DRAM 芯片）组成。固态硬盘在接口的规范和定义、功能及使用方法上与普通硬盘完全相同，在产品外形和尺寸上也完全与普通硬盘一致。

机械硬盘即传统普通硬盘，主要由盘片、磁头、盘片转轴及控制电机、磁头控制器、数据转换器、接口、缓存等几部分组成。由于是机械式寻找数据，防震性能和数据寻找时间远低于 SSD。

固态硬盘采用闪存作为存储介质，读取速度相对于机械硬盘更快。固态硬盘不用磁头，寻道时间几乎为 0。持续写入的速度非常快，但固态硬盘的快绝不仅仅体现在持续读写方面，随机读写速度快才是固态硬盘的最大优势，这直接体现在绝大部分的日常操作中。与之相关的还有极低的存取时间，最常见的 7200r/min 机械硬盘的寻道时间一般为 12 ～ 14ms，而固态硬盘可以轻易达到 0.1ms 甚至更低，优劣对比见表 3-9。

表 3-9　固态硬盘和机械硬盘优劣对照表

项目	固态硬盘	机械硬盘
读取速度	优	劣
体积和质量	优	劣
噪声和振动	优	劣
温度	优	劣
功耗	优	劣
容量	劣	优
价格	劣	优

总结固态硬盘和机械硬盘：应该以固态硬盘为软件安装盘，机械硬盘作为文件存储盘。根据现有建模软件对系统硬盘的要求，固态硬盘需要 128GB 以上才能获得较好的软件安装空间。

（4）显卡的选择。显卡芯片主要有 NVIDIA 和 ATI 两家，从用途上又分为游戏影音卡和专业绘图卡两种。由于市场上占有率最高的 BIM 建模软件 Revit 对 NVIDIA 显卡情有独钟，所以在选择显卡芯片时，为了保证软件兼容性，应该尽量选择 NVIDIA 芯片的显卡。

实际在 Revit 建模过程中，一般不需要把渲染效果调到最高，所以显卡的使用率并不高，考虑到性价比，显然游戏影音卡比专业绘图卡性价比更高。在上一代平台中，常用的 BIM 建模计算机会配置 GTX960 或 GTX970 显卡，而随着新一代显卡问世，号称不到 GTX970 的价格却有比拟 GTX980 性能的 GTX1060 成为了新平台中性价比最高的产品。

（5）显示器的选择。BIM 工作计算机对显示器的性能要求并不高，但在配置 BIM 工作站时，考虑到双显示器在数据调整、二维转三维建模、模型检查等方面的作用，大尺寸的双屏幕显示器对于工作效率的提升还是很有帮助的，常用的有双 24in 1080P 分辨率组合或双 27in 1080P 分辨率组合。

确定了显示器的尺寸，接下来就需要了解显示器的有关参数。显示器的面板是显示器最核心的组成部分，其占据一台显示器 80% 的成本。不同的液晶面板采用不同的技术手段制造，是决定屏幕性质的一个重要参数。现在液晶显示器面板常见的有 IPS、MVA、PVA、TN 等，见表 3-10。

表 3-10　不同显示器面板优劣分析表

项目	优点	缺点
IPS	广视角，色彩优于普通 TN 屏幕	响应时间和对比度较差
MVA	漏光少，对比度很高，响应时间出色	色域表现较差，色彩和灰阶方面较差，介于 TN 和 IPS 之间
PVA	低端的可以当作 MVA 看待，高端的色彩优于 MVA	与 MVA 相同
TN	响应速度极快，价格低廉，技术成熟	色域和视角较窄

针对实际需要和预算，可参考表 3-10 选择不同面板材质的显示器，以此适应实际需求。

3.4.1.3　计算机主流配置方案推荐

主流建模计算机配置推荐见表 3-11。

表 3-11　主流建模计算机配置推荐表

配置	型号	数量
CPU	Intel i7 6700K	1
主板	华硕 Z170-A	1
内存	金士顿骇客神条 8GB DDR4 2400	2
硬盘	希捷 2TB 7200 转	1
固态硬盘	三星 750 EVO SATA 250GB	1
显卡	影驰 GeForce GTX 1060 GAMER 6GB	1
机箱	先马坦克（透彻标准版）	1
电源	先马金牌 750W	1
散热器	九州风神大霜塔	1
显示器	AOC P2779V8	2

表 3-11 所示的配置可以适应绝大多数的 BIM 建模需求，且具备一定的升级空间，可以满足企业 3 年内的应用需求。当然如果经济条件不允许，也可以使用 i5 6600K 的 CPU 和 8GB 内存。

集中数据服务器硬件配置建议见表 3-12。

表 3-12　集中数据服务器硬件配置建议表

项目	基本配置	标准配置	高级配置
小于 100 个并发用户（多个模型并存）	操作系统：Microsoft Windows Server 2012 R2 64 位	操作系统：Microsoft Windows Server 2012 R2 64 位	操作系统：Microsoft Windows Server 2012 R2 64 位
	Web 服务器：Microsoft Internet Information Server 7.0 或更高版本	Web 服务器：Microsoft Internet Information Server 7.0 或更高版本	Web 服务器：Microsoft Internet Information Server 7.0 或更高版本
	CPU：4 核及以上，2.6GHz 及以上	CPU：6 核及以上，2.6GHz 及以上	CPU：6 核及以上，3.0GHz 及以上
	内存：4GB RAM	内存：8GB RAM	内存：16GB RAM
	硬盘：≥7200r/min	硬盘：≥10000r/min	硬盘：≥150000r/min
100 个以上并发用户（多个模型并存）	操作系统：Microsoft Windows Server 2012 64 位，Microsoft Windows Server 2012 R2 64 位	操作系统：Microsoft Windows Server 2012 64 位，Microsoft Windows Server 2012 R2 64 位	操作系统：Microsoft Windows Server 2012 64 位，Microsoft Windows Server 2012 R2 64 位
	Web 服务器：Microsoft Internet Information Server 7.0 或更高版本	Web 服务器：Microsoft Internet Information Server 7.0 或更高版本	Web 服务器：Microsoft Internet Information Server 7.0 或更高版本
	CPU：4 核及以上，2.6GHz 及以上	CPU：6 核及以上，2.6GHz 及以上	CPU：6 核及以上，3.0GHz 及以上
	内存：8GB RAM	内存：16GB RAM	内存：32GB RAN
	硬盘：≥10000r/min	硬盘：≥15000r/min	硬盘：高速 RAID 磁盘阵列

3.4.2　3D 扫描仪

3D 激光扫描技术是采用非接触高速激光扫描测量的方法，对物体空间外形及色彩进行扫描，以获得物体表面的空间坐标，为快速建立物体的 3D 影像模型提供了一种全新的技术手段，具有测量速度快、精度高、使用方便等优点。

运用 3D 扫描技术，在施工质量检测、辅助实际工程量统计、钢结构预拼装等方面体现出了较大价值。BIM 与 3D 扫描集成，将 BIM 模型与所对应的 3D 扫描模型进行对比、转化和协调，达到辅助工程质量检查、快速建模、减少返工的目的。

3.4.2.1　3D 扫描仪应用流程

3D 扫描仪应用流程见图 3-9。

3.4.2.2　3D 扫描仪应用场景

（1）改建工程模型建立。对于已有改建工程，可以用 3D 扫描仪快速建立模型，通过原有建筑和改建工程模型的对比，优化方案。

（2）实际工程质量的控制。运用于施工中质量的控制，尤其是隐蔽工程质量的控制，可以有效提高工程质量，尤其是对隐蔽工程质量的控制起到关键作用。

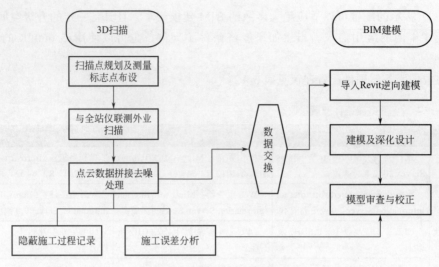

图 3-9　3D 扫描仪应用流程

（3）古建筑逆向建模。对古建筑的修复工作，可运用 3D 技术逆向建模，见图 3-10。

（4）钢构件预拼接。通过 3D 扫描建立模型预先进行拼接测试，及时发现构件尺寸误差，减少返工。

（5）机电管线现场数据采集，辅助安装验收。基坑快速建模图见图 3-11。

图 3-10　古建筑逆向建模图

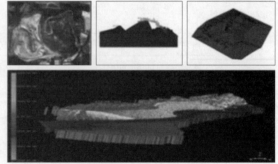

图 3-11　基坑快速建模图

3.4.3　无人机

无人机摄影测量以无人机为飞行载体，一般以非量测相机为摄影设备，携带方便，成本低。正是无人机摄影测量的这些特点，使无人机摄影测量在水利建设中的应用迅速发展。

（1）建立三维场景模型（图 3-12）。三维场景是利用航空摄影测量技术展示项目周边的地形地貌以及项目周边交通、建筑、环境间的空间位置分布关系及互通关系；它也是其余模型的载体，可通过精确的空间位置来展示三维场景模型和项目模型的相互关系。

三维场景模型可以将建筑信息化模型接入基础地理信息平台，从宏观层面展示建筑信息化模型和周边环境的空间地理关系及项目建设中的影响范围；利用航空摄影测量技术（包括数码航空摄影测量、倾斜摄影测量、激光雷达测量及无人机摄影测量等）获取研究范围内的正射及倾斜航空影像数据，通过传统航空摄影测量技术及倾斜摄影技术处理，得到数字正摄影像（DOM）和数字高程模型（DEM），在三维地理信息系统中叠加生成项目周边三维地理场景模型。

图 3-12 基于倾斜摄影测量的某车站三维场景构建

尤其是在建筑物密集区，为了更加直观地展示项目与周边建筑物的关系，需要构建周边建筑物的三维模型。根据建筑物的空间位置、影响范围、重要性以及实际需求，分别建立"白"模和"精"模，更好地确定项目在空间上的布局。

（2）地图测绘（图 3-13）。无人机测绘目前在建筑项目中应用于农村土地信息调查、矿山测绘、道路规划、土地测量、综合整治、公路带状地形测量、公路崩滑陡峭地段测量等各种不同项目。除此之外，在山洪灾害评估、森林蓄积量估测、青藏高原的地质调查、土地景观利用调查、电网工程建设、线路巡检、土方平衡、石油勘测等方面都有应用。

图 3-13 地图测绘

以空中国王 350 为例，每小时飞行价格 3.5 万元左右，2 个架次可飞行 16000 多平方公里，这种机型适合高海拔或飞行高度在 8000m 以上及航测面积大的飞行任务。

而在无人机航测领域，有业内人士表示随着行业竞争愈发激烈，在竞标竞价过程中，报价也越来越低。但尽管如此，要想做到飞行安全可靠，数据准确有效，就需要使用专业的工业级无人机，而这类产品的价格少辄十几万，多辄上百万，对于用户而言购买无人机执行航测任务依然"很贵"。

3.4.4　智能手环

建筑施工时，涉及人员复杂，全过程咨询要对总包方、分包方人员进行管理，管理难度大，不能及时掌握施工人员的操作动向和所处位置，不便于人员管理，不能掌握施工人员所处位置和行为动向，会影响人员管理与调度，使施工效率降低。可穿戴设备的应用提高了工地的智能化管理水平。智能手环（图3-14）是智慧工地常用的设备，具有造价低、使用方便的特点。

图 3-14　智能手环

智能手环可帮助项目管理人员掌控现场工人数量及相关信息，能够精确定位施工人员的位置，掌握施工人员的身体状况和周围环境温度。

3.4.5　智能安全帽

建筑工地是一个人员、物资流动频繁的场所，也是安全事故多发的场所。随着科技发展和物联网、移动互联网的应用，工地管理的这些问题现在可以通过技术手段解决。智能安全帽可以全过程、多方位地对施工现场进行实时监控，及时传达工地的作业情况，让管理人员能够不到现场也能对实时情况有所了解，对现场的工作情况、进度等所有信息了如指掌，大大地提高了工程进展的效率和对工地作业人员的管理。对于作业人员而言，也无形之中增加了制约力度，规范了行为，提高了安全意识。总的来说提高了施工现场决策能力和管理效率。智能安全帽的作用见图3-15。

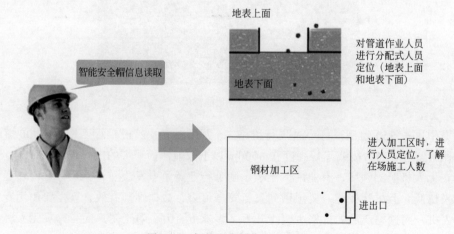

图 3-15　智能安全帽作用示意图

（1）智能安全帽人员定位。让工人佩戴内嵌智能芯片的安全帽，将 BIM 模型导入系统。系统具有门禁功能，不仅可以自动进行人员的出勤统计，而且可以记录人员在项目场地中的轨迹和分布，并可以对在场人员进行实时语音提示。

（2）智能安全帽信息读取。佩戴智能安全帽的工人对工作人员信息进行读取，可以进行人员定位，了解施工现场工人人数。

（3）监控建筑工地现场状况。

（4）监测工人是否佩戴安全帽。智能头盔有"静止"状态的警报信息，当工人在工地不佩戴安全帽，头盔静止放置超过规定时间（一般是 5min）时，就会向后台发送"静止"警报信息。

（5）高空作业时，如工作人员出现突发情况（例如跌落、碰撞），可利用速度传感器、地磁传感器等技术，即时向后台发出警报信息，后台管理人员及时发现并采取相应措施。

（6）可在管理后台监控多个监控点的信息，实现全方位监视。

（7）录制现场监视情况，随时检索回放，杜绝危险事故的发生。

第4章

工程建设全过程信息化主流应用

4.1　工程建设全过程项目管理平台

　　工程建设全过程项目管理平台是打通政府机构、投资单位、建设单位、施工单位、经营管理单位等各方的信息库，实现了工程建设全生命周期数据同源，信息真实完整，为工程建设、监管、经营提供了一体化信息平台。项目全过程管理是指：在工程项目决策阶段，为业主编制可行性研究报告和项目策划提供可行性分析数据；在工程项目实施阶段，为业主提供招标代理、设计管理、采购管理、施工管理信息服务，帮助业主对工程项目进行质量、安全、进度、费用、合同、信息等的管理和控制。

　　项目管理平台是一种工程建设全过程可视化项目管理系统。基于网页显示界面，其核心内容为施工现场监控模块、合同管理模块、协同办公模块、项目计划模块、信息门户模块、远程管理模块、文档管理模块和基础资料模块。其项目建设实施过程包括项目文档管理、合同提醒和对施工现场的实时监控。人性化的直观图形界面方便了管理人员查看、分析项目的综合情况，包括收款、成本、合同等各个角度的数据，辅助各级预警机制，从而完成对项目的全过程跟踪管理，满足了社会、政府、开发商、建筑商、消费者的全面需求，实现高技术竞争、低成本竞争和高品质管理，能够准确把握建筑市场的发展变化，具有良好的应用。

　　总体思路：工程建设全过程项目管理平台是多个群体参与、多项工作相互交叉，需要多种资源、实现多个具体目标的集合体，它有一个共同的整体要求和目标，但同时又存在不同的认知和冲突。对工程项目进行综合管理的目的是保证项目整体目标的顺利实现，及时进行统筹安排，沟通、协调各方的要求，解决项目实施过程中的各种矛盾冲突，并通过对工程项目的质量、进度、费用、安全等目标的综合管理，使项目管理工作形成有效的整体。

（1）建立多方协作云平台。政府机构、投资单位、建设单位、施工单位、经营管理单位等各方共享一个云平台，在线协同办公，改变各自为阵、各建系统、信息不对称现状。

（2）以工程计量支付管理数据为核心，整合项目招投标、工程建设、工程质量、安全、投资等全过程数据，同步面向领导决策和业务过程管理，实现项目规范、高效、低成本管理的建设目标，进一步提高工程建设管理水平。

（3）推进工程进度管理。一方面，在线协同办公，大大节省层层审批的时间和协调管理的成本；另一方面，利用智能预警，及时解决工程推进中存在的困难和问题，让工期更可控。

（4）严格按照招标文件和合同约定进行工程进度款支付，工程变更在线申请或发布，合理控制工程造价，科学管控"超预算、超概算"现象。

（5）加强对承包商的安全质量管理。通过让施工总包单位、分包单位和监理公司实时上报现场质量安全资料、结合施工现场视频监控在线形成相关问题清单、整改落实情况反馈，实现问题提出及整改的全程痕迹化管理。相关各方随时随地管控现场情况，全力排除安全隐患。

（6）自动汇总各项工程进展进度、投资造价、投用情况等，为项目科学决策和项目后评价提供数据支撑。

项目管理平台总体功能见表 4-1。

表 4-1　项目管理平台总体功能

业务需求	解决方案
全过程项目管理	覆盖全过程：投资立项、招标采购、施工准备、工程施工、工程验收、试运行、后评估
全方位项目管理	覆盖全方位：技术图纸管理、招标采购管理、支出合同管理、施工准备管理、施工进度管理、工程质量管理、施工安全管理、物资采购管理、劳务工资管理、工程验收管理、归档资料管理
总体进度跟踪	项目总体进度跟踪：投资立项、招标采购、施工准备、工程施工、工程验收、试运行、后评估
阶段进度跟踪	阶段进度跟踪：从项目总体进度跟踪链接投资立项计划、招标采购计划、施工准备计划、工程施工计划、工程验收计划、试运行计划、后评价计划，查询阶段计划执行情况
随时掌控现场情况	手机 APP 查询：施工进度情况、工程质量情况、施工安全情况、人员考勤情况、采购到货情况
自动完成统计分析	平台自动统计：投资完成情况自动跟踪、合同履约情况自动跟踪、项目成本自动核算
项目风险自动预警	平台自动预警：进度滞后自动预警、质量不达标自动预警，并推送至项目管理人员手机 APP
图纸线上审核	支持 PDF 图纸线上审核：设计单位提交 PDF 图纸，甲方线上审核、批注意见，然后自动反馈给设计单位。设计单位修改好的图纸可在平台发布，共享给相应的施工单位和监理单位
过程结算有依据	施工月度结算：可直接参考工程进度和质量评定结论 采购月度结算：可直接统计到货数量、到货日期和质检资料
质检资料随时上传	手机 APP 随时上传：随时在现场上传质量评定表及现场图片、视频等资料
劳务薪酬动态监督	劳务管理体系文件、劳务实名制管理、劳务薪酬发放凭证
工程资料同步归档	平台内电子版资料：竣工时可按档案接收单位要求目录，将平台内已有资料自动归档 平台外纸质版资料：可补充上传平台内没有的归档资料
审批流程一次完成	创新审批流程：审批过程可反复讨论，责任人可发表意见，最终所有审批人签字，一次性完成流程，无需重复 手机 APP 审批：平台支持手机 APP 端进行流程审批，实现实时移动办公

续表

业务需求	解决方案
保证企业数据安全	两种模式保证数据安全：平台支持独立部署和托管模式两种部署模式，托管模式本身数据就是安全的，独立部署模式是在托管模式的基础上进一步加强数据安全的一种保障措施
多方多级项目管理	第三方平台实现协同项目管理：第三方平台通过统一用户管理和统一权限管理，实现甲方、设计、施工、监理等多方协同管理，同时实现企业总部、分/子公司、项目部等多级管理，又使用户数据范围只限于其权限范围之内

4.1.1　项目管理过程业务分类

（1）根据工程建设管理过程业务分类：投资决策、招标采购、施工准备、工程施工、工程验收、试运行、后评价、运营维护等阶段。

（2）根据工程建设管理业务分类。

投资决策：项目甲方投资立项的决策过程。

技术管理：勘察设计、图纸审核、图纸发放、技术交底等。

招标采购：招标方案、代理招标、中标反馈等。

合同管理：合同签订、合同变更、过程结算、合同支付、合同结算、合同台账等。

进度管理：项目总进度、各重要节点进度、总包进度、分包进度等。

质量管理：单位工程质量、分部工程质量、单元工程质量、材料设备质量、整体项目质量。

安全管理：安全管理体系、危险施工项目、安全隐患管控、人员健康管理、施工环境监控等。

分包管理：施工总包管理、专业分包管理。

劳务管理：劳务实名制管理、劳务薪酬管理。

物资采购：阶段需用计划、供应商排产、物资运输管理、物资到货点验、物资库存管理、物资采购结算等。

资料管理：过程资料填报、项目资料归档。

成本管理：投资估算成本、设计概算成本、施工预算成本、中标合同成本、过程结算成本、项目决算成本。

（3）根据工程建设管理角色分类：行政监管、项目甲方、勘察设计、咨询机构、招标代理、施工单位、监理单位、供应商等。

（4）根据工程建设管理层面分类：企业层面、项目层面、甲方层面、总包层面、分包层面。

（5）根据工程建设管理模式分类：甲方平行发包模式、EPC总包模式、代建制模式、全过程造价管理模式等。

4.1.2　项目管理基建文件分类

（1）立项决策文件包括项目建议书（代可行性研究报告）及其批复、有关立项的会议纪要及相关批示、项目评估研究资料及专家建议等。根据项目大小、投资主体的不同，项目建议书的批复文件分别由国家、行业管理部门审批。

（2）建设用地文件包括征占用地的批准文件、国有土地使用证、国有土地使用权出让交易文件、规划意见书、建设用地规划许可证等。建设用地文件分别由国有土地管理部门和规划部门审批形成。

（3）勘察设计文件包括工程地质勘察报告、土壤氡浓度检测报告、建筑用地钉桩通知单、验线合格文件、设计审查意见、设计图纸及设计计算书、施工图设计文件审查通知书等。建筑用地钉桩通知单、验线合格文件、审定设计方案通知书由规划部门审批形成。

（4）招投标及合同文件包括工程建设招标文件、投标文件、中标通知书及相关合同文件。

（5）开工文件包括建设工程规划许可证、建设工程施工许可证等。工程开工文件分别由规划部门和建设行政管理部门审批形成。

（6）商务文件包括工程投资估算、工程设计概算、施工图预算、施工预算、工程结算等。

（7）其他文件包括：工程未开工前的原貌及竣工新貌照片，工程开工、施工、竣工的影像资料，工程竣工测量资料和建设工程概况表等。

基建文件可按图 4-1 所示的流程形成。

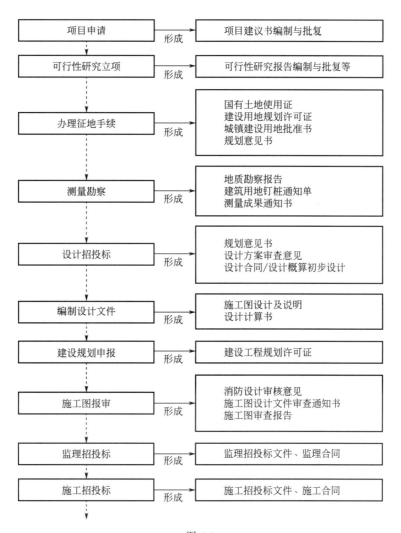

图 4-1

```
办理开工手续 ──形成──▶ 建设工程开工审查表
                     建设工程施工许可证
     │
     ▼
  施工      ──形成──▶ 建设单位采购物资的质量证明
                     文件及报验文件
                     测量成果及验线
     │
     ▼
 工程报竣    ──形成──▶ 工程竣工报告（施工单位）
     │
     ▼
监理单位组织竣工预验收 ──形成──▶ 工程质量评估报告（监理单位）
                          工程质量检查报告（勘察单位）
                          工程质量检查报告（设计单位）
     │
     ▼
 工程档案预验收 ──形成──▶ 建设工程竣工档案预验收意见
                        （城建档案馆）
     │
     ▼
工程竣工质量验收 ──形成──▶ 工程竣工验收报告（建设单位）
                        房屋建筑工程质量保修及使用说明书
     │
     ▼
  工程竣工   ──形成──▶ 政府相关部门的验收或备案合格文件
```

图 4-1　基建文件流程图

4.1.3　项目管理平台介绍

全过程、全方位、全模式项目管理平台见图 4-2。

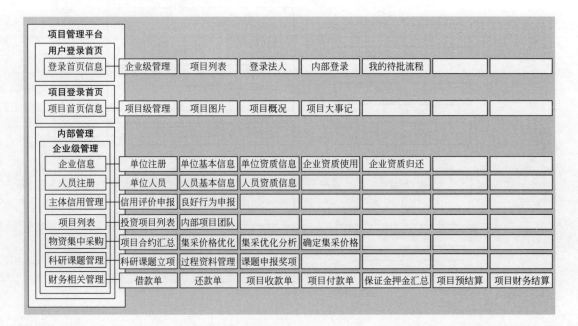

内部管理							
项目级管理							
项目概况	项目概况						
项目进度管理	项目总控计划	项目分控计划	总控计划反馈	分控计划反馈	项目进度跟踪	进度管理资料	
设计图纸管理	设计图纸登记	设计图纸会审	设计图纸发放	设计图纸查阅	设计图纸资料		
项目投资计划	总投资计划	年度投资计划	年度资金计划	月度完成计划	月度实际完成	投资计划资料	
项目招标管理	招标项目管理	中标单位反馈	招标资料管理				
支出合同管理	支出合同登记	支出合同变更	合同过程结算	合同实际付款	合同最终决算	支出合同资料	
收入合同管理	收入合同登记	收入合同变更	合同过程结算	合同实际付款	合同最终决算	收入合同资料	
项目劳务管理	劳务需用计划	劳务资金账户	劳务人员合同	月度薪酬确认	劳务薪酬发放	薪酬发放情况	劳务管理资料
物资采购管理	物资需用计划	物资到场验收	物资过程跟踪	物资退货管理	物资采购结算	物资采购资料	
施工机械管理	机械需用计划	施工机械进场	施工机械出场	机械费用结算	机械管理资料		
周转物资管理	物资需用计划	周转物资进场	周转物资出场	周转物资结算	周转物资资料		

图 4-2　项目管理平台

针对工程建设管理角色设置第三方管理平台（法人监管平台），即行政监管、项目甲方、勘察设计、咨询机构、招标代理、施工单位、监理单位、供应商等设置专门的监管平台。第三方项目管理平台，既可实现企业内部管理，又可实现项目各方协同管理。多种部署方式，既可公有云托管部署，也可以私有云单独部署。两种方式既可以保证企业信息私密独享，又可实现项目各方的互联互通。

监管数据、法人数据、参建单位数据分别保存在自己平台上，数据隔离、保证安全。

监管单位与项目法人协同工作、项目法人与参建单位协同工作、供应商与施工单位、项目法人协同工作。避免信息和数据多次重复录入，减少数据偏差，提高工作效率。

法人监管平台见图 4-3。

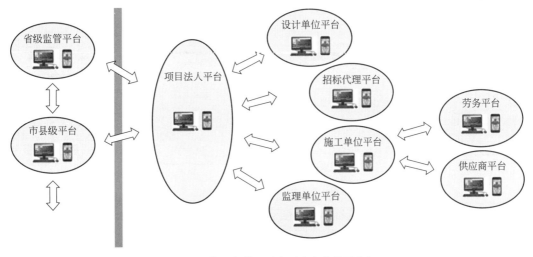

图 4-3　第三方管理平台（法人监管平台）

行业监管平台见图 4-4。

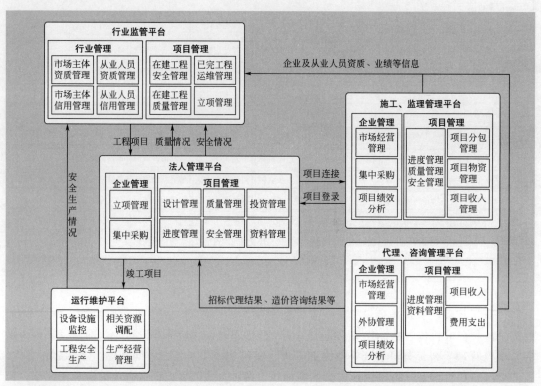

图 4-4　行业监管平台

行政监管平台见图 4-5。

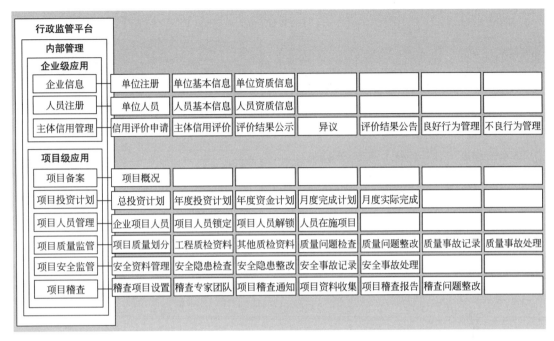

图 4-5　行政监管平台

典型功能模块见图 4-6。

图 4-6　典型功能模块

典型应用模式见图 4-7。

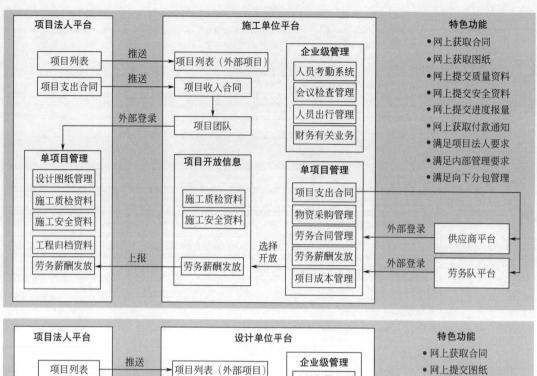

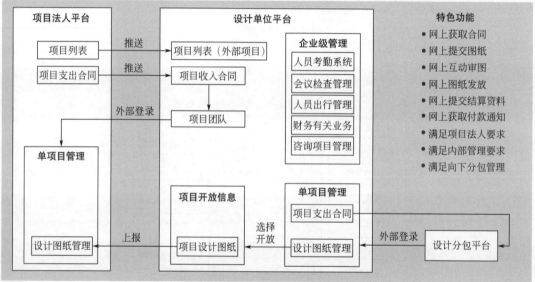

图 4-7　典型应用模式

　　从业单位注册操作界面（管理员为注册企业部署企业管理平台，同时系统自动生成企业管理员用户名、密码，并将企业平台状态设置为已开通）见图 4-8。

　　投资决策工作计划见图 4-9。

　　后评计划执行见图 4-10。

　　施工进度管理中施工进度计划见图 4-11。

　　施工进度管理中施工进度跟踪见图 4-12。

　　项目总计划追踪见图 4-13。

　　竣工验收资料见图 4-14。

　　归档资料查询见图 4-15。

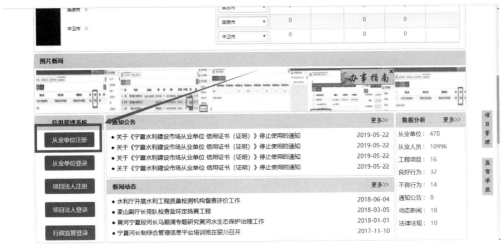

图 4-8 操作界面

图 4-9 投资决策工作计划

图 4-10 后评计划执行

图 4-11　施工进度管理中施工进度计划

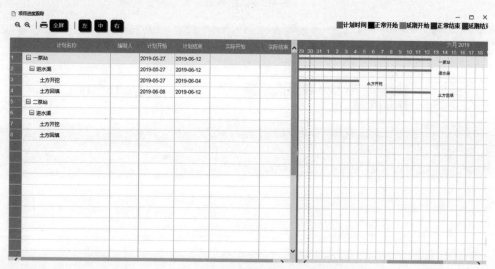

图 4-12　施工进度管理中施工进度跟踪

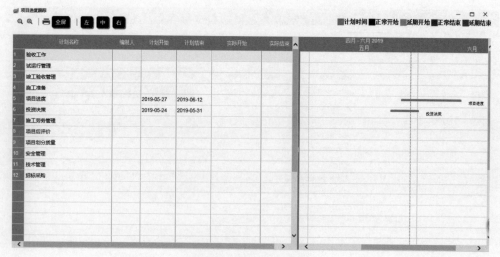

图 4-13　项目总计划追踪

图 4-14 竣工验收资料

图 4-15 归档资料查询

4.1.4 各单位项目管理平台实施

项目法人项目管理平台———一级模块见图 4-16。

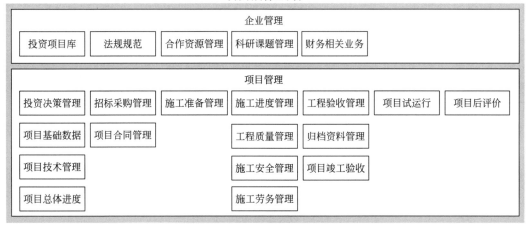

图 4-16 项目法人项目管理平台———一级模块

项目法人项目管理平台——二级模块见图 4-17。

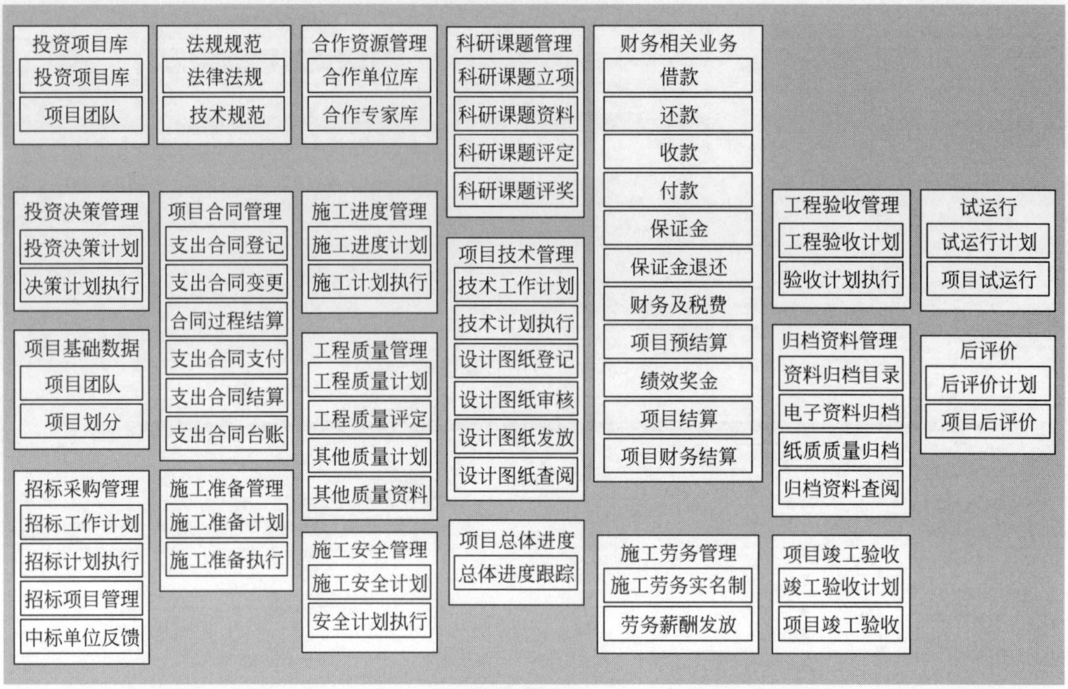

图 4-17　项目法人项目管理平台——二级模块

设计单位项目管理平台见图 4-18。

业务需求	解决方案
市场业务管理	**意向投标项目**：市场部门列出的意向投标项目 **中标项目列表**：意向投标项目中已经中标的项目自动转入中标项目列表，可对接外部项目
中标合同管理	**外部项目**：如果甲方也使用联创平台，外部项目可由甲方平台支出合同自动推送至乙方平台外部项目中 **收入合同管理**：合同登记、合同变更、过程结算、合同支付、合同结算、合同台账。如果甲方也使用联创平台，则收入合同可由甲方平台支出合同自动推送至乙方平台收入合同中
完成合同内容	**登录外部项目**：登录外部项目、进入甲方平台、完成合同内容 **设计图纸管理**：提交图纸设计、内部多级审核、图纸提交、甲方意见反馈、图纸修改、新图再提交等功能
项目内部管理	**内部工作计划**：编制内部工作计划、内部计划执行
项目绩效核算	**财务相关表单**：收款、付款、借款、还款、保证金及退还、财务成本及税费等 **项目财务结算**：项目预结算、绩效奖金、项目结算、项目财务结算
审批流程一次完成	**创新审批流程**：审批过程可反复讨论，责任人可发表意见，最终所有审批人签字，一次性完成流程，无需重复 **手机 APP 审批**：平台支持手机 APP 端进行流程审批，实现实时移动办公
保证企业数据安全	**两种模式保证数据安全**：平台支持独立部署和托管模式两种部署模式，托管模式本身数据就是安全的，独立部署模式是在托管模式的基础上进一步加强数据安全的一种保障措施
多方多级项目管理	**第三方平台实现协同项目管理**：第三方平台通过统一用户管理和统一权限管理，实现甲方、设计单位等多方协同管理，同时实现企业总部、分 / 子公司、项目部等多级管理，又使用户数据范围只限于其权限范围之内

图 4-18　设计单位项目管理平台

设计单位项目管理平台———一级模块见图 4-19。

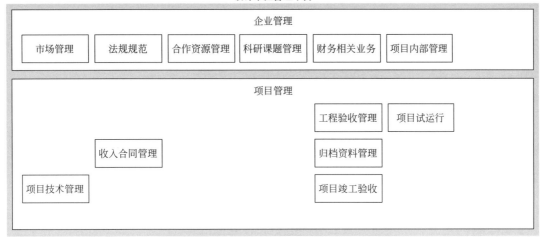

图 4-19　设计单位项目管理平台———一级模块

设计单位项目管理平台———二级模块见图 4-20。

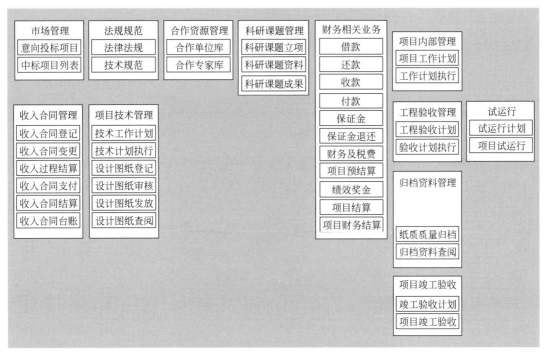

图 4-20　设计单位项目管理平台———二级模块

招标代理项目管理平台见图 4-21。

招标代理项目管理平台———一级模块见图 4-22。

招标代理项目管理平台———二级模块见图 4-23。

业务需求	解决方案
市场业务管理	**意向投标项目**：市场部门列出的意向投标项目 **中标项目列表**：意向投标项目中已经中标的项目自动转入中标项目列表，可对接外部项目
中标合同管理	**外部项目**：如果甲方也使用联创平台，外部项目可由甲方平台支出合同自动推送至乙方平台外部项目中 **收入合同管理**：合同登记、合同变更、过程结算、合同支付、合同结算、合同台账。如果甲方也使用联创平台，则收入合同可由甲方平台支出合同自动推送至乙方平台收入合同中
完成合同内容	**登录外部项目**：登录外部项目、进入甲方平台、完成合同内容 **招标采购管理**：招标项目管理、标段中标单位
项目内部管理	**内部工作计划**：编制内部工作计划、内部计划执行
项目绩效核算	**财务相关表单**：收款、付款、借款、还款、保证金及退还、财务成本及税费等 **项目财务结算**：项目预结算、绩效奖金、项目结算、项目财务结算
审批流程一次完成	**创新审批流程**：审批过程可反复讨论，责任人可发表意见，最终所有审批人签字，一次性完成流程，无需重复 **手机 APP 审批**：平台支持手机 APP 端进行流程审批，实现实时移动办公
保证企业数据安全	**两种模式保证数据安全**：平台支持独立部署和托管模式两种部署模式，托管模式本身数据就是安全的，独立部署模式是在托管模式的基础上进一步加强数据安全的一种保障措施
多方多级项目管理	**第三方平台实现协同项目管理**：第三方平台通过统一用户管理和统一权限管理，实现甲方、招标代理等多方协同管理，同时实现企业总部、分 / 子公司、项目部等多级管理，又使用户数据范围限于其权限范围之内

图 4-21　招标代理项目管理平台

招标代理项目管理平台

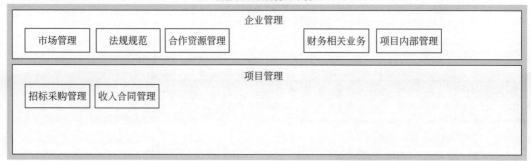

图 4-22　招标代理项目管理平台——一级模块

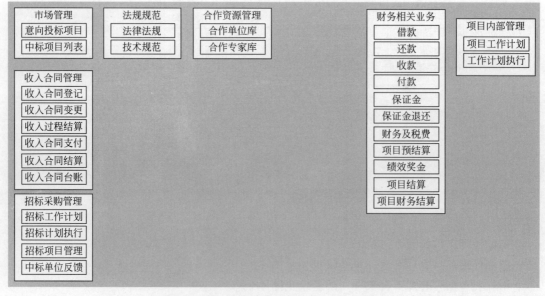

图 4-23　招标代理项目管理平台——二级模块

施工单位项目管理平台见图 4-24。

业务需求	解决方案
市场业务管理	**意向投标项目**：市场部门列出的意向投标项目 **中标项目列表**：意向投标项目中已经中标的项目自动转入中标项目列表，可对接外部项目
中标合同管理	**外部项目**：如果甲方也使用联创平台，外部项目可由甲方平台支出合同自动推送至乙方平台外部项目中 **收入合同管理**：合同登记、合同变更、过程结算、合同支付、合同结算、合同台账。如果甲方也使用联创平台，则收入合同可由甲方平台支出合同自动推送至乙方平台收入合同中
完成合同内容	**登录外部项目**：登录外部项目、进入甲方平台、完成合同内容 **施工进度管理**：施工进度计划、进度计划执行、施工进度跟踪 **工程质量管理**：工程质量计划、工程质量评定、其他质检计划、其他质检资料、质量事故记录、质量事故处理 **施工安全管理**：安全工作计划、安全计划执行、危险施工项目、安全隐患检查、安全隐患整改、安全事故记录、安全事故处理 **工程资料管理**：电子资料归档、纸质资料归档
项目内部管理	**支出合同管理**：管理分包、采购、租赁等合同，有合同登记、合同变更、过程结算、合同支付、合同结算、合同台账等模块 **物资采购管理**：需用计划（与 BIM 对接）、供应商排产、到货点验、退货处理等模块 **施工劳务管理**：劳务实名制、劳务薪酬发放
项目绩效核算	**财务相关表单**：收款、付款、借款、还款、财务成本及税费等 **项目财务结算**：项目预结算、绩效奖金、项目结算、项目财务结算
审批流程一次完成	**创新审批流程**：审批过程可反复讨论，责任人可发表意见，最终所有审批人签字，一次性完成流程，无需重复 **手机 APP 审批**：平台支持手机 APP 端进行流程审批，实现实时移动办公
保证企业数据安全	**两种模式保证数据安全**：平台支持独立部署和托管模式两种部署模式，托管模式本身数据就是安全的，独立部署模式是在托管模式的基础上进一步加强数据安全的一种保障措施
多方多级项目管理	**第三方平台实现协同项目管理**：第三方平台通过统一用户管理和统一权限管理，实现甲方、施工、供应商等多方协同管理，同时实现企业总部、分 / 子公司、项目部等多级管理，又使用户数据范围只限于其权限范围之内

图 4-24　施工单位项目管理平台

施工单位项目管理平台——一级模块见图 4-25。

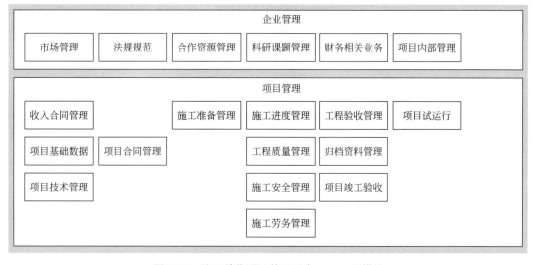

图 4-25　施工单位项目管理平台——一级模块

施工单位项目管理平台——二级模块见图 4-26。

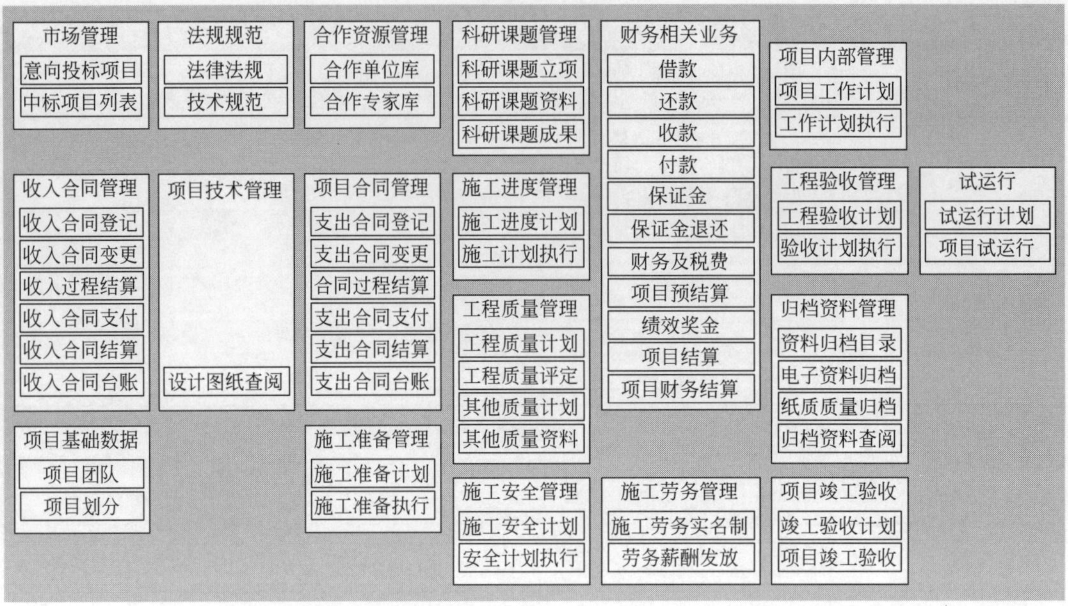

市场管理	法规规范	合作资源管理	科研课题管理	财务相关业务	项目内部管理	
意向投标项目	法律法规	合作单位库	科研课题立项	借款	项目工作计划	

图 4-26　施工单位项目管理平台——二级模块

监理单位项目管理平台见图 4-27。

业务需求	解决方案
市场业务管理	**意向投标项目**：市场部门列出的意向投标项目 **中标项目列表**：意向投标项目中已经中标的项目自动转入中标项目列表，可对接外部项目
中标合同管理	**外部项目**：如果甲方也使用联创平台，外部项目可由甲方平台支出合同自动推送至乙方平台外部项目中 **收入合同管理**：合同登记、合同变更、过程结算、合同支付、合同结算、合同台账。如果甲方也使用联创平台，则收入合同可由甲方平台支出合同自动推送至乙方平台收入合同中
完成合同内容	**登录外部项目**：登录外部项目、进入甲方平台、完成合同内容 **工程质量管理**：工程质量计划、工程质量评定、其他质检计划、其他质检资料、质量事故记录、质量事故处理 **施工安全管理**：安全工作计划、安全计划执行、危险施工项目、安全隐患检查、安全隐患整改、安全事故记录、安全事故处理 **工程资料管理**：电子资料归档、纸质资料归档
项目内部管理	**内部工作计划**：编制内部工作计划、内部计划执行
项目绩效核算	**财务相关表单**：收款、付款、借款、还款、财务成本及税费等 **项目财务结算**：项目预结算、绩效奖金、项目结算、项目财务结算
审批流程一次完成	**创新审批流程**：审批过程可反复讨论，责任人可发表意见，最终所有审批人签字，一次性完成流程，无需重复 **手机 APP 审批**：平台支持手机 APP 端进行流程审批，实现实时移动办公
保证企业数据安全	**两种模式保证数据安全**：平台支持独立部署和托管模式两种部署模式，托管模式本身数据就是安全的，独立部署模式是在托管模式的基础上进一步加强数据安全的一种保障措施
多方多级项目管理	**第三方平台实现协同项目管理**：第三方平台通过统一用户管理和统一权限管理，实现甲方、监理、施工等多方协同管理，同时实现企业总部、分 / 子公司、项目部等多级管理，又使用户数据范围只限于其权限范围之内

图 4-27　监理单位项目管理平台

监理单位项目管理平台——一级模块见图 4-28。

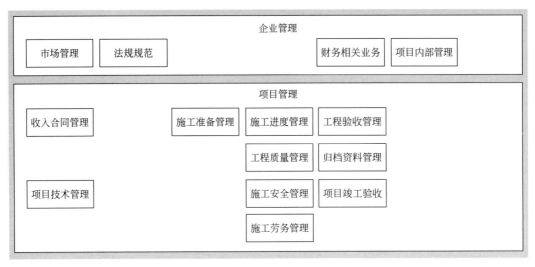

图 4-28 监理单位项目管理平台——一级模块

监理单位项目管理平台——二级模块见图 4-29。

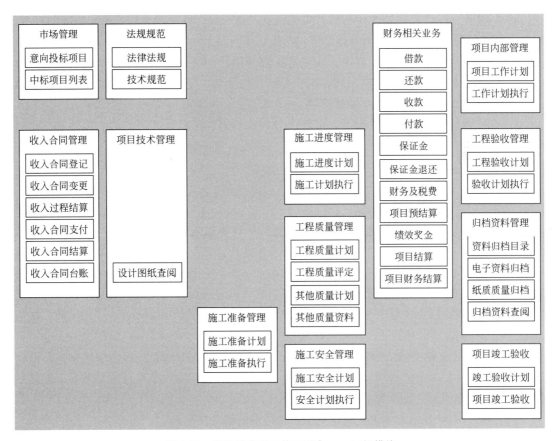

图 4-29 监理单位项目管理平台——二级模块

4.2　工程建设 BIM 技术应用

4.2.1　BIM 的含义

BIM 全称是"建筑信息模型（building information modeling）"，此项技术被称为"革命性"的技术，源于美国乔治亚技术学院（Georgia Tech College）建筑和计算机专业的查克伊斯曼（Chuck Eastman）博士所提出的一个概念：建筑信息模型包含不同专业的所有信息、功能要求和性能，让一个工程项目所有信息，包括在设计过程、施工过程、运营管理过程的信息全部整合到一个建筑模型。

BIM 是一个多维（三维空间、四维时间、五维成本、N 维更多的应用）的模型信息集成技术。BIM 模型可以让建设项目所有参与方（包括政府主管部门、业主、设计单位、施工单位、监理单位、造价单位、运营管理单位、项目用户等）在项目从概念的产生到完全拆除的整个生命周期中都能够在模型的操作信息中操作此模型，从而在根本上改变从业人员依靠符号、文字形式的图纸进行运营管理和项目建设的工作方式，实现在各个专业集成 BIM 模型图的建设项目全生命周期中提高工作质量和效率以及减少风险和错误的目标。

BIM 的含义总结为以下三点：

（1）BIM 以三维数字技术为基础，集成建筑工程项目中各种相关信息工程数据的模型，是对工程项目的功能特性与设施实体数字化的表达。

（2）BIM 是完善的信息化模型，能够连接建筑项目的生命全周期不同阶段的数据、资源和过程，是对工程对象的完整描述，提供可以自动计算、组合拆分、查询的实时性工程数据，可以被建设项目的各参与方普遍使用。

（3）BIM 具有单一工程数据源，可解决分布式、异构工程数据之间的一致性和全局共享问题，支持建设项目生命期中动态的工程信息创建、管理和共享，是项目实时的共享数据平台。

4.2.2　BIM 的优势

CAD 技术是将工程师、建筑师从手工绘图推向计算机辅助制图的技术，实现了工程设计领域的第一次信息化革命。但是这次信息化技术对产业链支撑的作用是有断点的，各个环节和领域之间设有关联。BIM 是一种方法、过程和技术，它包括了建筑物全生命周期中的信息模型，同时也包括了建筑工程管理行为模型，它可以将两者进行完美的结合来实现集成化管理，它的出现可能引发整个 A/E/C（Architecture/Engineering/Construction）领域第二次的革命。

BIM 通过建立数字化的 BIM 模型，涵盖与项目相关的大量信息，服务于建设项目的设计、施工、运营整个生命周期，为提高生产效率、保证工程质量、节约成本、缩短工期等发挥出了巨大的作用。主要体现在以下几个方面：

（1）通过 BIM 技术的应用实现建筑全生命周期的信息共享；

（2）BIM 是实现可持续设计的有效工具；

（3）BIM 技术的应用促进了建筑业生产方式的改变；

（4）BIM 技术的应用促进了建筑业工业化发展；

（5）BIM 技术的应用可把建筑产业链紧密联系在一起，提高整个行业的竞争力。

4.2.3　BIM 的常用术语

（1）BIM。前期的定义为"building information model"，之后又将 BIM 中的"model"替换为"modeling"，即"building information modeling"。前者是指静态模型，后者是指动态过程，可以直接译为"建筑信息建模""建筑信息模型的方法"或"建筑信息模型的过程"，但是目前国内业界还是称之为"建筑信息模型"。

（2）PAS 1192。PAS 1192 即使用建筑信息模型设置信息管理运营阶段的规范。该纲要规定了图形信息（level of model）、非图形内容（model information，比如具体的数据）、模型的意义（model definition）和模型信息交换（model information exchanges）。PAS 1192 提出 BIM 实施计划（BEP）是为了管理项目的交付过程，有效地将 BIM 引入项目交付流程，对项目团队在项目早期发展 BIM 实施计划很重要。它概述了全局视角和实施细节，帮助项目团队贯穿项目实践。

（3）CIC BIM protocol。CIC BIM protocol 即 CIC BIM 协议。CIC BIM 协议为建设单位和承包商之间一个补充性的具有了法律效力的协议，已被并入专业的建设合同和服务条约之中，是对标准项目的一个补充。它规定了雇主和承包商的额外权利和义务，从而促进相互之间的合作，同时有了对知识产权的保护以及对项目各参与方的责任划分。

（4）Clash rendition。Clash rendition 即碰撞再现。专门用于空间协调的过程，实现不同学科建立的 BIM 模型之间的碰撞规避或者碰撞检查。

（5）CDE。CDE 即公共数据环境。这是一个中心信息库，所有项目相关者都可以访问。同时对所有 CDE 中的数据访问都是实时的，所有权仍旧由创始者持有。

（6）COBie。COBie 即施工运营建筑信息的交换（construction operations building information exchange）。COBie 是一种用电子表单来呈现交付的数据形式，为了调频交接包含了建筑模型中的一部分信息（图形数据除外）。

（7）Data Exchange Specification。Data Exchange Specification 即数据交换规范。不同 BIM 应用软件之间数据文件交换的一种电子文件格式的规范，从而提高相互间的可操作性。

（8）Federated mode。Federated mode 即联邦模式。本质上这是一个合并了的建筑信息模型，将不同的模型合并成一个模型，是多方合作的结果。

（9）GSL。GSL 即 Government Soft Landings。这是一个由英国政府开始的交付仪式，它的目的是减少成本（资产和运行成本）、提高资产交付和运作的效率，同时受助于建筑信息模型。

（10）IFC。IFC 即工业基础分类（industry foundation class），IFC 是由国际协同联盟（IAI）提出的用于建筑业中不同专业以及同一专业中不同软件之间共享同一数据源，以实现数据和交互的标准建筑对象的数据模型标准。它包含了各种建设项目的设计、施工、运营各个阶段中所需要的全部信息，它是一种公开的、基于对象的信息交换标准格式。

（11）IDM。IDM 即信息交付手册（information delivery manual）。IDM 是对某个指定项目以及项目阶段、某个特定项目成员、某个特定业务流程所需要交换的信息以及由该流程产生的信息的定义、每个项目成员通过信息交换得到完成其工作所需要的信息，同时把他在工作中收集或更新的信息通过信息交换给其他需要的项目成员使用。

对于 BIM 来说，IDM 是定义要交换什么信息。对于 BIM 软件厂商来说，需要用 IDM 来定义某一个具体软件能够支持和实现的 IFC 部分，称为 IFC 的一个视图。

（12）IFD。IFD 即国际字典框架（International Framework for Dictionaries）。通俗地说。IFD 是确定交换的信息和你要的信息是同一个东西。IFD 采用了概念和描述分开的做法，引入 GUID 来给每一个概念定义一个全球唯一的标示码。不同国家、地区、语言的名称和描述与这个 GUID 进行对应，保证每个人通过信息交换得到的信息和他想要的信息一致。

（13）Information Manager。Information Manager 即为雇主提供一个"信息管理者"的角色，本质上就是一个负责 BIM 程序下资产交付的项目管理者。

（14）Levels。

Levels：表示 BIM 等级从不同阶段到完全合作被认可的里程碑阶段的过程，是 BIM 成熟度的划分。这个过程被分为 0～3 共 4 个阶段，目前对于每个阶段的定义还有争论，最广为认可的定义如下。

Level0：没有了协作，只有二维 CAD 图纸，通过电子文本和纸张输出结果。

Level1：含有一些三维 CAD 概念设计的工作，生产信息和法定批准文件都是 2D 图输出。不同的学科之间是没有协作的，每一个参与者只有他们自己的数据。

Level2：合作性工作，所有参与方都使用他们自己的 3D CAD 模型，设计信息共享通过普通文件格式（common file format）进行。各个组织都能将共享数据和自己的数据结合，从而发现矛盾。因此各方使用的 CAD 软件必须能够以普通文件格式输出。

Level3：所有学科整合性合作，使用一个在 CDE 环境中的共享性的项目模型。各参与方都可以访问和修改同一个模型，解决了最后一层信息冲突的风险，这就是所谓的"Open BIM"。

（15）LOD。BIM 模型发展的程度或细致的程度（level of detail），LOD 描述的是一个 BIM 模型的构件单元从一个最低级近似概念化的程度发展到一个最高级演示级精度的步骤。LOD 的定义主要运用在确定模型阶段输出结果以及分配建模任务这两方面。

（16）LOL。LOL 即 level of information。LOL 定义了每个阶段需要细节的多少。比如，是空间信息、性能，还是标准、工况、证明等。

（17）LCA。LCA 即全生命周期的评估（life-cycle assessment）或全生命周期分析（life-cycle analysis），是对建筑资产从建成到退出使用整个过程中对环境影响的评估，主要是对能量和材料消耗、废物和废气排放的评估。

（18）Open BIM。Open BIM 即一种在建筑的合作性设计施工和运营中基于公共标准和公共工作流程的开放资源的工作方式。

（19）BEP。BEP 即 BIM 实施计划（BIM execution plan）。BIM 实施计划分为"合同前"BEP 及"合作运作期"BEP，"合同前"BEP 主要负责雇主的信息要求，即在设计和建设中纳入承包商的建议，"合作运作期"BEP 主要负责合同交付细节。

4.2.4　BIM 政策汇总

各地颁布的 BIM 政策汇总情况见表 4-2。

表 4-2　国内 BIM 政策汇总表（按时间先后排序）

序号	时间	发布单位	发布信息	政策要点	BIM 相关条文
1	2011 年 5 月 20 日	中华人民共和国住房和城乡建设部	《2011—2015 年建筑业信息化发展纲要》	"十二五"期间，基本实现建筑企业信息系统的普及应用，加快建筑信息模型（BIM）、基于网络的协同工作等新技术在工程中的应用，推动信息化标准建设，促进具有自主知识产权软件的产业化，形成一批信息技术应用达到国际先进水平的建筑企业	勘察设计类企业完善提升企业管理系统，强化勘察设计信息资源整合，逐步建立信息资源的开发、管理及利用体系。推动基于 BIM 技术的协同设计系统建设与应用，提高工程勘察问题分析能力，提升检测监测分析水平，提高设计集成化与智能化程度
2	2012 年 1 月 5 日	中华人民共和国住房和城乡建设部	《2012 年工程建设标准规范制订修订计划》	五项 BIM 相关标准：《建筑工程信息模型应用统一标准》《建筑工程信息模型存储标准》《建筑工程设计信息模型交付标准》《建筑工程设计信息模型分类和编码标准》《制造工业工程设计信息模型应用标准》	适用于建筑工程全生命期（包括规划、勘察、设计、施工和运行维护各阶段）的信息存储、传递和应用　主要技术内容：总则，术语和符号，基本规定，规划、勘察、设计、施工、运行维护各阶段的 BIM 数据及其存储、传递和应用，BIM 应用能力评价
3	2013 年 1 月 5 日	上海市规划国土资源局	关于印发《上海市建设工程三维审批规划管理试行意见》的通知	为贯彻实施《城乡规划法》和《上海市城乡规划条例》，进一步改进管理方式、提高管理水平，以确保规划实施、优化空间环境、提升城市形象，在建设项目规划行政审批工作中推行建设工程设计方案三维审批规划管理，制定本试行意见	根据规划管理要求，利用三维审批平台各项功能，对建设工程设计方案与基地周边现状建筑、环境等相邻关系进行三维展示模拟，研究评价建设工程对城市公共空间的影响，并对相应控制要素进行审核比对，以辅助管理决策
4	2013 年 2 月 5 日	中华人民共和国住房和城乡建设部	2015 年工程建设标准规范制订修订计划	建筑工程设计信息模型制图标准，适用于建筑工程设计信息模型及图纸的构建及绘制	主要技术内容包括：BIM 设计制图的规则和要求，建筑设计信息模型画法，制定基于三维设计软件特有的制图符号、图线、字体、比例、定位轴线、常用建筑材料图例、图样画法、尺寸标注
5	2013 年 2 月 5 日	中华人民共和国住房和城乡建设部	《住房和城乡建设部工程质量安全监管司 2013 年工作要点》	以党的十八大精神为指导，紧紧围绕部党组中心工作，按照全国住房城乡建设工作会议部署，以提升工程质量、实现安全发展为目标，坚持远近结合，标本兼治，进一步完善制度，强化监管，落实责任，努力实现工程质量安全形势持续稳定好转	引导和推动绿色建造的发展，研究 BIM 技术在建设领域的作用，研究建立设计专有技术评审制度，提高勘察设计行业技术能力和建筑工业化水平
6	2014 年 2 月 8 日	中华人民共和国住房和城乡建设部工程质量安全监管司	《住建部工程质量安全监管司要求应用》	以党的十八届三中全会和中央城镇化工作会议精神为指导，按照全国住房城乡建设工作会议部署，以深化改革为动力，以技术进步为支撑，以提升工程质量、实现安全发展为目标，完善制度建设，强化责任落实，加大监督执法检查和专项治理力度，促进全国工程质量安全水平稳步提升	制定推动 BIM 技术应用的指导意见和勘察设计专有技术指导意见。研究制定建筑产业现代化发展纲要，促进行业发展模式转变

续表

序号	时间	发布单位	发布信息	政策要点	BIM 相关条文
7	2014 年 4 月 10 日	辽宁省住房和城乡建设厅办公室	关于印发《2014年度辽宁省工程建设地方标准编制／修订计划》的通知	根据住房和城乡建设部《工程建设地方标准化工作管理规定》（建标〔2004〕20号）和辽宁省工程建设需要，制定了《2014年度辽宁省工程建设地方标准编制／修订计划》。要求各主编单位认真组织落实，抓紧开展工作，按时完成编制／修订任务	本标准适用于辽宁省民用建筑工程设计中建筑信息模型（BIM）设计方法的应用规则。主要有总则、规范性引用文件、术语、技术要求、设计、一般制图标准等技术内容。突出对建筑信息模型（BIM）设计中的应用范围、制图方式、应用方式以及成果交付等方面的规范化指导及管理
8	2014 年 4 月 29 日	深圳市人民政府办公厅	《深圳市建设工程质量提升行动方案（2014—2018 年）》	通过开展建设工程质量提升行动，全面普及"质量第一""质量成就未来"的质量文化，使"优质为荣，劣质为耻""质量赢得市场，市场选择质量"的理念深入人心	在政府投资工程、轨道交通工程等领域，鼓励专业管理机构或项目管理公司（具备工程监理、造价、咨询、招标代理资质）采用项目管理模式，实施项目管理的工程可不再单独委托监理、造价等服务机构。在前海合作区先行先试，探索建筑工业化、工程项目管理、BIM（建筑信息模）技术运用、智慧城市、绿色施工等试点，努力将前海合作区建成优质工程样板区
9	2014 年 7 月 1 日	中华人民共和国住房和城乡建设部	住房城乡建设部关于推进建筑业发展和改革的若干意见	以邓小平理论、"三个代表"重要思想、科学发展观为指导，加快完善现代市场体系，充分发挥市场在资源配置中的决定性作用，更好发挥政府作用，紧紧围绕正确处理好政府和市场关系的核心，切实转变政府职能，全面深化建筑业体制机制改革	提升建筑业技术能力；完善以工法和专有技术成果、试点示范工程为抓手的技术转移与推广机制，依法保护知识产权；积极推动以节能环保为特征的绿色建造技术的应用；推进建筑信息模型（BIM）等信息技术在工程设计、施工和运行维护全过程的应用，提高综合效益
10	2014 年 7 月 30 日	山东省人民政府办公厅	山东省人民政府办公厅关于进一步提升建筑质量的意见	近年来全省建筑质量稳中有升，但也存在建设标准低、使用期限短、功能不完善、质量通病屡治不止等问题，影响人民生命财产安全。为贯彻落实中央和省城镇化工作会议精神，经省政府同意，现就进一步提升建筑质量提出意见	加强勘察设计监管；严格执行工程建设强制性标准和勘察设计文件规定，完善勘察设计单位内部质量管控机制；加强工程勘察现场和室内试验质量控制，确保勘察成果真实准确；强化设计方案论证，推广建筑信息模型（BIM）技术，加强设计文件技术交底和现场服务
11	2014 年 9 月 3 日	广东省住房和城乡建设厅	关于开展建筑信息模型（BIM）技术推广应用工作的通知	省住房和城乡建设厅指导省内 BIM 技术推广应用基础较好的单位联合成立广东省 BIM 技术联盟，全面开展 BIM 技术的推广应用工作	推动建设、勘察、设计、施工企业和科研单位开展 BIM 技术研究推广应用的战略研究，鼓励各单位积极参与编制技术标准、研发关键技术、建设示范工程、构建技术共享平台、提供公共信息服务
12	2014 年 10 月 29 日	上海市人民政府办公厅	关于在上海市推进建筑信息模型技术应用的指导意见	推行 BIM 技术应用，发挥其可视化、虚拟化、协同管理、成本和进度控制等优势，将极大地提升工程决策、规划、设计、施工和运营的管理水平，减少返工浪费，有效缩短工期，提高工程质量和投资效益	根据上海市建设市场发展现状，制定上海市 BIM 技术在工程建设和管理应用的发展规划。以试点示范为先导，分阶段有序推进 BIM 技术应用，逐步培育和规范应用市场和管理环境

续表

序号	时间	发布单位	发布信息	政策要点	BIM 相关条文
13	2015 年 3 月 31 日	上海市城乡建设和管理委员会	关于印发《上海市城乡建设和管理委员会 2014 年工作总结和 2015 年工作计划》的通知	结合实际,认真贯彻落实《上海市城乡建设和管理委员会 2014 年工作总结和 2015 年工作计划》	建筑信息模型(BIM 技术)应用推广保持良好势头;推进 BIM 技术指导意见正式出台,鼓励企业积极运用 BIM 技术,提高工程质量和投资效益;建工集团、中建八局、现代设计集团、市政总院等都在各自领域积极推广应用,陆家嘴船厂、轨道交通 9 号线等多个项目中的 BIM 技术应用试点工作深入推进
14	2015 年 6 月 16 日	中华人民共和国住房和城乡建设部	住房和城乡建设部关于印发推进建筑信息模型应用指导意见的通知	为指导和推动 BIM 的应用,研究制定了《关于推进建筑信息模型应用的指导意见》,请遵照执行	以工程建设律法规、技术标准为依据,坚持科技进步和管理创新相结合,在建筑领域普及和深化 BIM 应用,提高工程项目全生命期各参与方的工作质量和效率,保障工程建设优质、安全、环保、节能
15	2015 年 10 月 28 日	福建省住房和城乡建设厅办公室	福建省建筑业"十三五"发展规划	"十三五"时期,是推进我省建筑业改革发展的关键时期。科学编制和有效实施福建省建筑业"十三五"发展规划,全面审视过去五年建筑业发展历程,理清未来五年建筑业发展思路和目标,提出保障措施,推进行业结构调整和发展方式转变,实现建筑业持续健康发展,具有重要的指导意义	推进建筑产业现代化已在行业形成共识,工厂化预制和现场装配的建筑部品部件、BIM 技术及互联网 + 技术在工程领域推广应用,势必进一步推进建筑业转型升级步伐,提升建筑业发展质量
16	2016 年 3 月 7 日	湖南省住房和城乡建设厅	《湖南省建筑节能与科技及标准化 2016 年工作要点》	建立较为完善的工程建设标准体系,更好地发挥建设科技对行业发展的创新驱动作用,更好地发挥工程建设标准对科技成果转化和推广的促进作用,引领和推动行业创业创新,为新型城镇化建设提供有力支撑	制定并发布新型城镇化重大关键技术领域和重点技术目录,组织实施装配式建筑技术、BIM 技术、建筑节能与结构一体化技术、高性能混凝土等一批重点技术的研发、转化和推广。研究制定新技术评价标准,引导新技术研发符合适用、经济、绿色、耐久、安全以及资源节约和环境保护的基本要求
17	2016 年 3 月 9 日	中国安装协会	关于举办"企业信息化管理、BIM 技术应用与装配式建造交流研讨会暨现场观摩会"的通知	近年来,BIM 技术和信息化管理技术在工程建设中的应用不断深化,成为施工企业革新施工方与优化管理模式,加快推动转型升级,主动适应经济发展新常态的有效手段	基于 BIM 的装配式建筑施工 介绍德国集成化全流程建造管理 BIM-5D 技术应用 企业级 BIM 平台建设、企业 BIM 体系建设与创新发展 基于 BIM 技术的虚拟建造、工厂预制化、可视化施工指导、施工方案优化、施工协同管理、施工安全监督、施工成本管控、BIM 模型信息共享、运维维护管理等

4.2.5 全过程工程咨询对 BIM 技术的需求分析

全过程工程咨询不是将传统项目前期策划咨询、融资策划、工程项目管理、工程监理、全过程造价管理、项目绩效等各种不同类型咨询业务简单堆叠，而是一种新的集成化的咨询服务模式。

4.2.5.1　实现项目各阶段数据信息整合与共享

（1）数据信息整合需求。

（2）数据信息共享需求。

4.2.5.2　实现项目各阶段工作集成与协同管理

集成是一种创造性的融合过程，需经过有目的、有意识地比较、优化、选择。最佳的集成方式是将各集成要素有机集成为一个整体，从而使集成要素的优势能充分发挥。更为重要的是使得集成体的整体功能实现倍增或涌现出新的整体功能。然而，工程建设项目全生命期有明显的阶段性，由于生产过程的复杂性和专业分工的需要，项目在建设全过程中存在项目实施过程割裂、项目各参与方分散、项目各方建设目标不一致的问题。

（1）项目实施过程集成与协同需求。

（2）项目各参与方集成与协同需求。

（3）项目目标集成与协同需求。

在项目全过程工程咨询过程中，通过高度集成服务内容的方式，可助力项目实现更快的工期、更小的风险、更省的投资和更高的品质等目标。项目实施以 BIM 项目管理平台为核心，集约式管理，实现项目建设过程集成、项目各参与方集成、项目目标集成。在 BIM 项目管理平台上，使各参与方在 BIM 管理平台上进行协同工作，使各参与方能够随时随地在协作平台上进行项目上的沟通，进行各种文件传递，实现协同工作、保证信息能够有效共享、保证文件能够及时有效传递，从而提高工程质量、降低工程成本，实现全生命周期的管理。

4.2.5.3　BIM 数据管理平台

BIM 数据管理平台可基于 BIM 工程数据库进行信息存储、管理和高效地访问，并基于子信息模型技术实现建设过程中 BIM 数据积累、管理和共享。平台提供了 BIM 数据存储、维护、管理以及三维几何模型和材料、进度等工程信息的浏览与查询功能，实现多用户的权限控制和并发访问。

同时 BIM 数据管理平台将大大提升项目的协同工作能力，减少沟通时间，提高沟通效率，提升设计和施工质量，实现信息集成化管理。

支持项目的各参与方在平台上基于 BIM 模型进行协作和分享，具备功能参见表 4-3。

表 4-3　参与方功能表

系统模块	功能分类	功能描述
内容管理	多工作区	通过视图机制进入不同层级用户的个人、组织、项目工作区
		可建立多个组织工作区、项目工作区，并为每个工作区设置单独的管理权限
	文档上传与下载	批量上传、下载文档，保持文件夹结构不变
		可通过客户端直接编辑项目文档，或批量上传、下载文件
		用户电脑文档更新时，自动上载到中央文档案 DBWorld
		支持全面的版本管理，可将 DBWorld 的文档同步到用户本地电脑
		文档导入工具，实现"文件 + 属性"导入

续表

系统模块	功能分类	功能描述
内容管理	内容查看与编辑	文件列表或缩略图形式显示；支持自定义的文件列表显示
		可按属性、标签、类别自定义多级视图
		支持所有 Windows 文件格式的保存、打开、只读等操作
		支持 Office/PDF/DWG 等文档格式的在线预览
		自动把常用的 Office 文档转换成 PDF
		文件列表或缩略图形式显示，与 Windows 文件视图功能相同
	模板管理	支持直接把 Office\AutoCAD\Revit 系列文档转换为模板
		创建文档和流程时直接引用模板
		模板文档属性与模板内的文字关联，同步修改
	文档属性管理	根据文档属性和归档规则，自动归档文档到指定文件夹或数据库
		支持将集成的其他系统中获得的文件进行自动归档
		使用扩展属性的功能，使用系统默认自带的字段
		管理文件和文件夹的自定义属性，可增加和调整字段
		可选择多个文档进行关联，组成关联文件
		可通过基于对象的属性设置，实现文档自动关联
		自定义元数据功能
		元数据自动填充功能
		自动获取文档的标题、描述、作者、创建时间、修改时间、分类等各种元数据
		扩展元数据，企业自定义的文件分类方式，企业可根据业务设置文档类型，关联多个元数据
		自动建立索引，用于文件搜索
		系统支持从 Excel 表格中自动导出文档属性，批量设置文档属性面板
		结合标签组功能，对文件进行分类，方便搜索
		根据编号规则自动生成文档编号
	权限与安全管理	分类授权：可为文档柜、文件夹、文件设置权限
		权限验证：权限的优先级和交集权限
		安全搜索：文档搜索和使用与用户权限挂钩
		细粒度权限设置：可为用户组或单个用户设置权限
		预定义规则集：可应用预先设置的权限规则集
		密级设置：权限集可包括预先设置的文件密级安全策略
		多组织管理：可为组织或项目工作区指派管理员
		回收站：可以恢复被误删的文件
		文档审计：文件的操作记录
		自动备份策略：自动、定时备份或手动备份，可单独或同时备份数据库、文档、索引，可以在硬盘之间备份，也可以在服务器之间备份
	变更流程管理	在线留痕：可以对文档进行在线留痕，保留每个人的修改内容
		在线编辑：Office 文档可直接在线编辑
		版本管理：维护文档的多个版本，不限制版本数，用户直接打开的始终是文件的最新版本，文档的每个版本都可与相关注释、评论、电子邮件相关联，可将历史版本升级为最新版本
		文档签入签出：文档签出自动加锁，签入自动解锁

续表

系统模块	功能分类	功能描述
内容管理	文档协作	订阅：对关注的文件可以进行订阅，此文档有变化，可以自动发邮件通知
		消息管理：企业邮箱（邮件）的自动处理；日程管理，联系人共享
		在线创建：可以直接在线创建 Office 格式的文档
		文档集（多文件文档）：高级内容分组，可将非同类内容（文档、联系人、邮件、任务）进行组合，共享给其他用户
		任务：分配任务，明确何时、由谁负责、需要达到什么目标；可以进行任务再分配和查看任务状态
	文档发布	发布流程：上传文档经审核后发布
		受控文件夹：对没有发布的文件进行控制
		时间控制：控制文档生效和失效时间；相关的提醒和文档状态管理
		文档发布通知 / 废止通知：自动发送发布 / 废止 / 延期通知
		邮件发送：文件以链接方式发布给其他人
		将同一文件展示在系统内的多个地方，可以在不同的文件夹或视图下显示
多插件集成	Office 系列软件集成	Word、Excel、Outlook 软件的内部插件，通过功能菜单直接与平台无缝集成
	AutoCAD 插件集成	AutoCAD 软件的内部插件，通过功能菜单直接与平台无缝集成
	Revit 插件集成	AutoCAD 软件的内部插件，通过功能菜单直接与平台无缝集成
	Revit 插件工具包	包含多个用户实用的 Revit 功能，提高用户效率
BIM 数据管理	BIM 元数据	Revit 文件中数据与平台集成，BIM 数据可导入到平台中进行查看、编辑、统计等操作
	BIM 工作策划	BIM 模型的工作分解、工作指派、进度跟踪等
	模型文件管理	树形结构管理 BIM 模型文件
	模型浏览	模型在线浏览与查看
	构件统计	BIM 构件按类别、属性等方式进行统计汇总
数据检索	全文检索	可根据文档正文内容的关键字进行检索，支持全文检索的文档有 Office、DWG、PDF、txt、html 等
	高级搜索	可根据多个组合条件搜索文档，例如创建人、创建时间、标签、编号、状态等
	全局搜索	简单模糊搜索和高级组合搜索，可对搜索文件内容包含的文字
	结果中搜索	在搜索后可以继续筛选
	安全搜索	搜索的结果跟个人的权限挂钩，没有权限的人搜不到权限以外的内容
	按照类别搜索	自定义搜索类别
	按照上传时间搜索	如最近一周内的上传文件
	扩展元数据搜索	自定义属性搜索，可以对文档添加标签，按照标签搜索
云应用集成	远程使用 BIM 软件	免安装、轻终端可使用 BIM 软硬件资源
客户端	多种常用终端访问	C/S 与 B/S 双重架构 ① C/S 客户端操作系统支持 Windows XP、Vista/7/8 ② B/S 客户端支持 Windows、Linux、Mac 操作系统，支持的浏览器有 IE、Firefox、Google Chrome、Safari（Mac OS） ③ 移动客户端：支持提供 iOS（iPhone/iPad）、Android、Windows Phone 等主流移动操作系统，具有专用的移动客户端

同时，所选择的 BIM 管理平台应具备表 4-4 所示的性能。

表 4-4 BIM 管理平台性能表

设计数据的管理能力	管到设计文件	√
	管到三维构件	√ *Revit 建模
与企业内已有软件的数据交互能力	与 Revit 工作环境的整合程度	√
	对 Revit 模型内部文本信息的查询	√ * 转换为 DWF 后通过 Design Review 实现
	对 Revit 模型内部对象的批注	√ * 转换为 DWF 后通过 Design Review 实现
	对任意文件的注释	√
	支持云端运行	√ * 工程云
	支持的主流应用软件	Office 系列 Autodesk 系列 Navisworks Microstation ProE SharePoint PDF SAP
业务流程的定制能力	基于有限模板的角色选用	√
	基于权限设定的角色定制	√
	角色定制中可用的权限种类	丰富型（41 类）
	角色模板的导入与导出	
	简单线性流程定制	√
	简单多分支流程定制	√
	复杂流程定制	√
	流程模板的导入与导出	√
	变更信息的主动推送	√
	数据编码可在建设过程中定制	√
	数据编码在使用中可自行修订	√
平台稳健运行的能力	数据储存形式	文件服务器 + 数据库
	数据库平台	SQL
	数据自动备份	√
	服务器镜像缓存技术	√
	服务器增量传输技术	√
	协同的团队人数规模	上万人
	协同的极限数据量	<10TB
	局域网许可证服务隔绝性	√
设计内容的可视化能力	操作媒介为本地 PC	√
	操作媒介为外网 Web	√
	操作媒介为平板电脑专用 APP	√
	操作媒介为手机专用 APP	√
	显示内容根据角色内容定制	√
二次开发的可拓展能力	开发接口类型	开放 API

4.3 基于 BIM 的协同信息管理模式

4.3.1 架构

随着信息技术的迅速发展，工程领域逐渐开始采用先进计算机技术对项目进行管理和运作，人们希望能够使用良好的系统对企业知识的创造、累积以及创新应用加以管理。

系统构架是对已确定的需求实现技术构架、作好规划，运用成套、完整的工具，在既定的步骤下完成任务。平台均在统一系统总体架构体系下搭建，以保证项目在示范应用过程中的数据一致性。

通过轻量化技术，实现对 BIM 模型网页端的整合，用户可以容易、快速看到设计人员提供的设备布置、维修通道和其他关键的设计数据。除此之外，还能进行检查碰撞，让项目建设人员在建造前做建造模拟，尽早发现施工过程中的不当之处，可以降低施工成本，避免重复劳动和优化施工进度。建造和运动的模拟包含一个可视化协作工具，用于深入项目内部进行评估与分析、支持设计和施工管理流程以及实现实时的资产管理。团队通过检测撞击情况和模拟可提高设计性能的计划及照明条件，在虚拟环境下检查项目设计和施工能力。利用其他服务器端运行权限服务，通过直接（原始数据格式）或间接（XML 等开放数据格式）数据导入实现与主要项目计划应用程序，如 P3、P6、Project 等的集成。

在建筑领域里从生命周期的角度来看，ERP 必须要能整合开发规划团队、设计顾问团队、施工团队及业主营运团队的工作流程，而在每个阶段的任务目标不同，参与主导团队不同，执行流程也因合约的性质不同。因此建立建筑领域里的 ERP 是一个艰辛复杂的任务，但在时代潮流的推波助澜下是必然的趋势。建筑信息流的整合是进入 ERP 领域必须面临的首要课题，而 BIM 观念的引入及配合 BIM 作业流程的革命，是建筑信息流整合的手段，也是建立建筑领域里 ERP 的第一步。

总而言之，项目管理平台必须是能跨公司操作的整合平台，是需要以云端科技为概念的平台（如 ProjectWise），也必须是能纵贯各阶段操作平台的资料库（如 CDMS），能储存、整理不同操作接口产生出的成果。相对的，BIM 必须能附着于此平台上，使 BIM 能在建筑生命周期中融入每个阶段一直蜕变成形。因此在一开始发展 BIM 的 Database 必须建立在符合建筑生命周期的专业信息标准（如 CIS Master Format 或 PCCES 的编码系统）的架构上，以制式的数位交换标准信息（IFC），能透过不同接口的整合工具输出关联视图成果报告。

平台以 BIM 为载体，以项目管理为主线，围绕建筑和施工场地的 3D 模型、施工进度计划、资金使用计划，时间范围从项目开工到竣工验收，涵盖项目建设设计、施工、采购、验收、移交等过程；遵循项目管理的 PDCA 原则，完成三控两管一协调的工作，即过程三项控制（进度控制、投资控制、质量控制）和两项管理（合同管理、信息管理）以及项目组织协调的工作，将 BIM 虚拟施工与实际建造密切结合，建设可视化、动态实时、精细化的项目管理平台，为工程建设各层级提供基于 BIM 的项目管理服务。

分解结构 WBS 通过树状图的方式对项目的结构进行逐层分解，以反映组成项目的所有工作任务。WBS 与整个工程实施部署密切结合，是项目各参建方共同认可的信息沟通交流的方式和信息交换的基础。平台以 WBS 为核心，以 BIM 模型为载体，通过统一的信息关联规则，实现 BIM 模型与资金、进度、质量、工作面、合同条款等海量信息关联。

通过这个管理平台，不仅可以将项目中所创造和累积的知识加以分类、储存，还能供项目团队分享，而且可以作为以后企业进行知识管理的基础。管理各种 A/E/C（architecture/engineer/construction）文件内容，并通过良好的安全访问机制，使项目各个参与方在一个统一的平台上协同工作，构建的工程项目团队协作系统，用于帮助团队提高质量、减少返工并确保项目按时完成。管理平台示意图见图 4-30。

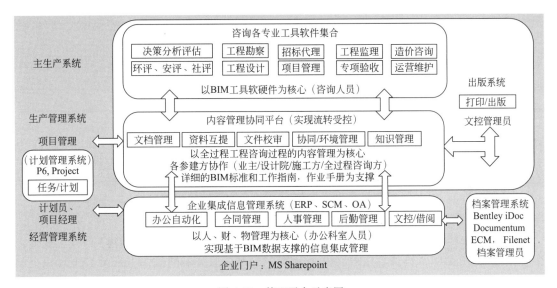

图 4-30 管理平台示意图

4.3.2 组织

为了保证各参建单位更好地利用好协同平台，让管理更为高效，使数据资料的读取和存放更为方便，需要对平台的文件架构进行统一管理和设定。目前文件夹考虑的服务对象有业主单位、设计院、总包单位、咨询单位以及监理单位，目前协同平台的主要存储文件类型有设计图纸（施工图、深化图）、BIM 模型、项目通用文件（报表、报告、通知、演示视频等等）。当出现超出目前功能模块的文件时，参建单位需要向平台创建单位进行申报，并开设相应的文件夹以及权限（参见表 4-5），各个单位根据自己相应的权限进行文件夹的协同。

表 4-5 项目管理平台权限分配表

协同内容	业主	咨询公司	设计院	施工监理	总承包单位	投资监理
001 设计施工图纸	1234	124	1234	12	12	12
002 深化图纸	1234	12	12	12	1234	12
003 模型文件	1234	12345	12	12	1234	12
004 施工记录	1234	12	1	12	1234	12
005 变更记录单	1234	12	1234	12	1234	12
006 通知、会议	1234	12	1	12	1234	12
007 试验检验	1234	12	1	12	1234	12

续表

协同内容	业主	咨询公司	设计院	施工监理	总承包单位	投资监理
008 施工组织	1234	12	1	12	1234	12
009 视频模拟	1234	12	12	12	1234	12
010 竣工文件	1234	12	12	12	1234	12
011 指挥部文档	6	—	—	—	—	—
012 中建八局文档	—	—	—	—	6	—
013 投资监理文档	—	—	—	—	—	6
014 北京建工文档	—	—	—	—	6	—
015 施工监理文档	—	—	—	6	—	—
016 BIM 咨询文档	—	6	—	—	—	—

注：1—浏览；2—下载；3—创建；4—修改；5—删除；6—授权。

4.3.3　硬件环境

不同的协同环境对硬件的要求也不尽相同，对于一般性的局域网协同，大概满足以下条件就基本可以满足工程应用及协同需要。

内核：xeon E5 四核以上，英特尔 5500 服务器芯片组主板，4GB DDR3 内存，数据来往多可用 48GB DDR3 高速容错校验内存。SATA3500G 服务器硬盘，Quadro K2000 以上的图形显示卡以及双千兆网卡。

例如，当 Revit 模型达到 100MB 时，至少配置四核处理器，主频应不低于 2.4GHz，8GB 内存；当 Revit 模型达到 200MB 时，至少应配置四核处理器，主频应不低于 2.8GHz，12GB 内存；当 Revit 模型达到 700MB 时，至少应配置 4 个四核处理器，主频不低于 3.0GHz，16GB 内存，对于设计类的小协同网速达到 1 ～ 2MB/s 就可以满足局域网的协同配置需要。

对于大型的协同方案，一般都是采购第三方云服务，服务器对显卡和内存要求比较高，内存至少 64GB 以上，CPU 的主频至少保证 2.6GHz，2TB 的网络存储空间，可服务 200 个以上客户端口。

4.3.4　工作流程

任何工程必须建立一个统一的流程，建立流程就是确定在某个阶段、各个工作点上什么样的工程师产生什么样的信息，这个信息需要谁进行确认，发给哪些工程师，然后对生成结果进行哪些方面的确认。这个与项目的流程密切相关，工程项目的界面是指项目各要素之间、项目各参与方之间、部门之间以及部门成员之间或者工程实体连接部位流程之间在信息、物资、资金等要素交流、联系方面的交互作用状况。通过研究工程建设项目的界面，可以将其分为实体界面、合同界面和组织界面三类。实体界面是工程项目中两个或多个建筑因素或部位的实体连接；合同界面是项目分解的不同工作包被不同的专业承包商完成，在这些工作包间产生的界面；组织界面是工程项目各参与方之间的相互连接。组织界面包括项目从开始策划到项目竣工验收、移交整个建设过程中的个人和组织之间的关系。这三种界面存在内在的相互联系，合同分包产生更多的实体界面，同时更多组织的参与导致更多的组织界面；项目的特殊结构需要专业分包商完成，从而产生新的合同界面和组织界面。在工程项目管理中，这三类界面贯穿于项目全生命周期中。

大型工程项目中的参与方众多，由于其各自的任务、责任和权利不同，处理问题的方法和程序等也会有所差异，因而会形成相应组织界面。

工程项目中的组织界面可分成有合同关系的组织界面和无合同关系的组织界面两类。在工程项目实施过程中，有合同关系的组织界面主要通过合同来协调处理彼此之间的权利和义务，如建设单位与设计单位、监理单位、施工总承包单位、设备供应商之间以及施工总承包单位与施工分包单位等；无合同关系的组织界面往往必须通过第三方的介入进行组织之间的协调和沟通，这种没有合同制约的组织界面大量存在，如监理单位与设计单位、施工单位、设备供应商之间以及设计单位与施工单位之间等。

平台管理者根据项目特点搭建基于各方的任务流程，范围包括但不限于文件签收、图纸审核、进度模拟视频等提交、变更处理、现场问题处理等等。针对每一种流程，指定负责人，明确职责，保障项目实施过程中各方协作的有序开展。流程采用单程线模式，提交文件后发起任务，等待相关部门进行确认审核，若不合格返工处理，合格后进入下一流程。平台搭建好后，项目成员可按照预先搭建的文档目录、权限进行文件的上传、下载，任务的分配和处理以及基于文档和任务的各项沟通等各种操作。下面提供几个流程案例供读者参考。

案例一：设计单位提出变更流程

在设计单位主动提出图纸变更的情况下，其变更流程包含以下几个过程：

（1）文件发布。文件发布由设计单位将设计好的文件上传到平台空间，以"流程"形式发出，添加业主单位"相关联系人"并通过平台及短信提醒功能通知业主单位，任务"关联"中会说明所发布的文件涉及的专业和区域，以及平台下载的空间位置（分享）。

（2）业主签发。业主单位在收到文件发布通知后，必须在一个固定期限内以批注形式确认并签发，添加参建单位"相关联系人"并通过平台及短信提醒功能通知参建单位。

（3）收图后意见反馈。相关单位"相关联系人"在收到文件发布通知后，必须在固定期限内以批注形式确认并反馈意见，若有修改可添加文档附件到云平台空间，并在关联中分享链接。

（4）发布文件最终定稿和流程关闭。如无其他意见，文件发布流程进入"关闭"状态。

设计单位提出的图纸变更流程见图4-31。

案例二：深化设计报审流程

（1）施工单位完成深化设计。施工单位依据设计图纸实际完成深化设计后，以"任务"形式发出，添加设计单位"相关联系人"并通过平台及短信提醒功能通知设计单位，任务"关联"中会说明所发布的文件涉及的专业和区域问题以及修改建议，以及平台下载的空间位置（分享），所有有关相关单位"相关联系人"必须仔细阅读。

（2）设计确认或提修改意见。设计单位"相关联系人"在收到文件发布通知后，必须在七个自然日内以批注形式提出修改方案并通过或退回，添加业主单位"相关联系人"并通过平台及短

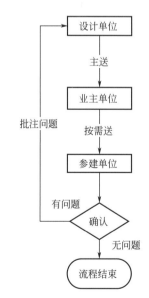

图4-31　设计单位提出图纸变更流程图

信提醒功能通知参建单位，并抄送造价咨询单位、监理单位和 BIM 顾问单位。

（3）监理意见反馈。监理单位"相关联系人"在收到文件设计确认深化图纸后，与投资监理单位对于成本增加方面的问题进行沟通，在两个自然日内以批注形式确认并反馈意见（意见包括不通过、通过、暂缓三个工作日），若有修改可添加文档附件到云平台空间，并在批注中分享链接，主送业主确认。

（4）业主确认和流程关闭。如有意见，填写相关意见，点击不通过，流程返回上一阶段，如无其他意见，业主点击通过，文件发布流程进入"关闭"状态。

深化设计报审流程见图 4-32。

案例三：施工单位申请变更审批流程

（1）施工单位提出。施工单位在设计图纸实际操作困难、采购困难或施工环境发生了变化之后需要设计变更时，以"任务"形式发出，添加设计单位"相关联系人"并通过平台及短信提醒功能通知设计单位，任务"批注"中会说明所发布的文件涉及的专业和区域问题以及修改建议，以及平台下载的空间位置（分享），所有相关单位"相关联系人"必须仔细阅读。

（2）设计修改。设计单位"相关联系人"在收到文件发布通知后，必须在七个自然日内以批注形式提出修改方案并签发，添加业主单位"相关联系人"并通过平台及短信提醒功能通知参建单位，并抄送造价咨询单位和监理单位。

（3）业主意见反馈。业主单位"相关联系人"在收到文件变更方案通知后，与监理单位对成本增加方面的问题进行沟通，在三个自然日内以批注形式确认并反馈意见（意见包括不通过、通过、暂缓三个工作日），若有修改可添加文档附件到云平台空间，并在批注中分享链接。

（4）发布文件最终定稿和流程关闭。如无其他意见，文件发布流程进入"关闭"状态。

施工单位申请变更的审批流程见图 4-33。

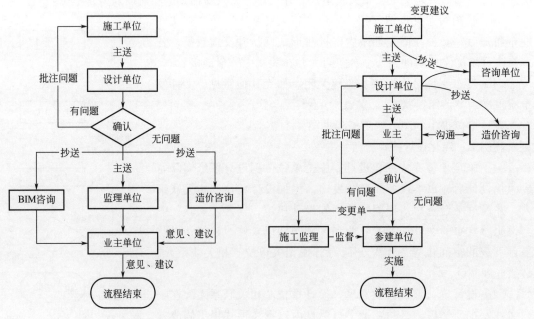

图 4-32　深化设计报审流程图　　　　图 4-33　施工单位申请变更的审批流程图

案例四：非施工单位提出的变更审批流程

非施工单位提出的变更审批流程见图 4-34。

（1）变更发起。该变更的发起包括以下可能的情况：

① 业主在施工图发布后，需求及想法有所变化。

② 设计单位在施工图发布后，发现图纸有问题、遗漏需要更新图纸。

③ 监理、咨询单位研究施工图后，认为有必要提出优化方案。

需要设计变更时，提出方（设计自己变更除外）以"任务"形式发出，添加设计单位"相关联系人"并通过平台及短信提醒功能通知设计单位，对于咨询、监理单位提出的问题在主送设计的同时抄送业主，任务"批注"中会说明所发布的文件涉及的专业和区域问题以及修改建议，以及平台下载的空间位置（分享），所有相关单位"相关联系人"必须仔细阅读。

（2）设计修改。设计单位"相关联系人"在收到文件发布通知后，必须在七个自然日内以批

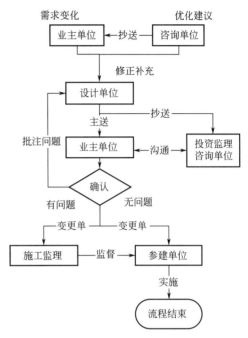

图 4-34 非施工单位提出的变更审批流程图

注形式提出修改方案并签发，添加业主单位"相关联系人"并通过平台及短信提醒功能通知，并抄送咨询单位和投资监理。

（3）业主签发。业主单位"相关联系人"在收到文件发布通知后与投资监理单位对成本增加方面的问题进行沟通，如有问题需要进一步设计修正，必须在三个自然日内以批注形式确认并签发，添加参建单位"相关联系人"并通过平台及短信提醒功能通知参建单位、抄送施工监理。

（4）流程关闭。如无其他意见，施工单位实施变更，施工监理做好监督，文件发布流程进入"关闭"状态。

案例五：会议通知流程

非例行会议是指临时需要、阶段性需要等特殊原因需要开会协商的会议，会议执行流程见图 4-35，其主要包含以下六个阶段：

（1）会议发起。会议发起由会议主持单位以任务方式发出，会议场地单位审批通过，添加被通知联系人为执行人进行发行，并抄送业主单位，并通过平台＋短信提醒功能通知所有相关单位联系名录中的"相关联系人"。会议场地提供方需要在平台上设置权限关闭日期。

（2）通知反馈。所有分包"相关联系人"在收到会议执行通知后，必须在两个自然日内以批注形式确认。如果执行的是工作例会，那么所有总、分包"相关联系人"必须在"通过"阶段的批注中文字描述例行汇报内容，例如模型更新情况。

（3）会议执行。实际会议可以是网络会议、现场会议，也可以是电话会议。

（4）会议纪要发布反馈。会议完成后，会议流程进入"通过"状态，总包将在两个工作日内，上传到指定文件夹，并以批注平台文件夹路径形式公布会议纪要。

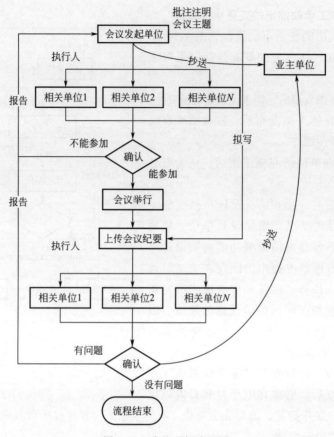

图 4-35　会议通知流程图

（5）会议总结和流程关闭。会议纪要发布后一个工作日内，总包"相关联系人"必须以批注形式确认会议纪要的准确性。如有必要应修改原会议纪要文档（红色标示修改部分），作为附件补充注释。

（6）流程关闭。会议纪要经过业主相关负责人核准并确认执行后，会议执行流程进入"完成"状态，当以上流程完成后，会议关闭。

案例六：管线综合审批流程

管线综合务必暴露所有碰撞情况，若发生逻辑碰撞（即非实物碰撞、预留实物碰撞和操作工序的碰撞），管线综合审批流程见图 4-36，它包含以下几个阶段：

（1）工作发起，总包整合模型并进行管线综合，形成报告及碰撞模型。

总包通知"相关联系人"在收到碰撞检查、管线综合通知后，分包必须在三个自然日内以注释形式确认并上传模型到指定的文件夹，上传的模型以批注的形式添加平台文件夹地址，总包收齐模型后，在三个工作日内完成模型整理及碰撞检查工作，并在平台模型模块将碰撞标注出来，以便无 BIM 软件基础的单位进行查验。总包 BIM 工作组将以两种形式发布报告：Navisworks 碰撞文件和"碰撞分类表"。其中"碰撞分类表"会总结归纳所有碰撞类型，并提出总包针对碰撞的修改意见。报告提交由总包 BIM 工作组根据 BIM 实施方案计划要求以任务形式发出并通过平台及短信提醒功能通知所有总、分包"相关联系人"，并抄送业主"BIM 工作组"。

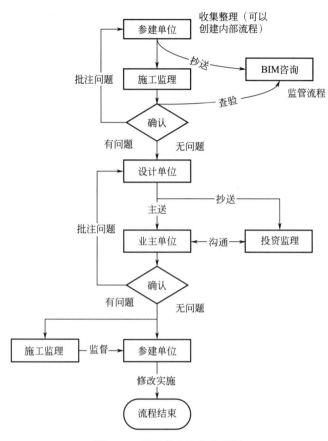

图 4-36　管线综合审批流程图

（2）施工监理意见反馈。任务发布后，施工监理单位"相关联系人"应在两个工作日内提出反馈意见，并反映到平台的模型模块中。

（3）设计变更意见反馈。任务发布后，设计单位"相关联系人"应在三个工作日内提出反馈意见，并反映到平台的模型模块中。

（4）投资监理变更意见。任务发布后，投资监理单位"相关联系人"应在两个工作日内提出反馈意见，对工程量变更提出建议及确认，并反映到平台的模型模块中。

（5）施工单位根据变更意见修订。所有有关施工"相关联系人"在收到设计变更意见后，总包在两个工作日内完成模型整理修改，并在平台模型模块对碰撞调整位置完成标注。

（6）工作总结和流程关闭。施工单位 BIM 团队将监督各分包团队按既定方案修改模型，并指导深化设计。随后管线综合流程进入"完成"状态。

案例七：场地规划、施工模拟流程

施工模拟流程包含以下几个过程阶段。

（1）流程发起，总包整合模型并开始模拟分析。报告提交由总包 BIM 工作组根据 BIM 实施方案计划要求以任务形式发出并通过平台及短信提醒功能通知所有总、分包"相关联系人"，"批注"中会说明应用所涉及的专业和区域，所有有关分包"相关联系人"必须仔细阅读，所有有关分包"相关联系人"在收到通知后，必须在两个自然日内以注释形式确认并上传模型到指定空间，上传的模型必须以批注的形式添加平台文件夹路径。收齐模型后，总包

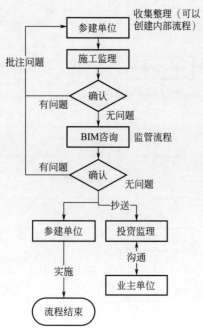

图 4-37 场地规划、施工模拟流程图

在一个工作日内完成模型整理文件，并开始施工模拟工作，施工模拟需要与相关部门配合工作，工作时间需视实际情况而定。工作完成后，提交到平台指定的施工模拟文件夹。

（2）施工监理成果审核。由总包发布成果后，施工监理在两个自然日内通过视频文件开始对施工的可行性、进度可行性、对周边的影响进行审核。

（3）业主 BIM 咨询成果审核。监理审核完成后，业主 BIM 咨询在两个工作日内通过 Navisworks 文件开始对施工的可行性、对周边的影响进行审核。

（4）项目循环。如果施工方案或计划有修改，则流程将重新进入"任务"环节，施工单位需要在两个自然日内完成。

（5）流程关闭。如没有新意见，将成果提交投资监理进行已完成工程量进度核对，流程将被关闭，流程完成进度制约进度款支付。

其流程图如图 4-37。

案例八：业主现场巡检问题整改流程

针对业主现场巡检时发现问题，并最终整改的流程包含以下几个阶段：

（1）变更发起。业主在巡检过程中发现施工质量、工艺、安全等问题时发起。

需要设计变更时，业主以"任务"形式发出，添加设计单位"相关执行人"并通过平台及短信提醒功能通知总包单位，根据需要对咨询、监理单位进行抄送，任务"批注"中会说明所发布的文件涉及的专业和区域问题以及修改建议。

（2）总包确认原因修改。设计单位"相关联系人"在收到文件发布通知后，必须在两个自然日内以批注形式现场检查问题并进行确认，并通知分包单位进行修改，修改完成后由总包添加业主单位"相关联系人"并通过平台及短信提醒功能通知，并抄送咨询单位和现场监理。

（3）业主确认。业主单位"相关联系人"在收到文件发布通知后，自己巡检或者委托现场监理单位对修改状态进行检查确认，如有问题需要进一步返工修改，必须在三个自然日内以批注形式确认并签发，添加参建单位"相关联系人"并通过平台及短信提醒功能通知总包单位、抄送施工监理。

（4）实施完成流程关闭。如无其他意见，修改完成后存档记录，施工监理做好监督，避免同样问题再次出现，文件发布流程进入"关闭"状态。

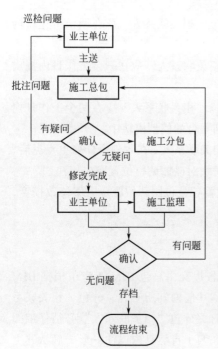

图 4-38 现场巡检问题整改流程图

其流程图如图 4-38。

4.3.5 数据交换（设计小协同）

4.3.5.1 Tekla

Tekla作为结构BIM软件的翘楚，在BIM协同建模方面一点也不逊色其他的BIM软件，在早期版本就开始使用多用户协同设计的功能了。与Revit不同的是，Tekla的协同设计没有太复杂的设计选项，流畅使用协同工具主要依赖的条件是好的管理模式，比如良好分工协作与责任体系，确保不同的用户体系之间没有重叠和遗漏。其协同示意图参见图4-39。

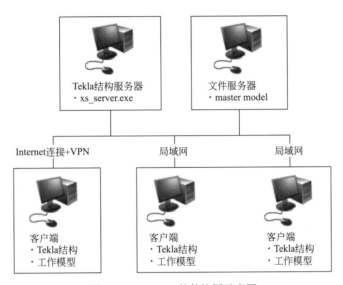

图4-39 TEKLA软件协同示意图

（1）跟同类产品比起来，Tekla具备以下特点：

① 不需要跟踪控制，软件在保存或者编号时会自动判别区域冲突并进行提醒。

② 直接在共享电脑上打开，本地硬盘会留下TEMP的备份文件，多用户和单用户切换方便，不需要设计太多的复杂设置，只要简单的另存即可。

③ 独立存储故障文件记录文件，模型中和模型外都有历史收集功能，便于检索故障及追溯不同用户的创建、修改痕迹。

（2）根据经验推荐的协同的设置流程如下：

① BIM项目经理拿到项目根据图纸做好合理的分工，多用户协同时需要先为项目组每个成员设置一个合适的计算机名称用以标识不同工程师，在局域网内设置好网络，如局域网的IP地址需要固定，避免因为IP的调频而链接不到共享模型，所有的PC计算机IP都有共同子网掩码，建议子网掩码配置到公司Server系统的服务器上。

② 由项目经理负责根据不同工作设置好编号规则，比如："ZONE1-1F-GL-001"分别代表"区域1--层钢梁-流水号"。

③ 启动server.exe服务器，协同服务器和文档服务器是可以在同一台电脑上的，针对大的项目和有条件的项目，建议分开放置，客户端的电脑对内存要求稍高，根据项目要求调整。常用内存应该在12GB以上，同时建议使用固态硬盘。

④ 当服务器架设好之后，需要项目经理设置协同模式下的访问权限（见图4-40）。

图 4-40　Tekla 软件协同权限设置界面

通过修改 privileges.inp 文件可以实现创建者的特殊权限，这个方法属于项目经理的顶层设计，常用在对大型项目协同文件设置权限的纲要性设计。

项目经理通过修改 privileges.inp 文件的权限包括：

a. 自定义参数属性的访问权限；

b. 设置编号修改的权限；

c. 锁定和解锁图纸的权限；

d. 清除多用户锁定的权限；

e. 保存标准文件的权限。

注：一般情况的权限设置，可以通过锁定进行，或者是通过修改 privileges.inp 文件和对某些用户或者组织的权限进行限定，以免误操作造成不必要的麻烦。

锁定状态为"是"可以限制对模型的修改，例如将用户的修改状态进行限定，那么禁止的用户就不可以修改当前的协同状态，如批准、加工或安装的属性。

可以锁定对象，锁定属性设置为复选框：是和否。如果状态为"是"，该对象将处于锁定状态并且无法修改其属性。只能更改该对象对编号没有影响的用户定义属性，如果尝试修改锁定的对象属性，Tekla Structures 会显示消息"构件已被锁定"，并生成一个关于访问权限的报告。

要防止对象被意外更改，您可以使用一种称为锁定属性的用户定义属性。此属性可用于以下的属性模块：

a. 构件（梁、板、柱、墙各自的属性）；

b. 焊缝；

c. 螺栓；

d. 特定图纸类型；

e. 工程属性；

f. 状态属性。

（3）监控多用户的登录状态，当模型空间多用户进入后，会在服务器的 DOS 监控窗口里更新登录信息、模型变化信息、编号信息和锁定信息。其主界面如图 4-41。

（4）当一个阶段结束和工作时间结束时需要逐一检查所有的人是否都保存并退出。

（5）所有的工程师都退出后会在屏幕上显示如图 4-42 所示的状态。

（6）Tekla 协同的主要技术问题：

① 保存时弹出窗口，提示模型已经锁定（如图 4-43），表示有其他工程师正在保存或者编号，请过段时间再保存，保存时主要依照项目经理拟订逻辑顺序，如果逻辑关系不合条理，会导致保存视图的混乱，编号时的逻辑关系需要遵循"保存 - 编号 - 保存"的关系，一旦搞错或者颠倒将会造成工作成果被旧的数据替换、丢失。

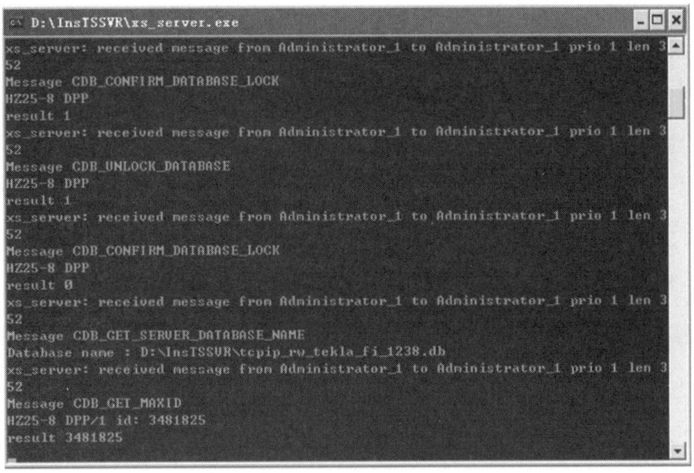

图 4-41 Tekla 软件用户监控界面

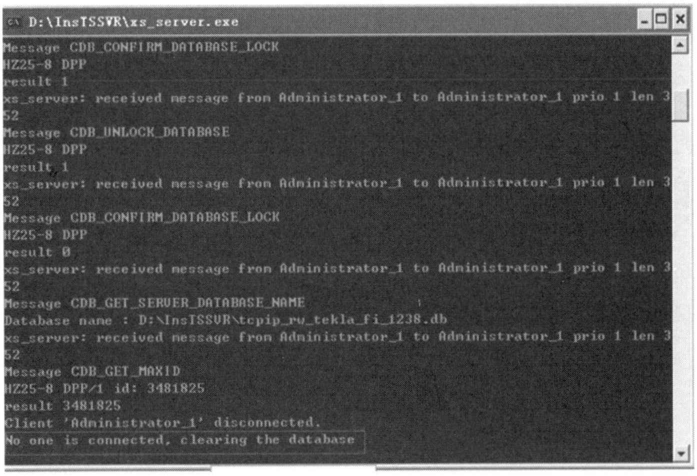

图 4-42 工程师退出后显示界面

图 4-43 模型锁定提示

② 大的项目编号会持续得比较长，所以编号要留出充足的时间。

③ 务必保证在一个项目中不能以单用户的状态打开多用户模型，如果有人不小心以单用户的状态打开一个正在运行的多用户模型，将会造成多用户模型信息的丢失，甚至造成数据库的混乱，严重时模型不能再次打开。

④ 多用户协同的状态下，超大模型由于没有切分，会造成保存障碍，一定要自动保存好本地版本，自动保存只保存工作模型，不保存主模型。执行了自动保存以后，其他用户并不能看到所做的修改。在多用户模式下，这一特点使得自动保存命令的执行比保存命令的执

行快得多。保存命令将更新主模型。

⑤ 多用户协同模式的，默认情况下，在主模型文件夹中以文件名 <model>.db1_<user> 自动保存文件。避免多用户使用相同的用户名，否则会发生冲突。为了避免导致冲突而产生问题，请在本地存储自动保存文件，而不要存储在网络，解决的办法是将高级选项 XS_AUTOSAVE_DIRECTORY 设置为 XS_AUTOSAVE_DIRECTORY=%XS_RUNPATH%\autosave。通过在本地保存自动保存文件，可以确保在网络流量出现问题时仍然可以保存自己的工作。各用户可以通过软件查询对应的目标情况（如图 4-44）。

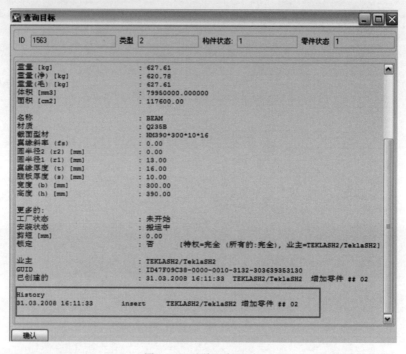

图 4-44　查询目标界面

⑥ 为保持协同模型的完整性，需要定期修正协同数据库中的所有不一致的内容，建议由专人负责定期清理。还可以修正编号混乱、无主零件的构件和未知类型的图纸。要删除多用户数据库中的不一致的内容，请执行以下操作：

a. 让其他工程师退出多用户模型。

b. 保存模型后接受其他工程师所做的修改。

c. 退出模型。

d. 在单用户模式下打开该模型。

e. 单击工具→校核和修正模型→校正模型。

f. 保存并保存模型。

4.3.5.2　ArchiCAD

建筑设计的信息沟通非常复杂，实现所有成员之间的交流与协同非常必要。协同成功的主要因素之一是团队成员与外部干系人之间的项目数据得到有效共享。ArchiCAD 的协同能有效地满足项目团队的协同需要。

ArchiCAD 的协同和其他的协同软件一样都需要稳定的网络系统，满足文档共享、修改等基本功能，BIM 应用程序都支持共享相同的核心概念。大部分 BIM 协同软件采用的是内部协同的解决方案，都是以文件服务器的技术为基础。ArchiCAD 也是有两种协同模式，即热链接（其协同模式见图 4-45）和团队工作。两者的区别是：

① 热链接需要手工创建，而团队工作只要项目经理安排合适的加入即可。

② 热链接会因为网络问题导致文件丢失或者文件位置发生变化，此时需要进行手动调整，而团队工作网络断链时会以离线文件工作，网络恢复后会自动将修改发送到网络上去。

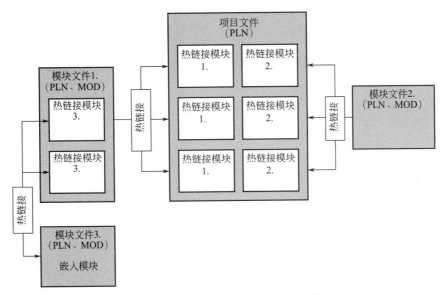

图 4-45　ArchiCAD 软件热链接的协同模式

ArchiCAD 可以通过热链接的模式链接几乎全部软件格式，可以通过 IFC、DWF，以及利用这些格式中转的其他格式（如图 4-46）。

图 4-46　ArchiCAD 软件的输出格式

另外，ArchiCAD 与结构软件 Tekla 都在基于 IFC 设定的 openBIM 框架之内，数据沟通顺畅，能够保证构建元素跨平台地沟通，数据具备可扩展、可编辑的属性，与原始平台的创建方式和元素属性基本相同，大大减少因为平台差异造成的不方便，在 ArchiCAD 中可以通过特殊文件的合并功能，直接将支持 openBIM 框架下的各类软件输出的 IFC 数据直接合并成构建元素。

ArchiCAD 与 Tekla 交换数据流示意如图 4-47。

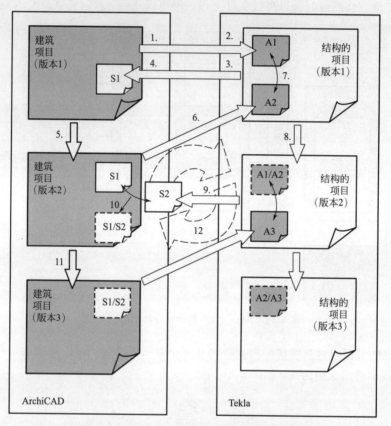

图 4-47　ArchiCAD-Tekla 交换数据流示意图

团队合作指的是 ArchiCAD 根据服务器存储的中心文件（见图 4-48）开展的协同来链接团队成员的设计成果，协同时要确保本地文件与中心文件的同步传递。为了避免与其他团队成员发生冲突，必须在项目分工开始之前，由项目经理保存项目的创建模板并保存中心文件，如果要检查其他成员的工作情况，就必须在检查前先同步中心文件并保存才能查看模型的最新状态。

大型项目在正式协同之前有些工作需要项目管理员或者协同专员进行调整，合理的协同管理架构非常重要，主要的管理架构如图 4-49 所示，除了用户和管理员还要根据项目的需要设置不同人员的不同角色。只要是在线状态，任何一项保存都是最新的，如果工程中遇到其他用户保存的元素，则需要用请求命令的方式对元素提出请求，等待元素创建者的授权，同时也可以将自己创建的元素授权给其他工程师，主动分配的权限可以通过浮选面板设置不同的颜色，然后在模型中亮显不同颜色，查看不同的权限范围。

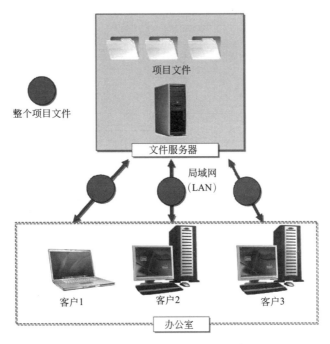

图 4-48 ArchiCAD 中心文件示意图

图 4-49 ArchiCAD 权限设置界面

ArchiCAD 还将即时通信与协同进行了结合，这个控制面板类似 MSN、QQ 之类的通信软件，与通信软件不同的是，在 ArchiCAD 协同的时候还可以基于元素进行，例如图 4-50 中弹出的消息窗口，该提示会一直显示在对应单机界面。ArchiCAD 即时通信消息列表见图 4-51。

ArchiCAD 在协同中有个很重要的功能是"元素保留"，元素保留的意思是将元素划归到自己的管理范围，可以进行修改编辑，可以通过手工选择保留，也可以按照其他的过滤条件进行过滤设置，例如某个具体的参数，当自己不再编辑该元素时就可以将元素进行释放。一般来说协同释放要选择已经确定的元素和数据进行释放，如果什么也没有选择则是全部释放，这样有可能造成管理上的混乱。其界面截图如图 4-52。

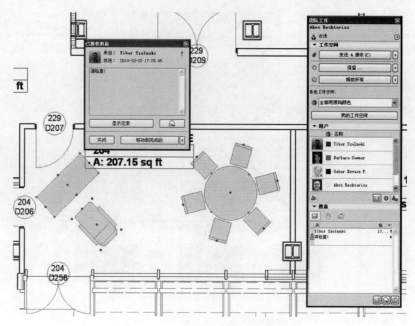

图 4-50　ArchiCAD 即时通信消息窗

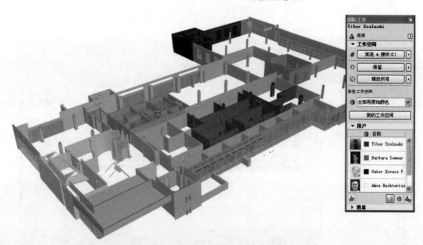

图 4-51　ArchiCAD 即时通信消息列表

图 4-52　ArchiCAD 元素保留界面

当使用其他人的 BIM 元素的时候，需要向拥有者进行申请，如图 4-53 所示。

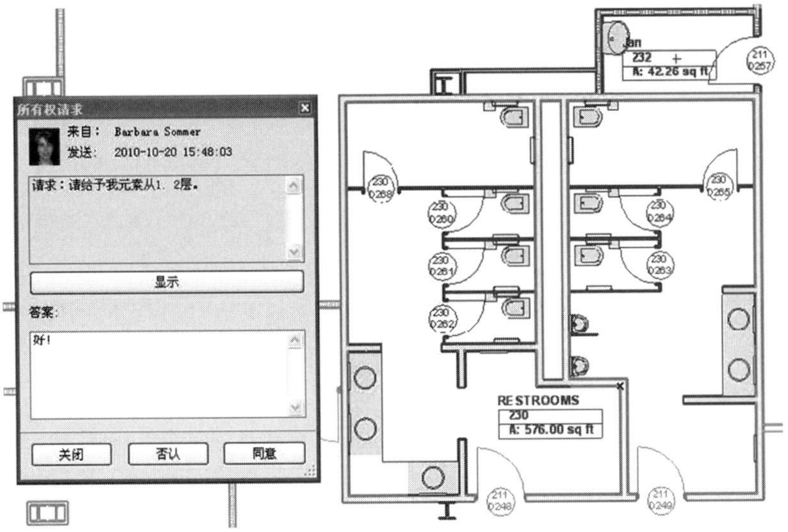

图 4-53　ArchiCAD 元素借用申请界面

对方在发出申请权限后，你可以通过分配的功能或控制面板进行授权。授权后，对方可以编辑，编辑保存后会在构件属性中显示，当前做的名称，其他人在检查时可以看到是谁最后保存的，并用不同的颜色区分该构件的权限归属，绿色表示可编辑，蓝色表示未被保留，红色的属性块则表示已被其他人保留。其模型修改保存提示界面参见图 4-54。

不仅可以一对一共同交流，还可以群发通知类信息，对于提高网内的协同效率非常重要，而且所有的群发，点对点发信息会一直存在接收者的待办列表中，直到该指令得到了响应，修改完成会被记录在当前用户的完成列表中。

综上所述，ArchiCAD 具备优秀的协同设计模块主要体现在以下几方面：

① 灵活。可以根据项目的大小，综合应用热链接和团队合作的协同模式，并可以根据元素的协同模式，让设计人员在设计时基于元素进行，沟通更灵活，并能保证所有的人都能看到最新的元素形态，团队成员随时检查项目当前的状态。基于元素和社交通信工具结合的协同模式可减少不必要的协同培训。

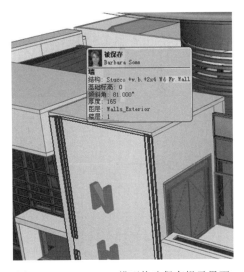

图 4-54　ArchiCAD 模型修改保存提示界面

② 项目管理的组织模式。可以说 ArchiCAD 是项目设计经理管控的有力工具，不仅可以良好地分工，而且可以指令监控、权限控制和问题追溯，让每个团队成员能够有良好的权限和范围，通过不同颜色加以区分，避免工作区域的重叠和漏分，协调地开展项目不同角色的扮演。

③ 与 Revit 的中心文件相同，可以在断网离线状态继续工作，用户创建新的元素模型，

当网络恢复时自动更新离线状态下完成的工作，同时 ArchiCAD 采用了 DELTA- 服务器的增量传输技术，服务器在联网时会计算本机文件和服务器文件的差异，从兆字节缩小到千字节，只增量传输变化的部分，大大降低了协同对网络的依赖，提高了传输的速率，因此无论在工地还是在网络较弱的山区办公，增量传输让任何区域的协同工作都变成了可能。

④ 最后，数据的安全性得到加强，通过智能服务器的侦错功能，如果客户端的某台电脑发生了数据错误，服务器会检测到并禁止损坏数据添加到服务器的数据库中。

4.3.5.3 Revit

（1）Revit 功能体系概述。Revit 作为 AutoDesk 的 BIM 旗舰产品，在协同方面做了一些技术研究，目前主要用在设计院的设计协同方面，在项目的设计协作中，BIM 的协同便于我们加强沟通，提高效率。在设计阶段，由于对业主问题的理解、不同专业的干涉等问题，设计图纸一直在变化。

无论是正向设计还是施工图建模，都存在大量变更和修改的问题。社会上对协同存在一定的误解，不是将图纸或者模型互相传递就是协同，这个传递是有一定条件的，那就是实时的传递、有效的传递，文件能够互相看到仅仅实现了协同的第一步：共享。所以实现实时的协同，不再是以 BIM 软件以外的其他软件生成图纸及资料和模型文件的协同，而是基于模型数据的协同，不仅可以让不同专业的人员看到，而且实现了自动提醒、实时互动，自动标识出需要不同设计方了解的模型变化及权限编号。

Revit 的协同主要有两个功能：一个是链接，另一个是工作集。链接功能（窗口界面参见图 4-55）已存在一定时期，也就是 CAD 中的外部参考，CAD 软件 Microstation 更是把这个参考用到了极致，在 Revit 中参考依然保留原来的功能，如建筑专业参考结构专业模型，还可以在模型中参考施工图作为设计底图，除了可以参考 AutoDesk 系列的产品，Revit 还可以链接通用的 IFC 格式、绿建的 GBXML 格式以及通用的图片、点云数据等。

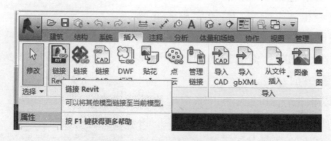

图 4-55　Revit 协同链接窗口

链接的主要功能：

① 使用链接的图纸进行描绘，省去了大量翻阅图纸的时间。

② 设置相对简单，不要太多的流程，不存在交叉干涉的情况。

③ 链接文件发生更新时，共享链接文件互相保存后，链接能够自动更新。

链接的缺点：

① 链接共享协作的模式，虽然实现了专业分工，但是仍然不能实时查看对方最新的模型。

② 同时发现双方干涉问题后，不能基于软件进行沟通，而要基于第三方软件或者其他通信工具进行沟通，否则往往会因为理解的差异造成一系列误解，或者因为沟通不及时造成

问题遗漏而影响协同的质量。

③ 链接的另外一个问题是，模型不是一个完全的个体，需要后期整合成一块，增加了整合坐标偏移和构件遗漏的风险。

④ 链接模型目前仅仅限定于小型项目和专业简单的项目，无法建立合理、可追溯的责任体系。

随着 BIM 项目的推进，特别是专业复杂的大项目，工作集以其显著的协同优势受到越来越多的 BIM 工程师的推荐，这是一款真正有协同意识的软件工具，能够把参与模型建造的各方有机地整合在一起。

简单来说工作集合具备以下优势：

① 模型由原来构件图元，改成赋有管理逻辑关系的构件，比如分成不同专业工程师、建筑师 A、建筑师 B，基于此实现在模型中的显示管理，根据不同的需要进行过滤显示。

② 减少了沟通往来时间，尤其在大项目上更明显，所有的沟通由双方的文字描述变成模型中的三维实时同步，从而提高项目的设计效率。

③ 因为工作集创建的构件具备可追溯的特性，故保证了工作成果质量以及体系的完善（其历史记录界面参见图 4-56）。

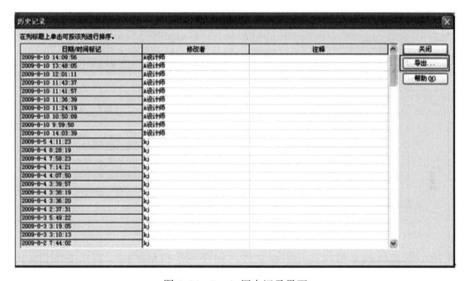

图 4-56　Revit 历史记录界面

值得一提的是，在开始创建工作集之前，工作分工需要明晰，项目经理安排到位并对全局的工作有比较深入的了解，并设置一个全专业的工作样板文件（样板文件是协同的基础，非常大的项目可能存在建筑、结构和机电的样板文件，可以分开独立设置工作集，参见图 4-57）。

其协同工作集的操作要点如下：

① 创建一个良好的网络环境，保证稳定的 IP 路径，前期工作要做好。

② 由该项目的项目经理设置好共享的路径文件夹（可读写），最好搭建在设计院或公司的服务器上，最后服务器开启自动备份功能。

③ 项目经理设置统一的轴网和坐标体系，这是所有项目子文件的定位基础。

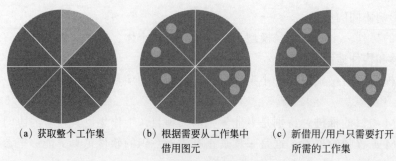

（a）获取整个工作集　　　（b）根据需要从工作集中　　　（c）新借用/用户只需要打开
　　　　　　　　　　　　　　　借用图元　　　　　　　　　　　所需的工作集

图 4-57　Revit 协同工作集示意图

　　④ 项目经理根据所需要的专业或者区域进行分工，并在工作集里进行命名，分配权限，分配完成后选择网络路径保存，保存后，中心文件可用，并另存一个本地文件，工作体系的划分非常重要，务必做到充分划分，减少漏项和重叠划分，提高协同效率。

　　⑤ 正式开始大范围协同之前需要对其他的协作进行授权（见图 4-58），除自己的工作范围外，其余的可编辑选项都设置为"否"，保存后立即同步。

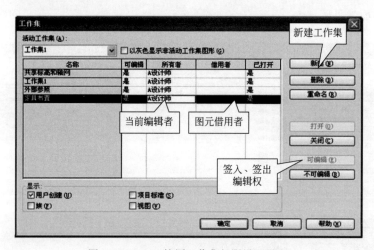

图 4-58　Revit 协同工作集权限设置界面

　　⑥ 通知不同责任的工程师打开中心文件，保存到本机后再同步到中心文件。不同责任体系的工程师所建造的模型仅可以放在自己分的工作集中。

　　⑦ 在协同交互时，如果需要别人的图元，就需要申请别人的授权，经过授权后，尽量在自己的视图或者新建一个视图工作，避免视图更新造成不必要的麻烦。交互过程中，对于不是自己工作集范围的权限尽快释放，避免重复借调（见图 4-59）。

　　⑧ 在协同交互过程中需要查看其他成员的模型成果时，需要用重新载入工作集合（见图 4-60）。

　　常见的协同注意事项：

　　① 工作集分工尽量不超过 5 个人。

　　② 不能移动中心文件的位置，更不可直接打开中心文件进行编辑。

　　③ 定期备份中心文件，以防中心文件发生意外事故。保存时将原模型复制到本地硬盘的某个位置来创建一份模型"本地"副本，不可以打开中心文件再进行"另存为"。

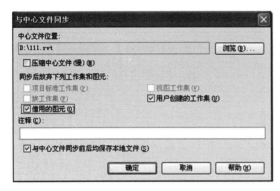

图 4-59　进入协同工作集同步文件界面　　　　图 4-60　协同工作集重新载入界面

（2）Revit 信息管理。很多人都曾问过我如何把 Revit 的信息导出到数据库，当然这有很多方法可以做到。但有一个最简单方便的方法，那就是通过 Revit 自带的数据导出功能。步骤如下：

① 点击 Revit 左上角的图标，在弹出的菜单中选择 "Export" → "ODBC Database"，见图 4-61。

② 在弹出的选择数据源对话框中选择机器数据源（也可以根据自己情况选择文件数据源），点击 "新建" 创建新的数据源，见图 4-62。

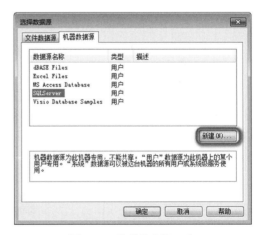

图 4-61　Revit 数据导出功能界面　　　　　　图 4-62　数据导出第一步

③ 这里我们选择 SQL Server 2008 的驱动程序（这页出现的内容跟用户安装的驱动程序有关，如果没有，需要先安装对应的驱动程序），见图 4-63。

④ 点击 "下一步"，然后点击 "完成"，见图 4-64。

⑤ 填写数据源的名称以及服务器地址，见图 4-65。

⑥ 其他都使用默认选项，完成数据源创建后选择刚刚创建的数据源，点击 "确定"，Revit 即开始导出数据到 SQL Server 数据库，见图 4-66。

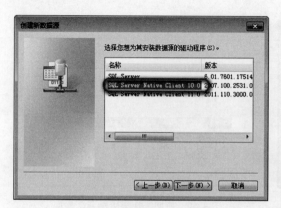

图 4-63　数据导出第二步

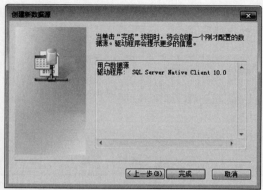

图 4-64　数据导出第三步

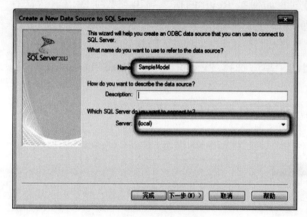

图 4-65　数据导出第四步

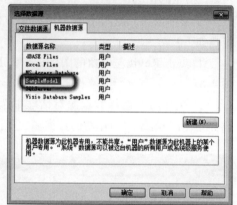

图 4-66　数据导出第五步

⑦ 导出完成后可以看到数据库中已经包含了很多 Revit 的对象数据。每个对象类型包含一张数据表（如图 4-67 所示）。

注：需要注意的是，如果使用默认的方式，所有数据会被放入系统表的 master 数据库中，如果需要使用自定义的数据库，需要先在 SQL Server 中创建一个空的数据库。然后在创建数据源时勾选 "Change the default database to" 选项到刚创建的空数据库（如图 4-68 所示）。

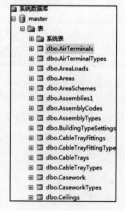

图 4-67　数据导出成果示意

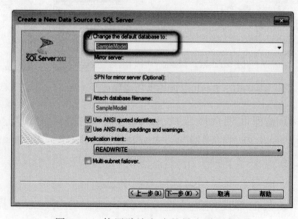

图 4-68　使用默认方式的导出设置界面

另外一个比较遗憾的是，这个功能不支持 API 操作，所以没有办法用插件比较方便地自动导出。

4.3.6　全专业协同

（1）项目全生命周期协同工作解决方案。前面讲述了信息管理在企业正常运营和项目运作中的重要性，目前 BIM 软件还不能够实现跨平台、跨区域的信息协同，或者目前实现的仅仅是数据的协同，没有提炼成有用的信息，致使协同时要花大量时间甄别、分析，耽误大量时间，让协作不能发挥应有的价值。

综合协同不仅要解决设计方面的问题，还要结合时间维度，包括前期策划阶段的决策协同，设计阶段的专业协同，运维阶段 BIM 与 BA 设备的协同。

对于任何工程项目而言，都会有许多部门和单位在不同的阶段，以不同的参与程度参与到其中，包括业主、设计单位、施工承包单位、监理公司、供应商等等。BIM 所含的数据信息不仅仅会影响到设计、施工等具体使用 BIM 的人员，还会影响到各相关单位的人事部、财务部，甚至影响到工地的收货员及安保人员。这时候 BIM 的小协同已经满足不了工程的需要，必须建立一个融合好的平台把各方的信息、资料、诉求、指令以及相关人员纳入到管理平台中来。目前各参与方在项目进行过程中往往采用传统的点对点沟通方式，不仅增大了开销，提高了成本，而且也无法保证沟通信息内容的及时性和准确性。工作平台上，改变了传统的分散的交流模式，实现了信息的集中存储与访问，从而缩短了项目的周期时间，增强了信息的准确性和及时性，提高了各参与方协同工作的效率。

全过程协同 BIM 系统是一个复杂系统。制订科学合理的实施方案，建立可操作性强的实施框架，规划可逐步实现的实施路径是实现工程协同作业的必要前提。协同 BIM 实施方案应兼具通用性、层次性、前瞻性和可操作性。通用性是指 BIM 实施方案的基本思想、原理和方法，不能够仅局限于某一个工程项目，应满足建设过程中的一般规律、基础要求、共性化需求，应该适用于大多数工程项目，乃至于区域内工程项目群体。值得注意的是，由于每个项目所处环境不同，具体实施方案应综合考虑项目特征，因地制宜进行调整。层次性是指全面实施与推广 BIM 的过程中，不同工作阶段其主要任务应是不断递进的关系，每个阶段工作任务应有不同侧重。前瞻性包括战略和技术先进性两方面，是指 BIM 实施方案应在解决当前问题的同时，从可持续发展的角度规划其实施步骤；在先进的理论知识的指导下，采用先进的技术与方法制订合理的 BIM 实施规划和路径。可操作性是指 BIM 协同实施方案应结合使用者的软硬件、网络条件、人员技能、企业战略等实际情况，结合项目的实际应用需求开展能够普及应用的 BIM 协同实施。本着解决实际工程问题的出发点，利用有限的资源条件，破解协同工作中的难题，有效提高工作效率，提升企业效益。

为保证所建立的 BIM 实施方案与工程业务结构有效衔接，协同 BIM 平台设计需要考虑组织、过程、信息和系统四要素以及它们之间的关联。组织是指平台内部管理模式、工作流程及其与建设项目各参与方之间的合作方式以及权责分配等。过程是指从规划、设计到施工、运营的整个流程，以及各个流程所包含的工作、资源投入等。信息是指建筑过程中产生的各种工程信息以及其表达方式、组织结构等。系统是指负责工程以及创建和使用信息的计算机软硬件和系统。

不同的 BIM 协同架构的硬件要求不尽相同（本书已经概括性地介绍了协同架构的基本

硬件要求），所以选择合适的 BIM 协同平台是第一位的。根据以往客户的应用评价调研，将国内外四款协同平台（分别是 ENOVIA、ProjectWise、广联达的协筑及鲁班的 SAAS 平台）进行对比，对比的维度涵盖后期是否方便二次开展拓展，稳定性风险，是否有足够的管理模块，三维引擎的真实性和流畅性，操作是否简易，还有用户的使用满意度，布置的经济度等，详见图 4-69。

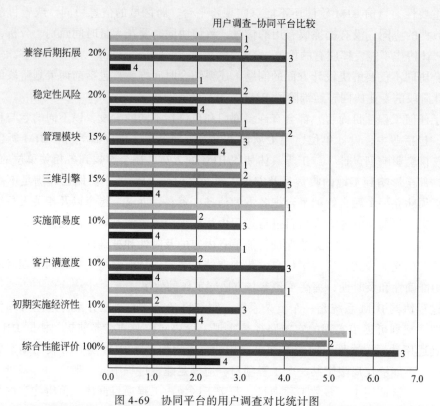

图 4-69　协同平台的用户调查对比统计图

1—广联达协筑；2—ENOVIA（Dassault®）；3—ProjectWise（Bentley®）；4—鲁班 SAAS

　　分析发现 ProjectWise 协同性能较为突出，接下来的平台介绍将以 ProjectWise 的主要功能为基础，结合其他优秀的平台功能系统参数，介绍协同平台在工程全过程咨询的作用。

　　（2）文档的管理。管理文档是一项基础工作，不仅可以在协同平台做，而且在 ERP、OA 也可以实现，但是如果实现对文档与三维模型、模型中的数据库进行关联，就只有 BIM 协同平台能做到了，比如在查看 BIM 模型的时候需要查阅图纸资料，可以很方便地点开关联的资料（CAD 电子文档、光栅图像、计算书、Excel 报表、PDF 规范等等），甚至需要根据模型在图纸进行问题圈阅，到目前为止大部分平台都支持这个功能。

　　文档协同的最佳代表 Microsoft 出品的 SharePoint 解决方案，提供了团队协作、站点管理和业务处理等功能。ProjectWise 可以与 SharePoint 创建一个功能强大而灵活的工作环境，通过建立统一的可订制的用户界面环境，基于网络和云服务，项目成员随时随地都可以方便地对项目信息进行管理、查询以及协同工作；通过在一个客户端集中展现所有项目的数据实现协同工作；用户可以自定义 Web 部件来满足用户的特殊业务需求，可以使 ProjectWise 和其他信息系统通过 Web Services 和 Web Parts 进行集成；便于设计软件与其他办公软件进行集成，这样某一种软件的数据发生变化，可以及时触发更新其他软件的相关数据，所有的变更在 ProjectWise 客户端都有更新提醒。

ProjectWise 不仅可以做到链接参与协同的各方数据资源，点击查询，而且可以检查图纸中的逻辑关系，检查图纸之间的引用关系及变动更改，见图 4-70。

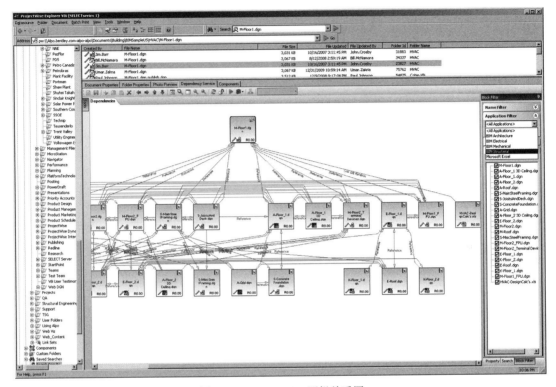

图 4-70　ProjectWise 逻辑关系图

协同平台，必须充分到图纸文件的字体特殊性，因为字体特殊的原因，很多图纸不能在线预览，让协同大打折扣。ProjectWise 和协筑都比较好地解决了这个问题。前者是将字体内嵌于后台的系统文件里，这样的解决方案比较彻底，但需要平台管理把工作做到位，增加了管理工作，后者的解决方法是通过在云后台建立一个尽可能大的字体库云，解析在线打开的图纸，这样虽然不用平台管理的设置，但是不能保证所有的字体都能解析，难免打开某单位特有字体时会产生乱码（如图 4-71 所示）。

在实际项目过程中，经常遇到以下场景：将 BIM 模型的图纸打印成 DWG，或者将 DWG 印成 PDF，这部分工作大多数都是线下完成后再上传，相对繁琐。ProjectWise 是通过部署打印服务器自动生成想要的图纸和想要的格式，工作全部纳入线上完成，实现了协同，降低了劳动强度，减少了上传下载的频率，提高了工作效率。

文件夹的逻辑关系与数据索引在大多数的 BIM 协同管理平台都可以实现由项目团队自行建设符合自身逻辑需求的架构体系，一般的情况下需要明确逻辑管理，并在协同平台执行标准中进行明确，文件夹规范如图 4-72 所示。

ProjectWise 针对每个目录给予文件夹属性，一个显著优势是目录下的文档可以自动继承目录的属性，减少大量的录入工作，同时也符合工程师项目文档的逻辑思维，ProjectWise

还有目录结构映射的功能，通过某种方式建立目录结构，在平台上将文件夹创建好；然后按照另外方式建立映射关系，这就是逻辑映射目录，实现同一个文件内容在不同逻辑框架下可见的目的，减少重复放置对逻辑的干扰，如图 4-73、图 4-74 所示。

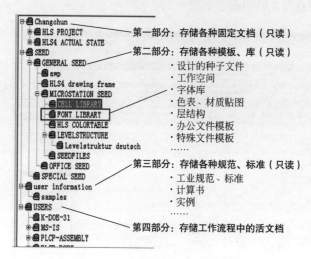

图 4-71　协同管理平台设置示意图

图 4-72　协同管理平台文件夹规范设置示意图

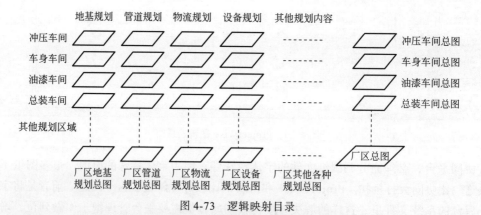

图 4-73　逻辑映射目录

图 4-74　关联文件设置界面

由于文件夹是根据企业、项目特性创建的，所以创建目录树要遵循以下几个原则：

① 文件夹架构遵循不同专业，由粗及细的逻辑关系；

② 考虑到不同单位的不同需求，设置部门及单位的查阅权限（其权限设置界面参见图 4-75）；

③ 设置固定的文件路径和灵活路径相结合的策略。

图 4-75 文件夹权限设置界面

一个大项目在协同的过程中会产生大量的交互信息，检索和查找非常困难，大部分的协同平台提供了基于文件名的查找方式，从而将工作量大大减少，由此可以看出规范的文件夹及文件命名的重要性，一般情况下，需要在协同说明书进行约束，图 4-76 是某机场的命名管控模式。

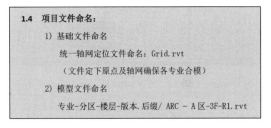

图 4-76 命名管控模式

而在 ProjectWise 里面通过内嵌的命名规范要求，让大家在创建模型的时候，平台就引导工程师用户按照既定的规范填写文件名，不符合规范的命名将不被接受，从源头上进行很强的把控。命名规则是项目经理或者平台管理员通过在 ProjectWise 管理员端进行设置，一般用户只需要在客户端使用即可，减少客户端设置的复杂性和多人操作引起的不必要的混乱，对项目数据的集中管理起到了很好的促进作用（见图 4-77）。

命名的规范只解决了协同中数据检索功能的一半，如果深入进行文档数据检索，例如在项目上查询所有 DWG 文档中的某个设备的变化，这是一个经常用到的非常棘手的问题，一般情况都是人工检索，而 ProjectWise 的查

图 4-77 ProjectWise 内嵌命名规范界面

询（Query）工具（见图 4-78），可深入到文档及电子图纸的搜索并打开定位，让平台的检索功能变得实用而强大，而且可以通过 ArcGIS Connector 拓展项目的地理信息通过，基于地理数据库进行检索。

ProjectWise 的数据检索不仅可以搜索文档文件名和文档内的数据，而且还可以搜索文档的属性信息，这个信息是组成项目文档逻辑的重要部分。搜索文件属性信息，是关联项目

时间、项目状态以及相关任务的重要纽带，对这些信息的搜索是平台深入挖掘数据功能的特性之一，例如图 4-79 中对文档的存储、审批状态存到文档属性中。

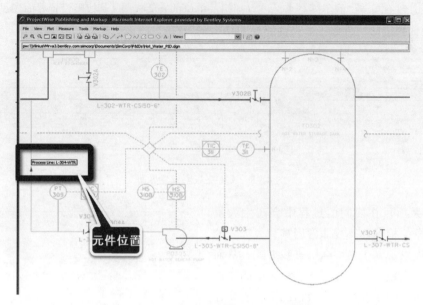

图 4-78　ProjectWise 数据检索功能界面

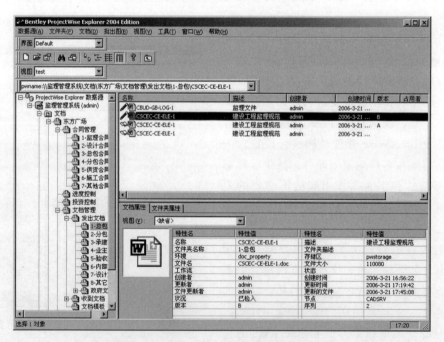

图 4-79　ProjectWise 数据检索文件属性界面

另外，大量数据不断更新的过程中，会有文档数据的版本。是否能够智能地处理不同的数据版本是区分网盘和云平台的重要指标，几乎所有的协同平台都很好地解决了版本更迭的问题。当有新的版本更新时，旧的版本自动备份起来，便于以后查找、追溯，ProjectWise 很大的优势是可以在编辑过程中把变更的版本记录下来，在设计中遇到变更反复时可以把图纸变更过程中历史版本调出，避免返工。

对于传输到协同平台的电子版图纸，非模型创建单位可以调用 B/S 客户端查询，对不同历史版本的图纸进行对比，检查不同版本的差异，从而实现变更的智能对比，减少变更云线的漏标、多标和日期版本错误。图 4-80 是协同平台客户端的版本对比。

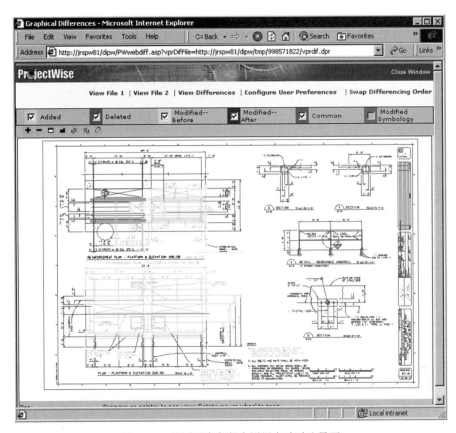

图 4-80　协同平台各版本图纸自动对比界面

（3）BIM 模型的协同管理。在前面设计协同的时候我们讲过了分布式存储的问题，设计协同时的协同对象主要是设计人员，相对集中，一般局域网都能胜任，而工程全过程信息协同的分布式则是分布在不同地区、省份乃至不同国家，协同过程中不仅要考虑电脑、网络速率等基本的硬件要求，同时也要考虑到平台的计算模式。在前文中讲到了 ArchiCAD 的增量传输，ProjectWise 同样采用这个技术实现大协同的 Delta 文件增量传输技术。通过广域网解决异地协同工作时大模型传输速度慢、效率低的问题，使用压缩和增量传输的方式，大模型传输速度可提高 54 倍，小模型的传输速度可提高 3 倍，更有效地使用户可以利用分布式资源组成的网络，将本地缓存与服务器的文件计算同步，只传输变更的部分，让传输的效率大大提高。目前大部分协同平台只实现了模型及数据上传以后的协同工作，而没有实现模型及数据创建中的协同，所以协同是有延误的，而且上传、下载都会耽误一些时间，降低了协同的效率。

由于 ProjectWise 具有内嵌式的协同方式，通过安装 ProjectWise 软件，即可实时预览和查询模型状态。其协同界面如图 4-81 所示。

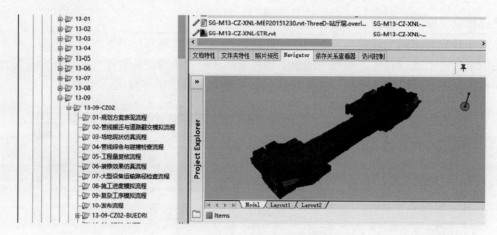

图 4-81　ProjectWise 协同界面

B/S 模型轻量化主要是依托 IMODEL 和 Web Sever 服务器，大部分的协同平台为了实现 BIM 模型的 B/S 访问，就必须把模型轻量化放进网页，目前有两种实现路径：

第一种方案是利用类似 WebGL 的图形引擎对模型进行解析。目前解析模型最常用的格式是 IFC，因为 IFC 的格式描述是开源的，另外也可以在各个软件中开发合适的 API，输入到图形引擎中去，实现网页端的可视化，用 WebGL 技术在浏览器、移动端对 BIM 模型重新渲染。目前大部分是着色模式，渲染色彩略差，这项技术需要相当的技术储备，特别是对于计算机图形学的基础。

第二种方案是利用软件商的 REST 式的 Web Service，这是一种映射解析的方法，需要先把模型传到软件商指定的云账户，通过后来解析并映射到用户网页屏幕。例如：AutoDesk 的这种方法，实现简单，但是对网络依赖性强，不能进行自我解析，不适用于军事、政府等保密项目。

（4）BIM 人员及权限的管理。目前很多项目上的沟通还是依赖语音通信和社交软件，沟通起来很不方便，彼此往往不能很好地理解阐述的问题，很多问题只有面对面地沟通或者会议才能了解，增加大量的差旅、会议时间，严重影响了工作效率，并且数据材料不能及时反馈到 BIM 数据库中，为日后的查找增加困难。协同管理将不同部门、公司的人有条不紊地组织起来，让人员的沟通协同与平台联动起来，不仅可以留下沟通的信息，而且即时展示与沟通内容相关的三维模型，让对方抽象概念具体化，极大地节省了沟通成本，同时将沟通的数据存储到 BIM 模型数据库中进行管理。

基于模型或图纸沟通是协同软件必备的基础功能，图 4-82 是以广联达的协筑平台为例的基于模型的沟通展示。

不同的工程师可以在某个视图下标注 BIM 模型或者图纸的问题，其他工程师在打开模型或者收到修订短信提醒后可以点击批注，自动进入发布问题的工程师保存的视口状态，从而保证不同工程师看到的是同一个物体和问题。结合了任务的修订可以通过短信或邮件的方式发送到相关人员的手机上，从而将每个具体的问题第一时间通知到相关的人员，而避免将大堆的问题带到周会和月度会议上，让每个问题尽快解决。短信较其他的社交 APP 具备两重优势：第一是全覆盖任何类型的手机，大大提高了收到信息的概率；第二是不会因为关闭某个 APP 而错过重要的联络信息。消息提示参见图 4-83。

图 4-82　基于模型的沟通展示

图 4-83　协同平台文件更新消息提示

　　由于项目的参与方众多，必须强化数据的安全储存和分类访问。协同平台采用的是云计算平台，采用数据层与操作层分离的模式。运行时收集分散的工程内容信息，集中统一存储的方式，加强了可控制性和安全性。一般来说，云平台的管理模式比集中存储在某个物理硬盘安全得多，云平台通过分散在数据中心的计算机及计算机群进行存储和计算，而且不同的计算机及计算机群互为备份，导致硬盘坏道、软件病毒等引起崩溃的概率比固定在某台电脑上的模式低得多，而协同平台需要解决的主要问题就是敏感信息泄露的问题，所以协同平台必须对不同的文件设置不同的访问、修改权限。文件夹的权限设置是协同平台文档管理的重要组成部分，根据各个参建单位在整个项目中所扮演的角色，特别是结合 BIM 数据的应用，对不同的文件夹，按照浏览、下载、创建、修改、分享（平台中的分享功能，类似普通云盘分享链接功能）、删除、授权（赋予前述创建、删除等所有的权利）等不同的权限进行分配。不同的软件处理权限的方法大致相同，有两个主要使用方向：一个是文件的固定查看修改权限；另一个是跟任务流结合，在指定的阶段和状态下可以拥有一定的选取，过了这个阶段权限就会取消或者转移，遵循事前拟订的项目流程。

（5）工作流程及批注管理。项目中可以根据不同的作业规范，制定适合本项目的模型及信息的流转规范，并且赋予用户在各个状态的访问权限。当使用工作流程时，数据在不同的阶段之间串行流动到某个阶段。目前项目上应用最多的是串行的任务流线，当然有些平台在尝试一个主任务用多条任务流并行的模式。虽然这种模式较多地考虑项目审批流程的实际情况，但是由于这种流程关系复杂，容易引起逻辑混乱，目前比较好的解决办法是单个任务都采用单线型的串联逻辑，并根据工程实际需要，建立基于模型的即时通信和增设几条串行逻辑的任务流。其工作流程设置界面参见图 4-84。

图 4-84　工作流程设置界面

对流程数据进行备份，如随着状态的切换，在本阶段具有权限的人员就可以访问文件内容。通过任务流的管理，强化了对项目数据流转的贯彻，并可以形成线上线下一致的审核记录，提高项目审批效率，这个过程中对各步骤的审批意见、文件查看和修改的历史记录、过程中的审核人名单进行记录。ProjectWise 平台可以自动记录所有用户操作过程，包括用户名称和登录、修改时间以及用户附加的备注信息。这些过程的记录，是协同管理的重要组成部分，符合 ISO9001 对过程管理的要求，并且管理员实时监控用户的登录信息（参见图 4-85）。

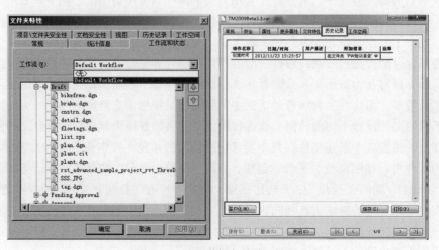

图 4-85　流程数据备份设置界面

　　批注管理是在项目推进工程中，用户可以通过批注的方式增加自己对项目的审核意见，甚至可以上传对应的附件文件进行说明，图 4-86 是在任务流中进行的批注说明，这样做的目的是实现在任务审批的工程中，对任务可能存在的疑问、拒绝批准的原因进行注解和说明，方便申请人进行对照查改。

图 4-86　流程批注管理设置界面

　　（6）模型规范及平台接口管理。与其他协同平台不同的是，ProjectWise 可以提供统一的工作空间的设置（参见图 4-87），就是内嵌到 MicroStation 平台的全系列、Revit、AutoCAD 等用户软件中去，就可以依照公司及项目的标准在软件中进行提前设置，只有遵循相关标准的模型或图纸才能建立，很大地避免非标图纸和模型的产生，例如先前讲述的文档编码的设置按照标准的命名规则来建立，不仅方便项目信息的查询和浏览，而且对公司的质量体系也是非常好的支撑。

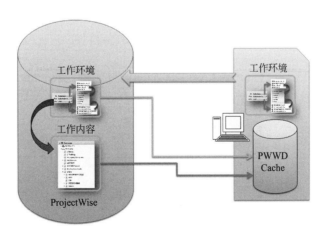

图 4-87　ProjectWise 工作空间设置

　　制订未来模型中用的字体、标准图框、标注的模式，从而实现在出图中这些模块的标准化。对于 BIM 模型，可以对模型中用到的 BIM 构件库进行标准化（对于 Revit 可以限定其用的构件族、族参数），从而避免大项目中不同人千变万化的调整，最终导致模型和图纸在整合过程中花大量的时间去调整、匹配。经过 ProjectWise 的前期限定虽然在一定程度上限定了建模和图纸的自由度，但是工程进行过程中遇到不在设定范围内的调整时，可以通过跟平台管理申请、增设参数的模式进行调整预设模板（参见图 4-88）。

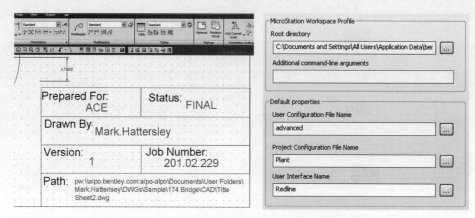

图 4-88　ProjectWise 参数模式调整预设模板

一个大的项目可能涵盖不同的专业，每个专业都有自己的专业软件，如土木用的是 Bentley 系列的 DGN 格式，建筑结构用的 Autodesk 是 DWG、RVT、NWD 等格式，钢结构用是 Tekla，数据格式用的是 DB1，机电用的是广联达的 MagiCad 输出的 IFC 格式，还有广联达、犀牛等不同的众多软件，如此多的软件如何能在平台上进行数据的协同，就要求平台提供开放的接口，可以和其他管理系统如 OA、ERP 进行数据集成。一般提供了程序的二次开发包，例如 ProjectWise 所有接口都是基于 C 语言的 API，方便用户根据自己的业务需求，使用开发工具进行系统二次开发。目前 ProjectWise 的接口有 Documentum、Revit、FileNET、SAP、MS Project、P3、P6、各种档案管理系统等。ProjectWise 能够与进度计划系统进行实时交互和数据通信，目前部分协同平台可以直接在平台中实现进度模拟的同步展示，如蓝色星球平台就可以将进度模拟和收集的数据进行整合，一起显示在协同平台里，图 4-89 显示了总的工期时间和剩余天数，平台的模型还可以随时改变进度而进行动态模拟。

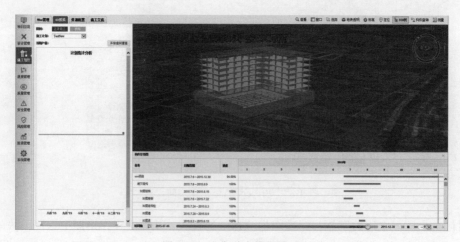

图 4-89　工期动态模拟界面

4.3.7 标准环境

数据标准是平台数据交换及软件信息交互的基础。国际标准化组织（International Standard Organization，ISO）曾经颁布了两个标准，即"建筑施工——建筑信息组织之信息分类框架"（标准号为 ISO12002）和"建筑施工——建筑信息组织之面向对象的信息框架"（标准号为 ISO12006-3）。一般来说，建筑信息分类与编码必须适应本地的商业、施工的属性。ISO 给出的分类方法，各国可在遵循该方法的基础上编制适合自己的分类编码标准。因为有了 ISO 基础模块，便于以后的检索和映射。

BIM 模型的提交格式需要符合协同的标准模式，纵贯各阶段的数据检测标准、管控流程、格式接口及成果验收，需要由平台管理者来制定。指导标准可以在遵循国际、国内标准的基础上拓展适合自己企业和项目的标准，再根据不同的分支单位，授权其在一定范围内制定自己的应用标准。在众多软件中，每个软件都会有自己独特的数据格式，BIM 软件之间不能相互读取的问题非常严重，为了保护自己的商业利益，又不能提供开源代码。在这个背景下，国际协同工作联盟（International Alliance for Interoperability，IAI，后改名 Building SMART International，BSI）推出了建筑产品数据描述标准（IFC），IFC 标准提供了大部分建筑构建模型信息的定义和描述。

IFC 与 IFD、IDM 的相互关系参见图 4-90。

IFC 标准的模型体系还不够完善，在数据兼容性和互读方面仍然存在许多问题。为了保证信息数据在交互时可用，必须在信息交互前进行重复验证测试，测试以国内应用最为广泛的两款软件即 Bentley 公司的 AECOsim Building Designer V8i（以下简称 ABD）、Autodesk 公司的 Revit2016（以下简称 Revit）进行，判断不同软件在导入、导出时 IFC 的一致性、兼容性、完整性等参数，测试组的测试的目的如下所示：

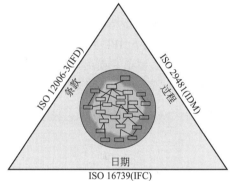

图 4-90　IFC、IFD 与 IDM

① 软件输出 IFC 的数据的完整性，即是否能将 BIM 设计模型的全部几何和非几何信息（包括自定义信息）一起传递到另外一个软件中，是否发生了数据丢失。

② 软件输出 IFC 的数据体量大小的变化，即是否便于数据传输和数据读取。

③ 软件对读入的 IFC 数据能否进行编辑操作，只有能够对导入的 IFC 模型进行编辑，才能有效地降低上下工序之间的重复劳动。

4.3.7.1　测试数据完整性的考查因素

测试数据完整性的考查因素包括常规构件以及异型构件，如下所示：

（1）首先对常规构件（软件默认）几何信息的完整性进行检查。

将 ABD 里面的模型导出 IFC 到 Revit，测试发现几何信息和坐标定位都没有发生变化，建筑外皮渲染材质信息丢失（见图 4-91）。

（2）接下来实验测试 Revit 输出 IFC 到 ABD 里面，首先是渲染材质的丢失，另外测试组发现门口的折叠大门在 ABD 里面发生了丢失，几何属性和坐标保持不变（见图 4-92）。

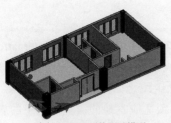
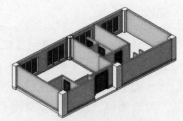

（a）ABD 里面的测试模型　　　　　　　　　　（b）Revit导入IFC的模型

图 4-91　ABD 软件模型以 IFC 格式导出到 Revit 转换测试

（a）Revit里面的测试模型　　　　　　　　　　（b）ABD导入IFC的模型

图 4-92　Revit 软件输出 IFC 到导出 ABD 转换测试

（3）检查异型结构的几何属性在 IFC 转换过程中的完整性。

由 ABD 导出 IFC 到 Revit，通过测试案例，测试组发现基本轮廓可以保持，空洞位置仍能保持，但是隧道表面由原来的光滑曲面的实体模型变成了有三角片面的壳体模型，非几何数据信息全部丢失（见图 4-93）。

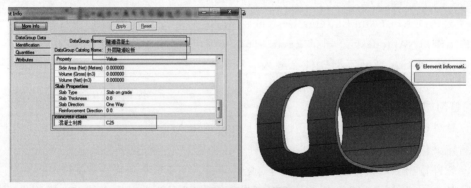

（a）ABD里面的测试模型

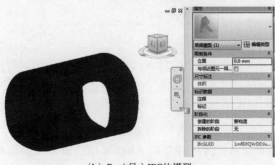

（b）Revit导入IFC的模型

图 4-93　ABD 软件模型（异型结构）以 IFC 格式导出到 Revit 转换测试

从 Revit 导出 IFC 到 ABD 中，外框轮廓和空洞能够保持，实体模型仍然能够保持，但是由原来的光滑曲面变成了折线模型，非几何信息能识别出墙体类属（见图 4-94）。

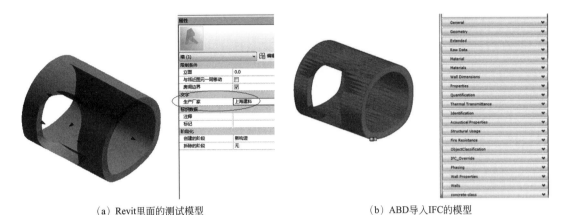

（a）Revit 里面的测试模型　　　　　　　　　（b）ABD 导入 IFC 的模型

图 4-94　Revit 软件输出（异型结构）IFC 格式到 ABD 转换测试

（4）常规构件（软件默认）通过 IFC 转换非几何信息的完整性。

通过案例测试，测试组发现 ABD 创建的模型里墙体的基本类型属性在 Revit 中能够识别，包括墙高、厚度、门窗偏移高度等最基本的参数，但案例测试中发现防火材料属性和国际编码部分属性数据丢失（见图 4-95）。

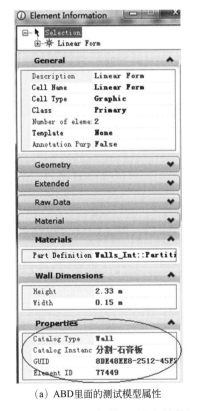

（a）ABD 里面的测试模型属性　　　　　　　　（b）Revit 导入 IFC 的模型属性

图 4-95　ABD 软件模型（常规构件）以 IFC 格式导出到 Revit 转换测试

在 Revit 中导入 ABD 软件输出的 IFC 格式的模型，发现墙体的属性如类型属性中的墙体厚度 240 能够识别，但顶部约束等逻辑关系丢失（见图 4-96）。

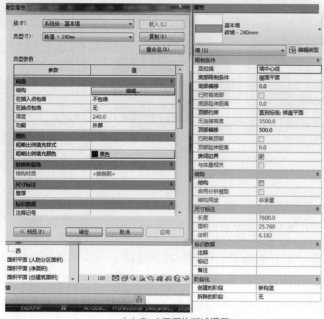

(a) Revit 里面的测试模型   (b) ABD 导入 IFC 的模型

图 4-96　Revit 软件输出（常规构件）IFC 格式到 ABD 转换测试

在构建中增加的自定义非几何信息在转换过程中的完整性也有影响。在测试中添加的自定义属性"混凝土标号 C25"，通过 IFC 导入到 Revit 后仍有此参数项，只是中文代码未能够正确识别（见图 4-97）。

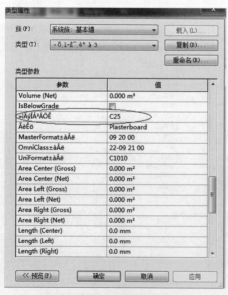 

(a) ABD 里面的测试模型自定义属性   (b) Revit 导入 IFC 的模型自定义属性

图 4-97　ABD 软件与 Revit 软件关于模型自定义属性的转换测试

　　因为在 Revit 中标准构件是不能添加自定义属性的，所以测试组在 Revit 异型构件中通过族属性增加了一条自定义属性，即生产厂家，但是在导入到 ABD 中，此自定义信息丢失。

4.3.7.2　符号化信息的准确性

　　符号化是三维模型转向图纸的重要途径，也是 BIM 模型是否能够按照国家出图规范出图的重要考查点。在 ABD 里面所有的三维模型都可在 Construction 属性里进行设置，比如将三维模型非常复杂的闸门通过一个简单明了的符号来表示，那么，这个符号能否通过 IFC 转到 Revit 中去呢？测试发现，大部分的符号化表示都能够被 Revit 读取出来，但是有些相对特殊符号如凸窗和平开大门，IFC 数据转化时会丢失和误读，见图 4-98。

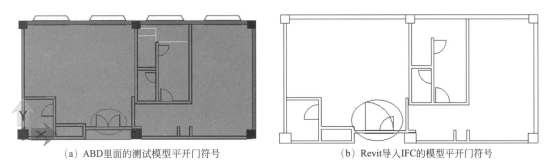

(a) ABD里面的测试模型平开门符号　　　　　　(b) Revit导入IFC的模型平开门符号

图 4-98　ABD 软件与 Revit 软件关于符号化信息的准确性测试一

　　在 Revit 通过 IFC 导入 ABD 的测试中同样存在特殊符号丢失的现象，如楼梯符号和折叠门符号，见图 4-99。

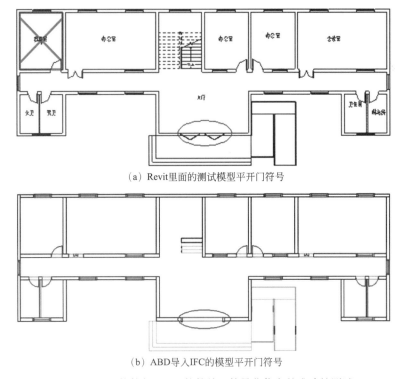

(a) Revit里面的测试模型平开门符号

(b) ABD导入IFC的模型平开门符号

图 4-99　ABD 软件与 Revit 软件关于符号化信息的准确性测试二

（1）转换信息电子文档体量变化检测。由 Revit 输出 IFC 到 ABD 和 ABD 输出 IFC 到 Revit，按照不同的阶段对模型文件的大小进行跟进测试，分别记录原始文件大小、转成 IFC 和转入后的模型文件大小。

（2）软件对导入 IFC 后续可编辑性检测。

① ABD 通过 IFC 导出到 Revit 之后，是否具有可编辑性，可以从以下几个方面来测试：

a. Revit 导入 IFC 后，在几何外形上能否继续对构件进行编辑，包括拉伸、夹点编辑。

测试结果：如图 4-100，Revit 对 ABD 导出的 IFC 文件可以进行编辑。

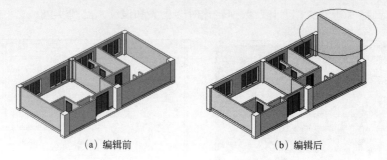

(a) 编辑前　　　　　　　　　　　　(b) 编辑后

图 4-100　Revit 里对 ABD 导出的 IFC 文件进行夹点编辑

b. ABD 导入 IFC 后，在几何外形上能否继续对构件进行编辑，包括拉伸、夹点编辑见图 4-101。

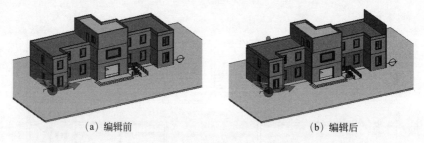

(a) 编辑前　　　　　　　　　　　　(b) 编辑后

图 4-101　ABD 里对 Revit 导出的 IFC 文件进行夹点编辑

② IFC 输出模型是否支持参数化驱动模型编辑。

a. Revit 是否能对导入的 IFC 文件进行基本参数化修改，例如，修改墙角柱子的旋转角度。

测试结果：Revit 对 ABD 导出的 IFC 文件可以进行参数化驱动编辑（见图 4-102）。

b. ABD 是否能对导入的 IFC 文件进行基本参数化修改，例如，修改墙体的厚度。

测试结果：ABD 对 Revit 导出的 IFC 文件可以进行参数化驱动编辑（见图 4-103）。

③ IFC 输出模型是否支持参数化构建（族库）。

a. Revit 是否能对导入的 IFC 文件进行参数化构建，能否自动识别，并进行族管理。

测试结果：如图 4-104，Revit 能够对 ABD 的参数化构件导出 IFC 进行族管理，自动生成 rfa 文件。

b. ABD 是否能对导入的 IFC 文件进行参数化构建，能否自动识别，并进行族管理。

测试结果：Bentley 不支持 Revit 通过 IFC 输出的族文件，但是 ABD SS5 增加了支持 Revit 族的新功能（见图 4-105）。

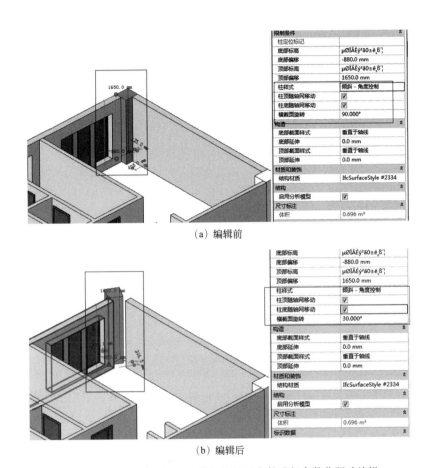

（a）编辑前

（b）编辑后

图 4-102　Revit 里对 ABD 导出的 IFC 文件进行参数化驱动编辑

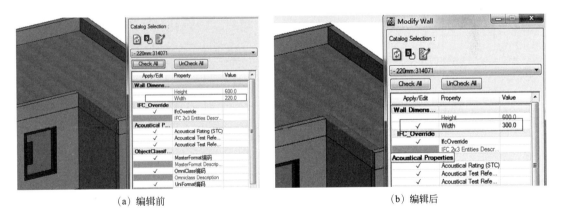

（a）编辑前　　　　　　　　　　　　　　（b）编辑后

图 4-103　ABD 里对 Revit 导出的 IFC 文件进行参数化驱动编辑

（a）编辑前　　　　　　　　　　　　　　（b）编辑后

图 4-104　Revit 里对 ABD 导出的 IFC 文件进行族管理

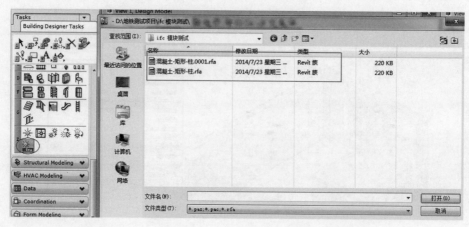

图 4-105　ABD SS5 增加的对 Revit 族文件支持的新功能

测试组对 ABD 和 Revit 分别输出 IFC 格式，并导入对方软件输出 IFC 数据，ABD 输出的测试文件为一栋民用建筑的一层和一段地铁隧道，测试结果对照参见表 4-6～表 4-9。

表 4-6　ABD、Revit 基于 IFC 数据的完整性检查对照表

项目	ABD—IFC—Revit			Revit—IFC—ABD		
常规构件几何信息完整性	坐标	几何尺寸	构件	坐标	几何尺寸	构件
	完整	完整	完整	完整	完整	特殊门等丢失
异型构件几何信息完整性	曲面造型		空洞与实体	曲面造型		空洞与实体
	光滑曲面变成三角形面模拟		空洞保留，但是实体变壳体	光滑曲面变成三角形面模拟		完整
构件系统默认非几何信息的完整性	信息项完整	外观属性（颜色，渲染材质，图层）	编号、材质、类属等非几何属性	信息项完整	外观属性（颜色，渲染材质，图层）	编号、材质、类属等非几何属性
	不完整	几乎全部丢失，不支持汉字属性	常规构件材质能保持，异型构件全丢失	不完整	几乎全部丢失	部分丢失，Revit 没有图层，读入 ABD 后图层变得杂乱
构件增加自定义非几何信息的完整性	标准构件信息完整		异型构件信息	标准信息项完整		异型构件信息
	完整		全丢失	Revit 不支持拓展无法导出到 ABD		Revit 支持拓展，但 ABD 导入丢失
符号化信息准确性	部分符号部分不足，测试案例中平开大门符号错误			部分符号不足，测试案例中平开大门符号错误		
测试结果综合评估	Revit 导入 ABD 输出的 IFC 数据模型			ABD 导入 Revit 输出的 IFC 数据模型		
	标准构件尚能满足基本需要			门窗及复杂族类丢失，影响较大		

表 4-7　ABD、Revit 与 IFC 格式文件互导体量变化对照表

项目	原始文件大小	转出 IFC 文件大小	导出 IFC 给对方软件大小	结果评估
ABD	1280KB（*.DGN）	511KB（*.IFC）	6056KB（*.RVT）	ABD 通过 IFC 到 Revit，数据变大
Revit	9488KB（*.RVT）	2377KB（*.IFC）	7796KB（*.DGN）	Revit 通过 IFC 到 ABD 数据稍小

表 4-8　ABD、Revit 基于 IFC 格式文件导入后的可编辑性对照表

项目	ABD—IFC—Revit	Revit—IFC—ABD
对导入的 IFC 模型，直接进行几何外形操作，如夹点编辑	支持	支持
对导入的 IFC 模型，进行参数化驱动模型的编辑	支持	支持
对族库类参数化构件的编辑	支持，自动识别为 RFA 文件	不能识别 Revit 族文件，转换成不可修改的 CELL
测试结果评估	Revit 导入后对 IFC 可编辑支持非常好，特别是族库的自动识别	ABD 不是自动识别，但是 ABD 增加可转化 Revit 库新工具

表 4-9　ABD、Revit 基于 IFC 格式文件导入后的操作流畅度对照表

项目	ABD 输出的 IFC 文件		Revit 输出的 IFC 文件	
	ABD 所用时间	Revit 所用时间	ABD 所用时间	Revit 所用时间
打开 IFC 文件的时间	12.3s	49.3s	50.3s	62s
复制一倍 IFC 内构件的时间	2.5s	3s	10s	13s
测试结果评估	打开及复制速度与模型文件基本相同		ABD 操作起来稍快，都能满足工程操作	

　　BIM 模型跨软件进行 IFC 格式的导入和导出，经过完整性、可编辑性、参数驱动和流畅性四个方面测试后，我们从可操作性和便利性两个维度进行分析。

　　可操作性：完整性和可编辑性作为 BIM 数据转化最重要的两个参数，ABD 和 Revit 两款软件基本上能做 80% 以上的信息沟通，同时在测试中我们也发现除了自定义参数外，标准信息参数也有一定的丢失，且缺乏规律性。建议在实际工作操作中，特别是处理大型工程时，尽量避免转化前带有很多信息，只要保证类属、几何参数等基本属性具备即可，其他参数等转换好再进行添加。另外，对于地铁隧道等庞大的项目，模型转换规则构件的几何信息是可以保证的，但是必须看到在用 IFC 格式数据转化圆滑曲面时，出现的以直代曲的简化计算，有可能对要求精准施工的构件定位带来不必要的偏差。

　　便利性：无论是 ABD 还是 Revit 都可以方便转入转出成 IFC。导入的 IFC 模型，模型体量在减少，无论是打开还是进行构件操作跟本软件自己搭建的构件无区别，参数化驱动基本能够保留，为大批量模型变更提供很好的便利性。

4.3.8　IFC 信息体系介绍

　　目前，IFC 标准已经正式成为 ISO 标准，标准模型的建立借鉴了工业 STEP 标准的许多成功经验。与 SETP 标准一样，IFC 标准也采用 EXPRESS 语言进行建筑产品模型的定义，图 4-106 是 IFC 发展的简史。早在 1997 年 IAI 发布 IFC 1.0，2000 年发布 IFC 2x2，2006 年发布 IFC 2x3 之时，这个版本就得到了广泛的应用。2013 年 3 月，bSI 发布了 IFC 4.0，但是目前大部分软件所用的版本仍然是 IFC 2x3.0。为了让读者了解到最新的交互数据，本书以 IFC 4.0 为基础讲解 IFC 的主要交换模式。

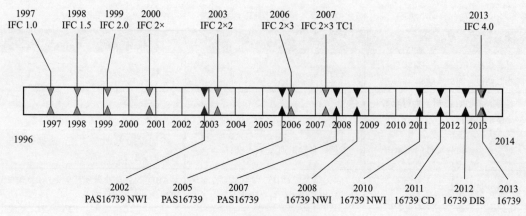

图 4-106　IFC 标准发展简史

IFC 标准提供了建筑元素大部分信息模型的定义和描述。由于在建筑施工领域 IFC 标准的模型体系尚不完善，无法完全满足建筑施工 IFC 数据描述的需求。本书通过对 IFC 标准的体系结构、数据描述方法、扩展机制和应用流程的系统研究，建立了面向建筑施工的 IFC 数据扩展模型，编制了建筑施工 IFC 数据描述标准，并通过工程实际应用验证了模型和标准的可行性和适用性，提出了对 IFC 标准进一步研究和应用的建议。

EXPRESS 信息建模语言是产品模型数据交换标准（standards for the exchange of product model data，STEP）的核心。EXPRESS 语言提供了一种中性机制，可以与各种编程环境（如 C、C++ 和 FORTRAN 等）衔接。不同编程环境中的数据可以通过交互产生的 EXPRESS 语言数据文件进行交互。使用 EXPRESS 语言的好处还在于它既能被计算机编译，又能被人们阅读。ISO 制定这一标准的初衷是建立一个统一的产品数据交换标准。除了 STEP 委员会的专家对 CAD/CAM/CAPP 产品数据描述和交换标准进行制定以外，许多从事商务和信息工程的专家也开始研究用 EXPRESS/STEP 作为数据建模的主要工具。

IFC 的核心技术在于信息描述与信息互通，IFC 建筑信息内容由不同的架构所组成，这些架构按照面向对象的观念及原则，遵循向下阶梯原则，不能参照较高层级的类别，但是每个层级的类别可参照同一层级或较低层级的类别，当上层资源发生变动的时候，底层数据还是完整和稳定的。

IFC 四个层级的不同架构从下而上分别是资源层、核心层、共享层、专业应用层。资源层位于最底部，是各个层级都可以应用的数据层，主要包括外部参照、几何尺寸的依存关系、构件拓扑关系等比较分散的信息；核心层位于第二层，为数据应用和共享提供基本的基础结构和信息概念，为用户核心控制、二次开发外延提供支撑架构，包括控制外延、产品外延、过程外延三个组成模块；共享层主要为应用层提供可共通交换的数据信息，主要是建筑、空间、服务、管理、设备五个共享集合；专业应用层主要是为建筑、结构、暖通、消防、管理等领域应用提供数据的层级。

4.4　BIM 在不同阶段的应用

近年来，在政府推动、市场需求、企业参与、行业助力和社会关注下，BIM 技术已得到了突飞猛进的发展。尤其是通过工程实例的应用，业内已经普遍认识到 BIM 技术对建筑业技术升级的作用，和由此带来的生产方式的变革。

4.4.1　BIM 在不同实施方的应用

在项目实施过程中，各利益相关方既是项目管理的主体，也是 BIM 技术的应用主体。不同的利益相关方，因为在项目全过程中的责任、权利、利益的不同，针对同一个项目的 BIM 技术应用，各自的关注点和职责也不尽相同。不同的关注点，就意味着同样的 BIM 技术，作为不同的实施主体，一定会有不同的组织方案、实施步骤和控制点；同时，虽然各方 BIM 需求不同，但 BIM 模型和信息只有在各利益相关方之间进行传递和使用，才能发挥 BIM 技术的最大价值。所以，项目在实施 BIM 技术应用时，一定要理清 BIM 技术应用首先为哪个利益相关方服务，BIM 技术应用必须纳入各利益相关方的项目管理内容。各利益相关方必须结合企业特点和 BIM 技术的特点，优化、完善项目管理体系和工作流程，建立基于 BIM 技术的项目管理体系，实施高效的项目管理。在此基础上，兼顾各利益相关方的需求，才能建立更利于协同的共同工作流程和标准，最终实现高效、有序管理。

4.4.1.1　业主方 BIM 技术应用简述

（1）业主方 BIM 应用目标。作为建设项目的总组织者、总集成者，业主单位的项目管理任务繁重、涉及面广且责任重大，其管理水平与管理效率直接影响建设项目的增值。业主单位的项目管理是所有各利益相关方中唯一涵盖建筑全生命周期各阶段的项目管理，业主单位的项目管理在建筑全生命周期项目管理各阶段均有体现。作为项目发起方，业主单位应组织好建设工程的各参与单位，站在项目全生命周期的角度，设定各参与方权责利的分工。其应用目标参见表 4-10。

表 4-10　业主单位 BIM 项目管理总体应用目标

业主 BIM 项目管理总体应用目标	可视化的投资方案：能反映项目的功能，满足业主的使用需求，实现投资目标
	可视化的项目管理：支持设计、施工阶段的动态管理，及时消除差错，控制建设周期及项目投资
	可视化的物业管理：通过 BIM 与施工过程记录信息的关联，不仅为后续的物业管理带来便利，并且还可以在未来进行的翻新、改造、扩建过程中为业主及项目团队提供有效的历史信息

（2）业主方 BIM 应用组织形式。鉴于 BIM 技术尚未全面普及，目前主流的业主单位项目管理 BIM 技术应用有这样几种形式：

① 方式一：咨询方做独立的 BIM 技术应用，由咨询方交付 BIM 竣工模型。

② 方式二：设计方、施工单位各做各的 BIM 技术应用，由施工单位交付 BIM 竣工模型。

③ 方式三：设计方做设计阶段的 BIM 技术应用，并覆盖到施工阶段，由设计方交付 BIM 竣工模型。

④ 方式四：业主单位成立 BIM 研究中心或 BIM 研究院，由咨询方协助，组织设计、施工单位做 BIM 咨询运用，逐渐形成以业主为主导的 BIM 技术应用。

其应用优缺点参见表 4-11。

表 4-11　不同组织形式的优缺点对比列表

组织形式	优势	缺点
方式一	BIM 工作界面清晰	以 BIM 翻模为主，仅作为初次接触体验，对工程实际意义不大，业主单位投入较小；BIM 的全过程应用，对 BIM 咨询方要求极高，且需要驻场，由于没有其他业务形态支撑，所有投入均由业主单位承担，业主单位投入极大
方式二	成本可由设计方、施工单位自行分担，业主单位投入较小。业主单位可逐渐掌握 BIM 技术，这是当前最合理的 BIM 应用范式	缺乏完整的 BIM 衔接，对建设方的 BIM 技术能力、协同能力要求较高。现阶段难以实现有价值的成果
方式三	能更好地从设计统筹的角度发起，有助于把各专项设计进行统筹，帮助建设方解决建设目标不清晰的诉求	施工过程需要驻场，成本较高
方式四	有助于培养业主自身的 BIM 能力	成本最高

（3）业主方 BIM 应用点简介。近期政府主管部门陆续出台了一系列 BIM 政策，业主方也将 BIM 技术使用写入招标要求，即使没要求，BIM 技术也可以作为加分点。BIM 技术的一大优势就是在施工前将拟建项目在电脑里模拟建造一遍，在施工前提前发现问题、解决问题。BIM 技术应用越早，价值越高，应用点主要如下：

① 招标管理。在招标管理阶段，BIM 技术应用主要体现在以下几个方面：

a. 数据共享。通过 BIM 模型快速、深入了解招标方所提出的条件、预期目标，保证数据的共通共享及追溯。

b. 经济指标精确控制。控制经济指标的精确性与准确性，避免建筑面积、限高以及工程量的不确定性。

c. 无纸化招标。能增加信息透明度，还能节约大量纸张，实现绿色低碳环保。

d. 削减招标成本。基于 BIM 技术采用互联网平台低成本、高效率实现招投标的跨区域、跨地域进行，使招投标过程透明、更现代化，同时能降低成本。

e. 数字评标管理。基于 BIM 技术能够记录评标过程并生成数据库，对操作员的操作进行实时的监督，有利于规范市场秩序，有效推动招标工作的公开化、法制化，使得招投标工作更加公正、透明。

② 设计管理。在设计管理阶段，BIM 技术应用主要体现在以下几个方面：

a. 协同工作：运用 BIM 协同设计平台，能够让业主及时查看各专业设计成果，了解设计进度和专业碰撞查询，实现图纸、模型的协同一致。

b. 基于精细化设计理念的数字化模拟与评估：基于 BIM 数字模型，利用计算机仿真技术对拟建造工程进行性能分析，如日照分析、绿色建筑运营、风环境、空气流动性、噪声云图等指标；对周边既有建筑（或条件）对拟建项目的影响进行数字化分析评估，如交通流量分析等，这些对于城市规划及项目规划意义重大。

c. 复杂空间表达：面对建筑物内部复杂空间和外部复杂曲面时，利用 BIM 软件可视化的特点，能够更好地表达设计和建筑曲面，为建筑设计创新提供了更好的技术工具。

d. 图纸快速检查：利用 BIM 技术的可视化功能，可以大幅度提高图纸阅读和检查的效率。同时，利用 BIM 软件的自动碰撞检测功能，也可以帮助审查人员排查复杂困难节点的专业碰撞情况，快速准确地提出审核意见。

③ 工程量快速统计。利用 BIM 技术辅助工程计算，实现快速算量，大大减轻工程造价工作中算量阶段的工作强度；同时，根据工程量统计，辅助材料管理工作，做到计划准确、收发领用有序，避免浪费。

④ 施工管理。在施工管理阶段，业主单位更多关注的是施工阶段的风险控制，包含安全风险、进度风险、质量风险和投资风险等。

在这一阶段，基于各种风险的控制，业主单位需要对现场目标的控制、承包商的管理、设计者的管理、合同管理、手续办理、项目内部及周边管理协调等问题进行重点管控。通过 BIM 技术的运用，可以验证施工单位施工组织的合理性，优化施工工序和进度计划；使用 3D 和 4D 模型明确分包商的工作范围，管理协调交叉，进行施工过程监控、可视化进度报表；对项目中所需的土建、机电、幕墙和精装修所需要的重大材料和关键节点进行监控，对工程进度进行精确计量，有效控制建设成本，预防风险；利用 3D 扫描仪进行三维扫描测量，工程验收时与模型参照对比来检验工程质量，防止人工测量验收的随意性和误差。

⑤ 销售推广。利用 BIM 技术和虚拟现实技术、增强虚拟现实技术、3D 眼镜等，可以将 BIM 模型转化为具有很强交互性的三维体验式模型，结合场地环境和相关信息，从而组成沉浸式体验场景，身临其境浏览建筑内部，增强客户体验度；利用 BIM 模型，可以自动生成户型面积和建筑面积、公摊面积，结合面积计算规则适当调整，可以快速进行面积测算、统计和核对，确保销售系统数据真实、快捷；轻松出具房间渲染效果图和漫游视频，减少了二次重复建模的时间和成本，提高了销售推广系统的响应效率，对销售回笼资金将起到极大的促进作用；竣工交付时可为客户提供真实的三维竣工 BIM 模型，有助于销售和交付的一致性，减少法务纠纷，更重要的是能避免客户二次装修时对隐蔽预埋管道的破坏，降低安全和经济风险。

⑥ 运维管理。BIM 模型结合运营维护管理系统可以充分发挥空间定位和数据记录的优势，合理制订维护计划，分配专人专项开展维护工作，以提高建筑物在使用过程中出现突发状况后的应急处理能力。

⑦ 空间管理。空间管理是业主单位为节省空间成本、有效利用空间，为最终用户提供良好工作、生活环境而对建筑空间所做的管理。BIM 可以帮助管理团队记录空间的使用情况，处理最终用户要求空间变更请求，分析现有空间的合理使用情况和可挖掘空间，确保空间资源的最大利用率。

⑧ 决策数据库。决策是对若干可行方案进行决策，即对若干可行方案进行分析、比较、判断、选优的过程。决策过程一般可分为四个阶段：

a. 信息收集：对决策问题和环境进行分析，收集信息，寻求决策条件。

b. 方案设计：根据决策目标条件，分析制订若干行动方案。

c. 方案评价：进行评价，分析优缺点，对方案排序。

d. 方案选择：综合方案的优劣，择优选择。

建设项目投资决策在全生命期中处于十分重要的地位。传统的投资决策环节，决策主要根据经验获得。但由于项目管理水平差异较大，信息反馈的及时性、系统性不一，经验数据水平差异较大；同时由于运维阶段信息化反馈不足，传统的投资决策主要依据很难覆盖到项目运维阶段。

BIM 技术在建筑全生命周期的系统、持续运用，将提高业主单位项目管理水平，将提高信息反馈的及时性和系统性。决策主要依据将由经验或者自发的积累，逐渐被科学决策数据库所代替，同时，决策主要依据将延伸到运维阶段。

4.4.1.2　设计方 BIM 技术应用简述

（1）设计方 BIM 技术应用目标　作为项目建设的一个参与方，设计方的项目管理主要服务于项目的整体利益和设计方本身的利益。设计方项目管理的目标包括设计的成本目标、进度目标、质量目标和项目建设的投资目标。项目建设的投资目标能否实现与设计工作密切相关。设计方的项目管理工作主要在设计阶段进行，但它也会向前延伸到设计前的准备阶段，向后延伸至设计后的施工阶段、竣工阶段和保修期等，BIM 技术应用总体目标参见表 4-12。

表 4-12　设计方 BIM 项目管理总体应用目标

设计方 BIM 项目管理的总体应用目标	1. 增强沟通 通过创建模型，更好地表达设计意图，满足业主单位需求，减少因双方理解不同带来的重复工作和项目品质下降问题
	2. 提高设计效率 通过 BIM 三维空间设计技术，将设计和制图完全分开，提高设计质量和制图效率，整体提升项目设计效率
	3. 提高设计质量 利用模型及时进行专业协同设计，通过直观可视化协同和快速碰撞检查，把错、漏、碰、缺等问题消灭在设计过程中，从而提高设计质量
	4. 可视化的设计会审和参数协同 传递和交换的基于三维模型的设计信息将更加直观、有效，有利于各方沟通和理解
	5. 提供性能分析 通过 BIM 模型，模拟建筑的声学、光学以及建筑物的能耗、舒适度等，进而优化其物理性能，满足后期使用功能

（2）设计方 BIM 技术应用点

① 三维设计。在传统的设计模式中，方案设计和扩初设计、施工图设计之间是相对独立的，基于 BIM 的三维设计能够精确表达建筑的几何特征，模型创建完成后自动生成平立剖面及大样详图，对任意复杂的建筑造型均能准确表现。

② 协同设计。基于交互式协同平台，所有专业设计人员在分享本专业的设计成果的同时，还能及时查阅其他专业的设计进程，从而减少目前较为常见的各专业之间（以及专业内部）由于沟通不畅或沟通不及时而导致的错、漏、碰、缺，真正实现所有图纸信息元的单一性，实现一处修改其他自动修改，提升设计效率和设计质量；协同设计也可以对设计项目的规范化管理起到重要作用，包括进度管理、文件管理、人员管理、流程管理、批量打印、分类归档等等。

③ 建筑性能化设计。随着信息技术和互联网思维的发展，促使现阶段的业主和居住者对建筑的使用及维护会提出更多的期望。目前，已逐渐开展的性能化设计有景观可视度、日照、风环境、热环境、声环境等性能指标，利用 BIM 技术对建筑进行了数字化改造，借助计算机强大的计算功能，辅助设计师快速完成建筑性能分析及设计工作。

④ 效果图及动画展示。设计方常常需要效果图和动画等工具来进行辅助设计成果表达。

BIM 系列软件的工作方式是完全基于三维模型的，软件本身已具有强大的渲染和动画功能，可以将专业、抽象的二维建筑以三维模型形式，更加直观、可视化呈现出来，使得业主等非专业人员对项目功能性的判断更为简便、高效，决策更为准确。

⑤ 碰撞检测。BIM 技术在三维碰撞检查中的应用已经比较成熟，国内外也都有相关软件可以实现，如 Navisworks 软件。这些软件都是应用 BIM 可视化技术，在建造之前就可以对项目的土建、管线、工艺设备等进行管线综合及碰撞检查，不但能够彻底消除硬碰撞、软碰撞，优化工程设计，减少在建筑施工阶段可能存在的错误损失和返工的可能性，而且还能优化净空和管线排布方案。

⑥ 设计变更。设计变更是指设计单位依据建设单位要求进行调整，或对原设计内容进行修改、完善、优化。设计变更应以图纸或设计变更通知单的形式发出。利用 BIM 技术的参数化功能，可以直接修改原始模型，并可实时查看变更是否合理，减少变更后还得再次变更的情况，提高变更的质量。

4.4.1.3　施工方 BIM 技术应用简述

（1）施工方 BIM 技术应用目标　施工方的 BIM 技术应用目标是运用 BIM 技术，实施施工项目管理。施工项目管理是以施工项目为管理对象，以项目经理责任制为中心，以合同为依据，按施工项目的内在规律，实现资源的优化配置和对各生产要素进行有效的计划、组织、指导、控制，取得最佳的经济效益的系统性管理过程。施工项目管理的核心任务就是项目的目标控制，施工项目的目标界定了施工项目管理的主要内容，就是"三控三管一协调"，即成本控制、进度控制、质量控制、职业健康安全与环境管理、合同管理、信息管理和组织协调。施工方是项目的最终实现者，是竣工模型的创建者，施工企业的关注点是现场实施，关心的是 BIM 如何与项目结合，如何提高效率和降低成本。施工方 BIM 的总体目标参见表 4-13。

表 4-13　施工方 BIM 项目管理总体应用目标

施工方 BIM 项目管理总体应用目标	1. 理解设计 可视化的设计图纸会审能帮助施工人员更快更好地解读工程信息，并尽早发现设计错误，及时进行设计联络
	2. 降低施工风险 利用模型进行直观的模拟建造，预知施工难点，更大程度地消除施工的不确定性和不可预见性，保证施工技术及措施的可行、安全、合理和优化
	3. 深化设计及技术交底 在设计方提供的模型基础上进行施工深化设计，解决设计信息中没有体现的细节问题和施工细部做法，更直观贴切地对现场施工工人进行技术交底
	4. 装配预制加工 为构件加工提供最详细的加工详图，减少现场作业，保证质量
	5. 高效的项目管理 利用模型进行施工过程荷载验算、进度物料控制、施工质量检查等

（2）施工方 BIM 技术应用点

① 施工场地模型建立。正式施工前，施工单位组织技术人员先进行详细的施工现场勘探，重点研究解决施工现场整体规划、现场进场位置、卸货区的位置、起重机械的位置及危险区域等问题，确保建筑构件在起重机械安全有效范围内作业；施工工法通常由工程产品和

施工机械的使用决定，现场的整体规划、现场空间、机械生产能力、机械安拆的方法又决定施工机械的选型；临时设施是为工程施工服务的，它的布置将影响到工程施工的安全、质量和生产效率。

鉴于上述原因，施工前根据设计方提供的 BIM 设计模型，建立包括建筑构件、施工现场、施工机械、临时设施等在内的施工模型。基于该施工场地模型，可以完成以下内容：基于施工构件模型，将构件的尺寸、体积、重量、材料类型、型号等记录下来，然后针对主要构件选择施工设备、机具，确定施工单位法；基于施工现场模型，模拟施工过程、构件吊装路径、危险区域、车辆进出现场状况、装货卸货情况等，直观、便利地协助管理者分析现场的限制，找出潜在的问题，制订可行的施工工法；基于临时设施模型，能够实现临时设施的布置及运用，帮助施工单位事先准确地估算所需要的资源，以及评估临时设施的安全性，是否便于施工，以及发现可能存在的设计错误；整个施工模型的建立，能够提高效率、减少传统施工现场布置方法中存在漏洞的可能，及早发现施工图设计和施工单位方案的问题，提高施工现场的生产率和安全性。

② 施工质量管理。一方面，业主是工程高质量的极大受益者，也是工程质量的主要决策人，但由于受专业知识局限，业主同设计人员、监理人员、承包商之间的交流存在一定困难。BIM 为业主提供形象的三维设计，业主可以更明确地表达自己对工程质量的要求，如建筑物的色泽、材料、设备要求等，有利于各方开展质量控制工作。

另一方面，BIM 是项目管理人员控制工程质量的有效手段。由于采用 BIM 设计的图纸是数字化的，计算机可以在检索、判别、数据整理等方面发挥优势。而且利用 BIM 模型和施工方案进行虚拟环境数据集成，对建设项目的可建设性进行仿真实验，可在事前发现质量问题。

在建设项目管理过程中，施工单位的质检人员、监理单位各专业工程师等相关质量管理人员，可以借助 BIM 项目管理平台工具，进行实时取证、追踪问题质量点的整改落实情况，有效把控工程质量。

③ 施工进度管理。在 BIM 三维模型信息的基础上，增加进度信息，将这种基于 BIM 的管理称为 4D 管理。从目前看，BIM 技术在工程进度管理上有三方面应用：

首先，是可视化的工程进度安排。建设工程进度控制的核心技术，是网络进度计划。目前，该技术在我国的利用效果并不理想。在这一方面 BIM 有优势，通过与网络计划技术的集成，BIM 可以按月、周、天直观地显示工程进度计划。另外，便于工程管理人员进行不同施工方案的比较，选择符合进度要求的施工方案；同时，也便于工程管理人员发现工程计划进度和实际进度的偏差，及时进行调整。

其次，是对工程建设过程的模拟。工程建设是一个多工序搭接、多单位参与的过程。工程进度总计划，是由多个专项计划搭接而成的。传统的进度控制技术中，各单项计划间的逻辑顺序需要技术人员来确定，难免出现逻辑错误，造成进度拖延；而通过 BIM 技术，用计算机模拟工程建设过程，项目管理人员更容易发现在二维网络计划技术中难以发现的工序间逻辑错误，从而优化进度计划。

最后，是对工程材料和设备供应过程的优化。当前，项目建设过程越来越复杂，参与单位越来越多，如何安排设备、材料供应计划，在保证工程建设进度需要的前提下，节约运输和仓储成本，正是"精益建设"的重要问题。BIM 为"精益建设"思想提供了技术手段。通过计算机的资源计算、资源优化和信息共享功能，可以达到节约采购成本、提高供应效率和保证工程进度的目的。

④ 施工成本管理。在 4D 的基础上，加入成本维度，被称为 5D 技术，5D 成本管理也是 BIM 技术最有价值的应用领域。在 BIM 出现以前，在 CAD 平台上，我国的一些造价管理软件公司已对这一技术进行了深入的研发，而在 BIM 平台上，这一技术可以得到更大的发展空间，主要表现在以下几个方面：

首先，BIM 使工程量计算变得更加容易。在 BIM 平台上，设计图纸的元素不再是线条，而是带有属性的构件，也就不再需要预算人员告诉计算机他画出的是什么东西了，"三维算量"实现了自动化。

其次，BIM 使成本控制更易于落实。运用 BIM 技术，业主可以便捷准确地得到不同建设方案的投资估算或概算，便捷地比较不同方案的技术经济指标。而且，项目投资估算、概算亦比较准确，能够降低业主不可预见费比率，提高资金使用效率。同样，BIM 的出现可以让相关管理部门快速准确地获得工程基础数据，为施工企业制定精确的"人材机"计划提供有效支持，大大减少了资源、物流和仓储环节的浪费，为实现限额领料、消耗控制提供了技术支持。

然后，BIM 有利于加快工程结算进程。工程实施期间进度款支付拖延的一个主要原因在于工程变更多、结算数据存在争议。BIM 技术有助于解决这个问题。一方面，BIM 有助于提高设计图纸质量，减少施工阶段的工程变更；另一方面，如果业主和承包商达成协议，基于同一 BIM 进行工程结算，结算数据的争议会大幅度减少。

最后，多算对比，有效管控。管理的支撑是数据，项目管理的基础就是工程基础数据的管理，及时、准确地获取相关工程数据就是项目管理的核心竞争力。BIM 数据库可以实现任一时点上工程基础信息的快速获取，通过合同、计划与实际施工的消耗量、分项单价、分项合价等数据的多算对比，可以有效了解项目运营是盈是亏、消耗量有无超标、进货分包单价有无失控等问题，实现对项目成本风险的有效管控。

⑤ 施工安全管理。BIM 具有信息完备性和可视化的特点，BIM 在施工安全管理方面的应用主要体现在以下几点。

首先，将 BIM 当作数字化安全培训的数据库，可以达到更好的效果。对施工现场不熟悉的新工人在了解现场工作环境前都有较高风险遭受伤害。BIM 能帮助他们更快和更好地了解现场的工作环境。不同于传统的安全培训，利用 BIM 的可视化和与实际现场相似度很高的特点，可以让工人更直观和准确地了解到现场的状况，从而制订相应的安全工作策略。

其次，BIM 还可以提供可视化的施工空间。BIM 的可视化是动态的，施工空间随着工程的进展会不断地变化，它将影响到工人的工作效率和施工安全。通过可视化模拟工作人员的施工状况，可以形象地看到施工工作面、施工机械位置的情形，并评估施工进展中这些工作空间的可用性、安全性。

最后，仿真分析及健康监测。对于复杂工程，其施工中如何考虑不利因素对施工状态的影响并进行实时的识别和调整，如何合理准确地模拟施工中各个阶段结构系统的时变过程，如何合理地安排施工和进度，如何控制施工中结构的应力应变状态处于允许范围内，都是目前建筑领域所迫切需要研究的内容与技术。通过 BIM 相关软件可以建立结构模型，并通过仪器设备将实时数据传回，然后进行仿真分析，追踪结构的受力状态，杜绝安全隐患。

4.4.1.4　运维方 BIM 技术应用简述

（1）运维方 BIM 技术应用目标。建筑物作为耐用不动产，其使用周期是所有消费商品中寿命最长的一种。由于它在长期的使用过程中具有自身需要维护、保养的特点，又有其居住主人（物业所有权人和物业使用权人）不断提出的服务或功能需求，同时，它还具有美化环境和装点城市的功能，且这些远不是作为物质形态的房产可以独立完成的，故而必须辅之以管理、服务。这种服务并不是简单的维修和保养，而是一种综合的、高层次的管理和服务。尤其重要的是，管理服务必须是经常性的。运维方 BIM 应用的总体目标参见表 4-14。

表 4-14　运维方 BIM 项目管理总体应用目标

运维方 BIM 项目管理总体应用目标	BIM 技术可以更好更直观地将运维需求反馈至规划设计阶段
	应用 BIM 技术可以帮助提高设计成果文件品质，并能及时地统计设备参数，便于前期运维成本测算，从运维角度为设计方案决策提供意见和建议
	施工建造阶段，运用 BIM 技术直观检查计划进展，参与阶段性验收和竣工验收，保留设备、管线的竣工数据模型真实有效
	运维阶段，帮助提高运维质量、安全性、备品备件周转和反应速度，配合维修保养，及时更新 BIM 数据库，提升运营管理水平和效益

（2）运维方 BIM 技术应用点。BIM 大部分的功能应用在设计与施工阶段，要纳入与使用设施管理（FM）是一个复杂的问题。而要在 FM 中使用 BIM，没有一般所谓的"最佳方案"。使用任何软件技术，包括 BIM 在内，在 FM 上会因为建筑物的功能与相应设施的需求不同而有所不同，大多数设施所需要的信息也相当多样化。以英文字母缩写代表的企业数据系统，如 CAFM（电脑辅助设施管理）、CAD（电脑辅助设计）、IWMS（整合工作场所管理系统）、CMMS（电脑化维护管理系统）、ERP（企业资源规划）、EAM（企业资产管理），再加上单独的软件应用程序如 Excel 等，都是目前用来支持设施管理所需的各种资源。

BIM 技术为设施管理者和建筑物的业主、经营者提供了一个强有力的方法。他们能从一个具有真实数据的虚拟模型中检索出所需信息，而不一定要像 AEC（建筑设计、工程设计以及施工服务行业）专业人士那样受过识图的训练，就能够从竣工文件堆中检索出想要的数据。BIM 技术还可以培育互动信息的发展，并且能够支持整个建筑生命周期中，从规划到运维的所有信息。BIM 不一定必须要取代现有设备运维所使用的各种信息技术，但是可以支持、提升并增强它。BIM 在设施管理中的应用包括：

① 有效开发工程的 BIM 样板。已经具有健全工程标准的建筑企业，可以通过智能 BIM 样板（如图 4-107 所示），显著提升工程发展与执行上的效率。这些订做的样板，能够自动把指定的空间和资产需求的特定工程计划数据填入建筑资讯模型。医院、零售场所、旅馆、企业办公室便是一些可以利用 BIM 来提升标准的机构，可以减少目前普遍存在于工程开发过程中，没有效率的人工交叉检查和验证。

② 规则化的工程交付。许多工程的 BIM 可以配合设施管理的数据来定义与发展，在工程交付后便能支持设施管理数据的需求。COBie（BIM 设施资产信息交换标准）提供了一个架构，用来组织在工程交付时所传递的建筑信息。设施管理单位也可以根据自己定义的需要，用不同的方法来开发一些更具体的机制，其中一些像是 BIM 软件的插件形式。规范化的竣工模型交付，是后期进行数据化管控的一个重要基础。

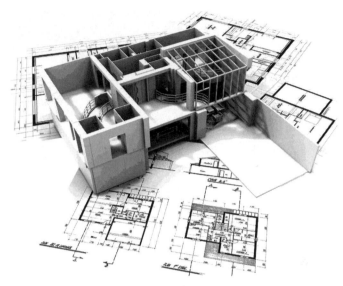

图 4-107 智能建筑 BIM 样板

③ 空间管理。BIM 纳入真实的 3D 空间与对象，并能追踪这些对象的属性。它可以配合自定义的空间管理要求与空间计量规则。BIM 的应用程序还可以扩展延伸提供一些额外的功能，如自动规则检查。此外，BIM 可以使建筑空间有一个更为直观的展示效果（图 4-108），可以在空间分配上更好地管理与沟通以及变更方案。

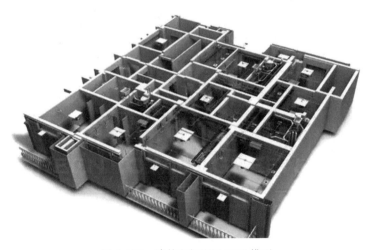

图 4-108 建筑空间配置 BIM 模型

④ 可视化效果。BIM 在可视化效果上具有强大的功能（如图 4-109），伴随其延伸的功能可以显示随着时间的改变而产生的可能的变化（4DBIM），可以有效沟通迫切的建筑问题，特别是在时间与工序安排方面。其他 BIM 支持决策的功能包括冲突检测、规则检查与验证，随时间改变来追踪变化以及动态演练来仿真构思的设计。

⑤ 能耗管理。许多机构正在面临越来越多的提升设施设备能源使用效率的需求。BIM 可以理想地支援各种分析功能，包括从概念性的能源分析到详细的工程问题。它还提供追踪数据与组件信息的方法，支持营运期间的能耗模拟，来帮助分析系统变化、翻新和改造的效果。

图 4-109　BIM 可视化功能

⑥ 安全与应急管理。由于 BIM 提供了精确的建筑三维空间表现，故它可以帮助分析和规划紧急应变要求与安全措施。该技术可提供许多分析功能，能在重要场所进行 3D 模拟，并提供了解决许多方面问题的方法。例如：分析出口走廊与阻塞点，评估可能发生爆炸的区域和与之应该保持的距离，建立防盗摄影机拍摄角度的范围，以及其他用途（图 4-110 为人流疏散模拟）。

图 4-110　人流疏散模拟

FM 与 BIM 需要把多个企业数据系统整合在一起，包括现有设施系统、地理信息系统、建筑自动化系统，甚至是 ERP（企业资源规划）系统。BIM 将会与目前的 CAD 系统共存一段时间。企业需要开发 BIM 的部署计划与机构的标准，来为成功部署 BIM 技术奠定基础。BIM 软件同样需要有更多多样性的功能来为 FM 服务。

4.4.2　BIM 在不同阶段的应用

BIM 技术应用的总体目标是辅助业主高效、高质量、低成本地完成项目。通过基于 BIM 理念的数字化工程信息平台，减少施工过程中的变更数量，有效提高建设方造价管理水平；借助基于 BIM 的虚拟建造技术合理优化施工工序，从而缩短施工周期；统一的数字化工程信息模型帮助各参与方在项目建设全过程中更好地进行沟通协调，提升整个项目的管理质量和效率。

　　BIM 技术实施总体流程参见图 4-111。

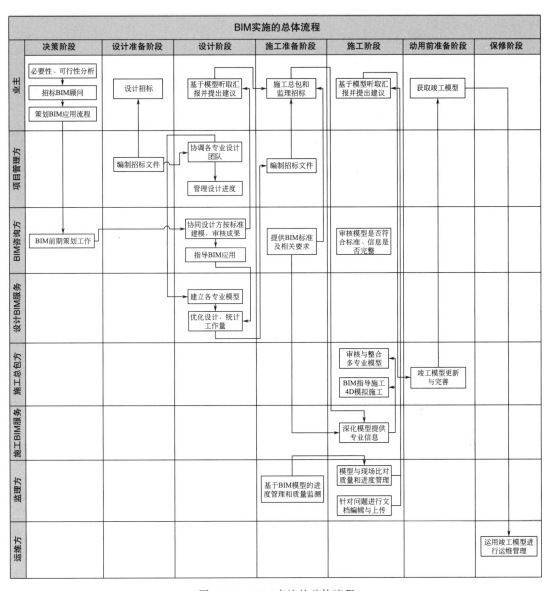

图 4-111　BIM 实施的总体流程

第 **5** 章

全过程咨询 BIM 信息的
动态管理与控制

5.1 BIM 技术信息动态管理与控制总述

5.1.1 BIM 技术信息动态管理与控制的意义

工程建设从最初的项目建议书开始，每项工作都会产生巨大的数据，需要我们对数据进行分类记录、存储和分析，以提出合理的工程解决方案。早期的数据解决方案，都是笔记、手绘、胶片记录，数据的记录量少，时间耗费长，严重制约了工程的建设周期。后来，随着计算机技术和电子技术的发展，将计算机、数码相机等设备用于数据的记录、存储和分析，能提供出比较准确的数据，但这些数据仅被受过专业训练的工程师所识别，绝大部分业主或项目的投资方以及项目的参与方都无法真正地掌握项目的动态，参与项目管理和控制，最后造成成品无法达到想要的结果。近十来年，伴随三维软件技术开发以及计算机在处理数据能力方面和网络传输技术方向的提高，BIM 技术越来越广泛地用于工程建设。它集成了数据信息产生的过程和结果，具备可视、可模拟、协调、优化和可出图的特点，能让项目全员参与到项目管理和控制中来，群策群力，达到业主或项目投资方想要的结果，同时减少了项目风险，节省了项目费用，使项目可控。

与传统的项目信息管理和控制相比较，采用 BIM 技术的项目有着巨大的优势，信息管理与控制对比见表 5-1。

表 5-1 信息管理与控制对比表

序号	项目	传统的项目	基于 BIM 技术的项目
1	数据	数据不完整，表达断层，上下游数据不一致的概率大，数据关联程度小	数据完整、一致，具备关联性并贯穿项目全过程
2	决策	定性分析多，数据支撑少	以数据分析为主导
3	执行效率	项目各阶段耗时长，效率低	优化项目进程，效率高
4	全员性	仅受过专业训练的工程师参与	三维可视化，能够实现全员参与
5	风险	项目可控性差，风险高	项目可控性高，风险低
6	精细化管理程度	实现精细化管理程度难度大	实现精细化管理程度难度小
7	多专业协调	专业协调差，改动耗时长	基于同一个模型操作，实现多专业协同，即见即所得
8	多项目管理	多项目管理实现难度大，专业人员素质要求高	可完全实现多项目管理
9	多方案对比	实现操作复杂，时间长	实现操作简单，时间短
10	数据的集成与再利用	很难形成知识工程，数据重复利用率低	可形成知识工程，达到数据集成与再利用

5.1.2 BIM 技术信息动态管理与控制内容

传统的项目管理就是以项目为对象的系统管理方法，通过一个临时性的专门的柔性组织，对项目进行高效率的计划、组织、指导和控制，以实现项目全过程的动态管理和项目目标的综合协调与优化。而基于 BIM 技术的项目管理，在传统的项目管理的基础上，建立以数据为对象的管理方法，以最终产品的三维数字化模型为数据载体，对数据的采集、存储、识别、分析、模拟、优化，通过虚拟的建造方式，用数据驱动模型，提供最优解决方案供投资人或主管人员做决策，并在过程中不断完善数据，持续改进，为实体项目各项目标需求的实现提供信息化数据支撑。

基于 BIM 技术项目全过程的动态管理是指在项目的生命周期内，建立项目三维数字模型，不断进行数据的采集、分析和完善，为项目提供科学的决策，指导实体项目资源的配置和协调，从而使项目执行的全过程处于最佳的运行状态，实现各项目标和利益最大化。动态管理的原理仍然是按 PDCA 的过程进行。基于 BIM 技术的项目全过程动态管理见图 5-1。

美国项目管理协会（PMI）组织发布的《项目知识管理体系指南（PMBOK 指南）（第 5 版）》将项目管理分为启动、规划、执行、监控和收尾 5 大过程组，涉及综合、范围、时间、成本、质量、人力

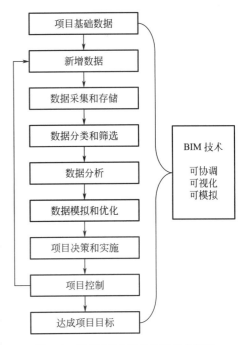

图 5-1 基于 BIM 技术的项目全过程动态管理图

资源、沟通、风险、采购和相关方 10 大项目管理知识领域，以及其包含的 47 个项目管理过程。根据我国目前最新发布和实施的《建设工程项目管理规范》（GB/T 50326—2017），将工程项目管理主要分为基本管理（含范围、流程、制度、系统、相关方、持续改进）、采购管理（含招投标）、合同管理、设计与技术管理、进度管理、质量管理（含创优与控制点）、成本管理、安全生产管理、绿色建造与环境管理、资源管理、信息与知识管理（含档案）、沟通管理、风险管理 13 项管理知识领域。基于 BIM 技术的项目管理，综合以上管理领域的需求，一方面要响应国家规范的行为准则，另一方面要与国际接轨，同时又要具备工程项目特点，满足工程建设项目全过程需求。本节结合 BIM 技术的特点，提出 BIM 技术信息动态管理与控制内容，如表 5-2 所示。

表 5-2　BIM 技术信息动态管理与控制内容

知识领域	BIM 技术工程项目管理过程				
	启动	规划	实施	控制	收尾
综合管理	项目定义 项目阶段	项目管理规划	管理实施	管理控制 整体变更控制	项目或阶段结束
范围管理		范围计划 范围界定 WBS		范围确认 范围控制	项目提交
进度管理		进度管理计划		进度控制与变更	
成本管理		成本计划		成本控制 成本核算 成本分析	成本考核
质量管理		质量管理计划	质量保证措施	质量控制与改进	
资源管理		资源管理计划	团队管理		
沟通管理		沟通管理计划	组织协调	沟通控制	
风险管理		风险管理计划 风险识别 风险评估	风险响应	风险控制	
采购管理		采购管理计划	采购实施	采购控制	采购结束
合同管理		合同管理计划		合同控制	合同总结
设计与技术管理		设计与技术管理计划			设计或技术总结
安全管理		安全管理计划	安全保证措施	应急响应 事故处理	评价
绿色建造与环境管理		绿色建造与环境管理计划	文明施工和环境保证措施		
信息与知识管理		信息与知识管理计划	信息过程管理 文件与档案整理 知识管理	信息安全控制	档案提交
相关方管理	相关方识别	相关方计划	相关方参与	相关方控制	

采用 BIM 技术的项目动态管理与控制，应针对表 5-2 中的内容，结合工程具体项目特点，进行整理和识别，不断完善各领域管理要求，确定基于 BIM 技术的项目管理流程，建

立相应的管理制度，制定相应的管理措施，实施 BIM 项目系统管理，持续改进管理绩效，提高相关方的满意度，确保项目管理目标的实现。

5.1.3　BIM 技术信息动态管理与控制方法

在传统的项目管理过程中，采用系统分析、设计、实施和综合评价的方法，综合分析项目质量、安全、环保、工期和成本，分析和论证项目目标，系统整合投资决策、招投标、勘察、设计、采购、施工、试运行等项目过程，实施变更对风险进行管理，确保项目偏差的系统性控制，监督和控制项目系统管理过程和结果，进行系统管理绩效评价。基于 BIM 技术的项目管理与控制应充分结合传统项目管理的方法，以数据为指导，对项目的事前预防、事中控制和持续改进以及事后总结进行动态管理和控制。

5.1.3.1　事前预防

利用 BIM 技术的模拟性，进行项目的虚拟建造，对目标进行分解，通过不断优化工期、工序，平衡调整资源，使得成本最小，形成预案，风险可控，实现利益的最大化，并形成目标数据，与工作任务、作业人员、工作流程、资源等挂钩，钩成量化指标。

5.1.3.2　事中控制和持续改进

建立以项目阶段和各任务执行的时间为主线，以项目目标数据为导向的管理和控制方法，通过对现场数据的采集、分析，并与目标数据进行对比，以及各项目保证措施和应急响应的启动，动态调整各项目资源，确保与目标数据一致。

在此过程中，以数据为指导的持续改进的方法，主要包括如下内容：

（1）对已经发现的不合格的数据采取措施予以纠正；

（2）针对产生不合格数据的原因采取纠正措施予以消除；

（3）对潜在的不合格数据采取措施，防止不合格数据的产生；

（4）针对项目管理的增值需求采取措施予以持续满足。

5.1.3.3　事后总结

在项目结束后，将目标数据进行总结提炼，形成知识库，供以后类似项目参考。至此，完成整个项目管理。基于 BIM 技术的项目动态管理和控制见图 5-2。

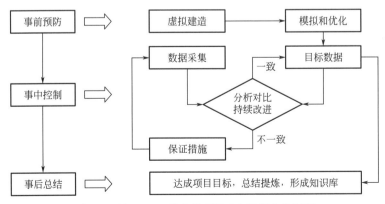

图 5-2　基于 BIM 技术的项目动态管理和控制图

5.2　BIM 项目的启动管理

工程项目的启动管理，就是对启动的新项目或现有项目的一个新阶段进行定义，并授权开始该项目或阶段。启动管理的主要目的是保证项目各相关方的期望与项目目的的一致性，让各相关方明白项目范围和目标，确定通过本项目需要完成什么。

启动管理的主要工作是在启动过程中，定义工程项目的初步范围、性质和资金，识别各相关方，选定相关方的项目负责人，并初步制定项目章程。一旦项目章程获得批准后，项目也就得到了正式授权。

整个项目的启动管理，从宏观上看，是一个一次性的过程，但在 BIM 项目全过程管理下，项目的阶段在变化，项目的相关方也在变化，甚至可能出现项目范围的变化，项目产生的相关数据也在随之不断变化，因此，我们要记录、存储并分析各变化数据，动态地进行管理。

5.2.1　BIM 项目定义

项目在正式启动前，需要进行大量工作，产生大量的数据，作为项目启动的依据。在做项目定义时，应该将这些数据分类整理并存储，为项目启动决策作数据支撑。

工程项目定义的数据主要有表 5-3 所示的内容。

表 5-3　工程项目定义数据表

项目	主要文件	主要数据信息
项目启动前工作成果	中长期规划、项目建议书	项目位置、项目规模、工程性质、组织方式、资金、项目周期、征地拆迁、工程功能
论证	可行性分析、可研报告	
合同、协议	各类申请、批复文件，招、投标文件，各类协议、合同、备忘录	
环境因素	风险评估报告、环境评估报告	
组织过程资产	以往类似项目经验	

不同的相关方、不同的阶段、不同的愿景，对项目定义也是不一样的，如业主方服务于整体项目，而施工方仅服务于合同内工程的一部分，其数据信息是不一样的。我们在工程咨询的全过程中要做好相关数据的收集整理，动态地进行管理。

5.2.2　BIM 项目阶段

基于 BIM 工程项目阶段的全过程主要分为项目前期阶段、项目实施阶段、项目后期管理。各个阶段又划分为若干子阶段，在各个阶段产生的数据，我们应当做好分类整理、存储，以便为项目提供决策。

项目阶段划分数据见表 5-4。

表 5-4 项目阶段划分数据表

项目阶段	主要子阶段	主要阶段数据信息
项目前期阶段	投资策划	投资意向、投资机会分析、市场调研分析
	项目规划	总体方案策划、项目建议书、可行性研究、评价和决策、审批立项
项目实施阶段	勘察	勘察可行性研究、初勘、定测、补充定测
	概念设计	场地规划、建筑形式确定、结构选型、建筑性能预估
	方案设计	总图规划设计、单体规划设计、设备信息收集、项目成果表现、方案调整完善
	初步设计	各专业设计、设备信息整合、工程量概算
	施工图设计	各专业深化设计、建筑材料信息汇总、工程量预算
	虚拟建造	设计模型汇总、工程进度模拟、成本跟踪模拟、项目可持续性分析模拟、运营与维护模拟
	产品预制/采购	构件图纸生成、物料统计、制造委托、工厂加工、材料运输、仓储发货
	建造	工程发包与承包、施工准备、工程策划、工程施工
	验收	初验、专项验收、竣工验收、验收备案
	交付	建筑实体交付、竣工模型交付
项目后期管理	运行与维护	运营、投资后评价、设施维护、设施再利用
	改造或拆除	改造、拆除

在基于 BIM 技术的项目管理中，要细化各项目阶段，并做好相应的数据动态管理，为项目实施做决策。

5.2.3 BIM 项目相关方

项目相关方是指能影响项目决策、活动或结果的个人、群体或组织，以及会受或自认为会受项目决策、活动或结果影响的个人、群体或组织。

项目相关方可能主动参与项目，或他们的利益会因项目实施或完成而受到积极或消极的影响。不同的相关方可能有相互竞争的期望，因而会在项目中引发冲突。为了各自期望，相关方可能对项目、项目可交付成果及项目团队施加影响。因此，在基于 BIM 的项目全过程管理中，不同阶段各相关方是不一样的，应全面识别相关方，并将相关数据做好分类存储，供项目信息动态管理调用。

工程项目相关方信息数据见表 5-5。

表 5-5 工程项目相关方信息数据表

相关方		相关方信息数据
开发角色	建设方	开发商、企业实体、公共实体
	合伙人	
勘察设计角色	院层级	院长、院总建筑师、院总规划师、院总工程师、院职能总监
	部门层级	各部长、所长、主任、建筑师、规划师、总工程师

续表

相关方		相关方信息数据
施工角色	公司机关层级	决策层（董事长、总经理、副总经理、三总师）
		高级管理层（总经理助理、三副总师、部门经理、部长）
		经理层（资深经理、高级经理）
		主管层（执行经理、业务经理）
		业务层（业务员、科员）
	项目部层级	项目部领导（项目经理、项目党组织书记、合约商务经理、项目总工、生产经理、机电经理、质量总监、安全总监）
		项目部职能人员（工程师、测量员、会计、出纳、后勤保卫）
	分包单位	队长、副队长、九大员
监理角色	总监理工程师	总监理工程师代表、副总监理工程师
	各专业监理工程师	专业监理工程师、监理员
使用角色	业主	自然人、法人、其他组织
	设备使用角色	设备经理、设备工程师
	设备服务角色	保管员、维修员
资源供应角色	劳务公司	劳务派遣人员
	材料供应商	法人、负责人、主要联系人
	设备供应商	法人、负责人、主要联系人
支持角色	行政服务角色	办公室主任、行政助理、接待员、档案员、实习生、助手
	专业服务角色	专家、顾问、资料员、绘图员、培训师、市场角色、金融角色、律师、代理人
团队角色	团队	任务团队、特别小组
	股东会、董事会、监事会	股东、董事长、监事长
	委员会	特别委员会
	商业机构	
	非营利机构	协会、基金会、工会
其他角色	个人	相关个人

另外，相关方需求和期望也可作为信息数据加入启动管理中，如项目拆迁需提供拆迁户临时居住地或资金。通过需求和期望能更好地引用相关数据，为项目做决策。

5.3 BIM 项目的规划管理

BIM 项目规划管理就是通过 BIM 技术的可模拟性和可优化性，提前收集和输入相关数据，预测未来，并提出项目具体内容和优化目标，为实现目标制定行动方案。

项目的规划管理制定用于指导工程项目实施的项目管理计划和项目文件。由于工程项目管理的复杂性，可能需要多次反馈来做进一步分析。随着收集和掌握的项目信息或特性不断增多，项目很可能需要进一步规划。项目生命周期中发生的重大变更，可能会引发重新进行一个或多个规划过程，因此项目规划管理是反复进行的持续性活动。

规划管理的主要作用是为成功完成项目或阶段确定战略、战术及行动方案或路线，通过进行有效的规划管理，可以更容易地获取项目相关方的认可和参与。规划过程明确了将如何做到这一点，确定实现期望目标的路径。

基于 BIM 项目管理规划的范围和编制主体见表 5-6。

表 5-6　基于 BIM 项目管理规划的范围和编制主体表

项目定义	项目范围与特征	项目管理规划名称	编制主体
建设项目	在一个总体规划范围内、统一立项审批、单一或多元投资、经济独立核算的建设工程	建设项目 BIM 管理规划	建设单位
工程项目	建设项目内的单位。单项工程或独立使用功能的交工系统	工程项目 BIM 规划	承包单位
专业工程项目	单一的专业工程等	专业 BIM 规划	专业分包单位

对 BIM 项目规划工作就是形成各主体的 BIM 项目管理规划，对项目综合、范围、进度、成本、质量、资源、沟通、风险、采购、合同、设计与技术、安全管理、绿色建造与环境、信息与知识和相关方做出规定，明确数据采集的内容、分析的方法以及输出的成果。

项目规划是一个动态过程，其规划流程见图 5-3。

5.3.1　BIM 项目范围规划

项目范围规划就是确定项目范围并编写说明书的过程。项目范围说明书说明了进行这个项目或工作的目的，明确了项目目标和主要可交付的成果，是将来项目实施管理的重要依据。

基于 BIM 项目的范围规划，就是依据工程各项建设指标，建立出初步数据模型，并对数据模型进行项目分解、工作单元定义和确定工作界面。项目分解就是

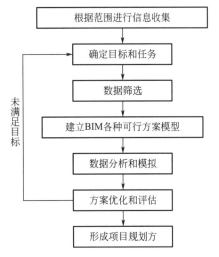

图 5-3　BIM 项目规划流程图

要确定项目的工作分解结构（work breakdown structure，WBS），形成三维的数据结构模型。工作单元定义，就是在分解结构的基础上，进行工作的部署，其与质量要求、费用预算、工期安排等数据相关联。工作界面是各关联数据间的接口信息，如界面的位置关系、组织责任的划分、工期界限、活动关系、资源、成本界限等。

BIM 项目范围的成果，包括了产品（实体与虚拟）、服务和结果，在项目实施的各个阶段是不一样的。各项目阶段范围成果见表 5-7。

表 5-7　各项目阶段范围成果表

项目阶段	数据成果
启动准备阶段	各项经济技术指标、论证方案、投资估算等
设计阶段	三维设计模型、工程量清单、施工图预算等

项目阶段	数据成果
施工阶段	施工实体、施工模型或深化后的设计模型、各种管理报告、施工计量等
运维阶段	项目实体、竣工模型、运维方案、资产管理报告等
收尾阶段	项目总结、绩效与评估报告等

5.3.2 BIM 项目组织和责任规划

基于 BIM 技术的项目组织，必须确定以唯一的数据模型作为对象，开展与之相关的工作，这项工作的内容包括计划、安排和确定一个项目组织或一个项目阶段的团队中的角色、责权关系、汇报关系和组织结构的项目组织计划管理工作，即建立企业项目结构（enterprise project structure，EPS）和企业组织分解结构（organizational breakdown structure，OBS）。

基于 BIM 技术的责任体系，可以将各组织和成员角色分配不同的管理组。通过对管理组进行权限的划分，按项目章程和企业管理级别层次的要求，实现对数据进行分级查询、审核和批准，确保责、权、利的统一。

5.3.2.1 企业项目结构

企业项目结构是反映企业内所有项目的结构分解层次，是 BIM 技术达到企业级应用的顶层设计规划。具体项目可以存在于任一 EPS 节点中，每个节点可以包含多个项目，企业中的每个项目都必须包含在 EPS 节点中。

应用 EPS 可让企业相关的管理人员根据各自权限，查询和分析与权限对应的所有项目的进度、资源与费用等情况，同时可以统计、分析和汇报对应项目或子项目的详细数据。

EPS 是一种树状结构，该结构可以分为不同的层次，低级别、详细的项目数据往高级别汇总，可为企业高层管理者和项目经理在 EPS 所关注层次与范围分析项目情况，提供实时数据。针对独立项目的企业，EPS 主要反映项目各阶段的范围，如 PPP 模式下的项目公司。

由 EPS 输入的数据主要为企业项目、归口节点及 OBS 权限指派。

EPS 建立和分析方法是企业内的不同人员根据自己在企业中的层级，对某一 EPS 的节点，通过与 OBS 责任人的关联，建立使用权，查看不同的项目。

由 EPS 输出的结果主要为企业项目结构图表及 OBS 权限指派图表。

5.3.2.2 BIM 企业组织分解结构

BIM 企业组织分解结构是反映企业管理的层次化排列结构。OBS 与企业的管理部门、层级直接关联，它的节点可以是一组责任人或一个具体的责任人，其权限代表着对 EPS 或 WBS 的数据访问范围。

OBS 也是一种树形结构。该树形结构反映的是一种自上而下的管理，下级对上级负责，下级向上级汇报工作。建立企业的 OBS 应该做到责任清晰、分工明确，便于对数据展开权限操作。

由 OBS 输入的数据主要为项目各参与方的组织机构、部门、责任人以及权限。

OBS 建立和分析方法是将项目各参与方按管理职能和权限进行设定，并与 EPS 等形成关联。

由OBS输出的成果主要为项目组织机构图和项目操作权限表。

5.3.3 BIM项目产品结构分解

工作分解结构是一种对项目范围逐级分解的层次化结构，面向可交付成果的对象，定义了整个项目范围，未列入WBS的工作将排除在项目范围之外。编制的数据文件依据为项目范围说明书、需求文件、事业环境因素、组织过程资产等。

根据PMBOK，WBS的分解是一种把项目范围和项目可交付成果逐步划分为更小、更便于管理的组成部分的技术。WBS最低层的工作是工作包，分解的程度取决于所需的控制程度，以实现对项目的高效管理。工作包的详细程度因项目规模和复杂程度而异。

WBS采用树形结构，项目各项管理与工作包相对应，不同的项目、不同的团队、不同的实施方式，其WBS编码方式也不完全相同。

基于BIM技术的WBS，就是按照工作包的内容，建立基本构件库并实例化，将所有需求的内容与实例化构件关联，达到100%覆盖项目范围，最终通过各项管理参数的输入，将构件组装成项目。

基于BIM技术的WBS，输入的数据主要为工程实体的三维模型、实现实体所需要的各种管理过程（服务）以及其产生的各类数据文档等结果。

基于BIM技术的WBS建立和分析方法是将项目所有组成要素按输入要素进行整理、汇总，运用头脑风暴、专家知识等方法，确保模型、服务和结果全面覆盖项目范围。建立WBS时可以注意以下几点：

（1）项目层级完整性。各层次项目内容保持完整，不能遗漏任何必要的组成部分，工作包层满足项目需要即可，不宜分层太多。

（2）从属单元唯一性。下层项目单元只能从属于某一上层单元，不能同时从属于两个上层单元。

（3）单元内容独立性。项目单元间能够区分不同的责任者和不同的工作内容，相互独立。

（4）项目组织匹配性。整体WBS应考虑与国家标准、项目承包方式、合同结构、管理目标以及OBS等的相互关联。

由WBS输出的成果主要为项目WBS分解图、三维层级的WBS数据模型（表）。

5.3.4 BIM项目目标规划

在项目准备工作前，根据工程项目要实现的愿景，明确定义项目所要达到的目标。这些目标包括两大类：一类是工程项目实体所要达到的目标要求（如工程实体质量、数量、性能以及环境保护的结果等）；另一类是有关项目管理过程和工作状态的目标要求（如工程项目的工期、成本、安全等）。组织在确定项目管理目标时，要综合考虑自身的项目管理能力、相关方（如发包方）的约定和项目目标之间的内在联系，进行有机的内容集成和利益平衡，使工程项目目标达到具体、可行、能够度量、便于检查和表达简洁等方面的要求，并能使各参与项目组织的成员形成各自的具体目标。

BIM技术作为实体项目的信息化支撑，必须建立在目标分解层级的基础上，以实体项目的目标为准则，见图5-4。

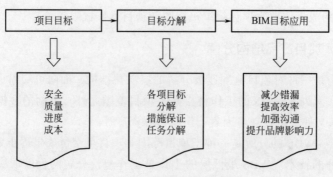

图 5-4　BIM 项目目标规划图

基于 BIM 技术的目标规划，输入的数据主要为项目目标及分解、各项措施保证、任务分解、职能分配等。

基于 BIM 技术的目标规划，输出的数据主要为目标应用表。

5.3.5　BIM 项目实施规划

BIM 项目实施规划就是在项目范围内，根据项目进度、成本、质量、安全、风险等项目领域需要达到的目标，做出规划，明确数据采集的内容、分析的方法以及输出的成果。

BIM 项目实施规划可以建立在 EPS、WBS 的基础上，配以 OBS 的各项权限，实现自上而下的总体部署和自下而上的数据集成，最终实现项目各项目标。

5.3.5.1　BIM 项目进度规划

BIM 工程项目进度计划是采用 BIM 技术，在项目总体规划的基础上，根据项目工期和各种资源条件，按照 WBS 中工作包要求的活动顺序安排，从项目准备开始，到项目结束为止，确定全部过程在时间上的安排及相互配合关系，并通过模拟和优化，平衡质量与成本，达到最优进度计划。BIM 进度计划编制流程见图 5-5。

进度计划的编制可以采用专业的进度计划编制软件（如 P6、MS Project 等）关联三维模型，也可以在三维模型上直接编制工期计划。

基于 BIM 技术的工程项目进度计划输入的数据主要有 WBS 三维模型、工作包工期估算、资源需求分析、具体方案流程等。

工程项目采用的 WBS 三维模型，通常采用以施工工序为工作包的产品模型，因此，其结构顺序通常是整体工程、单位工程、分部工程、分项工程、施工段、工序。在施工段和工序的划分上，根据模型的深化程度，需要对其进行拆分或合并处理。

工作包工期需要根据资源情况，确定单位工作的持续时间。

对方案工序流程的逻辑分析，需要根据实施方案，确定各工作的逻辑关联情况，即紧前工序和紧后工序。

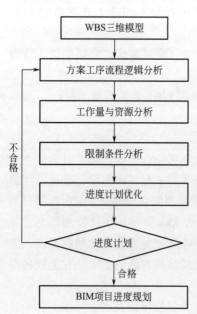

图 5-5　BIM 进度计划编制流程图

分析工作量和资源时，在模型上关联定额信息。

分析限制条件时，应加入项目开始和结束时间以及里程碑时间节点。

进度计划优化以工作量、资源因素、工序安排等条件进行，优化后的模型应全面关联需存档的表单、文档、动画等。

基于BIM技术的工程项目进度计划输出的成果主要有进度管理模型、进度审批文件、进度规划图表、关键线路以及进度优化与模拟成果等。

5.3.5.2 BIM项目成本（投资）规划

BIM项目成本（投资）规划是采用BIM技术，通过模型关联的工程量、资源计划等，进行项目成本（投资）的估算和预算，为项目实施提供成本控制基准，通过数据分析，防止、预测或克服各种意外情况，以提前作出相应的措施和安排。BIM项目成本（投资）规划流程见图5-6。

BIM项目成本（投资）规划需要采集的数据主要有基于不同指标和定额下WBS模型、模型的工程量、人料机和资金的资源计划（包括投入的多少、时间）、各种资源的市场价格或预期价格等。

基于BIM的形成成本（投资）规划采用的主要方法是模拟法，通过模型加载时间与资源价格等信息，形成5D的模拟，通过优化资源、合理调整工期等措施，达到最佳的成本（投资）规划。

BIM项目成本（投资）规划形成的成果主要有预算模型、工程量清单、工程造价清单、资源需求计划、资源控制价、单位成本统计分析表、资源消耗量统计表等。

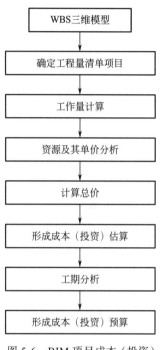

图5-6　BIM项目成本（投资）
规划流程图

5.3.5.3 BIM项目质量规划

BIM项目质量规划是采用BIM技术，针对质量方针和目标，通过记录、分析、反馈三维模型下的各种质量数据而做出的规划。BIM项目质量规划流程见图5-7。

BIM项目质量规划需要采集的数据主要有WBS三维模型、质量控制点、质量检验标准要求的检验项目、质量相关责任人等。

质量规划主要采用质量标杆、质量管理图表等方法，提前在三维模型上增加相关质量的保证措施，并进行模拟和优化。

BIM项目质量规划形成的成果主要有质量模型、质量控制计划表、质量管理组织机构等。

5.3.5.4 BIM项目资源规划

BIM项目资源规划是采用BIM技术，针对人、料、机和资金的各种数据采集、分析形成三维模型下模型元素而做出的规划。BIM项目资源规划流程见图5-8。

BIM项目资源规划需要采集的数据主要有WBS三维模型，人、料、机定额和需求，成本计划相关数据等。资源规划的方法主要是采用BIM技术的模拟和优化，将三维模型与资源数据相关联，作为成本计算的依据，通过成本计划，形成最佳的资源规划方案。另外，对资源的配置，可以与项目的 ERP 系统对接，实现实时的数据调用。BIM 项目资源规划形成的成果主要有劳务计划、材料与设备需求计划、资金需求和使用（投入）计划等。

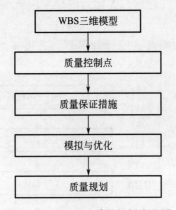

图 5-7　BIM 项目质量规划流程图

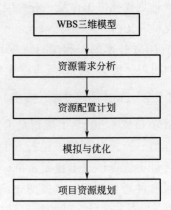

图 5-8　BIM 项目资源规划流程图

5.3.5.5　BIM 项目沟通规划

BIM 项目沟通规划是采用 BIM 技术，对内外部关系的协调及信息的交流进行规划。BIM 项目沟通规划流程见图 5-9。

BIM 项目沟通规划需要采集的数据主要有三维模型、相关方需求等。沟通规划的方法主要是采用 BIM 技术协调和模拟，通过三维展示或信息图表，增进相关方之间的理解。BIM 项目沟通规划形成的成果主要有项目沟通规划等。

5.3.5.6　BIM 项目风险规划

BIM 项目风险规划是采用 BIM 技术，根据对各种数据的识别、评审、响应和控制，提前做出的风险规划。BIM 项目风险规划流程见图 5-10。评估项目或项目阶段各种风险的变化、发展、相互影响以及可能出现的结果，将这些整理成计划文件。通过 BIM 技术模拟各种几何或非几何信息以及风险分析的各种概率分布，并对风险源进行标识，为项目执行过程提供规避风险依据。BIM 项目风险规划需要采集的数据主要有三维模型（非）几何元素关联、风险控制点、危险源清单等。BIM 项目风险规划形成的成果主要有项目风险规划、应急预案、风险分级表等。

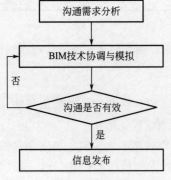

图 5-9　BIM 项目沟通规划流程图

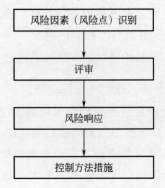

图 5-10　BIM 项目风险规划流程图

5.3.5.7　BIM 项目采购规划

BIM 项目采购规划是采用 BIM 技术，针对项目勘察、设计、施工、监理、供应等产品和服务的获得工作进行规划。BIM 项目采购规划流程见图 5-11。基于三维模型的（非）几何元素，确定采购产品与服务，确定采购时间，开展采购工作，形成采购计划，并将验交合格的数据与模型数据挂钩。BIM 项目采购规划需要采集的数据主要有 WBS 三维模型、采购计划、各相关方等。BIM 项目采购规划形成的成果主要有时间非几何元素模型、采购清单表等。

5.3.5.8　BIM 项目合同规划

BIM 项目合同规划是采用 BIM 技术，针对合同编制、订立、执行、变更、索赔、争议处理和终止等管理活动中产生的各种数据收集、整理和分析，而提前做出的规划。BIM 项目合同规划流程见图 5-12。

BIM 项目合同规划需要采集的数据主要有 WBS 三维模型、各方合同等。BIM 项目合同规划形成的成果主要有与合同关联的模型、合同实施总体安排、合同分解与分包策划、合同管理交底等。

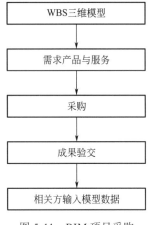

图 5-11　BIM 项目采购
规划流程图

5.3.5.9　BIM 项目设计与技术规划

BIM 项目设计与技术规划是采用 BIM 技术，针对设计与技术管理方面的应用而提前做出的规划。BIM 项目设计与技术规划流程见图 5-13。BIM 项目设计与技术规划需要采集的数据主要有规划、设计或施工模型，各责任人，时间要求和任务要求等。BIM 项目设计规划在各阶段形成的数据成果见表 5-8。

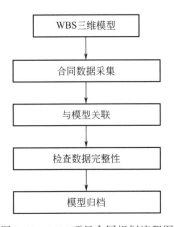

图 5-12　BIM 项目合同规划流程图

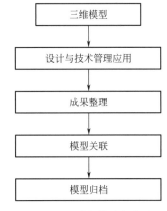

图 5-13　BIM 项目设计与技术规划流程图

表 5-8　各阶段形成的数据成果表

序号	阶段	数据成果
1	项目方案设计	方案设计、投资估算
2	项目初步设计	初步设计、设计概算、地勘报告

续表

序号	阶段	数据成果
3	项目施工图设计	施工图设计、施工图预算、设计文件收发
4	项目施工	施工组织设计、设计交底、设计变更控制、深化设计、关键部位设计验收
5	项目竣工验收与竣工图	设计文件归档、竣工图、竣工决算
6	项目后评价	设计工作总结、设计管理绩效后评价

BIM 项目设计与技术规划在各阶段形成的数据成果主要有技术规格书，技术管理规划，施工组织设计，施工措施，技术方案，技术交底，图纸自审、会审，专项施工方案，新技术、新材料、新工艺、新产品的应用计划，设计变更，技术资料。

5.3.5.10　BIM 项目安全规划

BIM 项目安全规划是采用 BIM 技术，针对安全方针和目标，通过记录、分析、反馈三维模型下的各种安全数据而做出的规划。BIM 项目安全规划流程见图 5-14。BIM 项目安全规划需要采集的数据主要有 WBS 三维模型、安全控制点、危险源、安全检查要求的检验项目、安全相关责任人等。BIM 项目安全规划的方法主要是通过模拟，提前在三维模型上进行安全控制点、危险源标识，并关联相关安全的保证措施和应急预案进行优化。BIM 项目安全规划形成的成果主要有安全模型、安全控制计划表、安全管理组织机构、三维安全可视化交底、危险源清单等。

5.3.5.11　BIM 项目绿色建造与环境规划

BIM 项目绿色建造与环境规划是采用 BIM 技术，针对绿色建造与环境管理目标，通过记录、分析、反馈三维模型下的各种环境数据而做出的规划。BIM 项目绿色建造与环境规划流程见图 5-15。

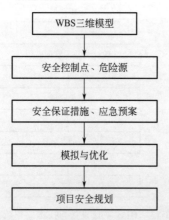

图 5-14　BIM 项目安全规划流程图

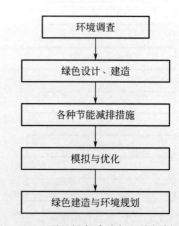

图 5-15　BIM 项目绿色建造与环境规划流程图

BIM 项目绿色建造与环境规划需要采集的数据主要有环境地理位置 GIS 数据、环境敏感点、各种能源消耗、各种有害物质的数据等。

绿色建造与环境规划的方法主要是采用模拟和优化，对场地环境、用水用电、建材消耗以及形成的粉尘、污水、废气、噪声、光污染、固体废弃物等，提前做出规划，进行三维场地布置，并对节能减排的施工措施与模型关联。

BIM 项目绿色建造与环境规划形成的成果主要有三维场地模型、环境风险分析、有害物质清单、能源消耗数量表等。

5.3.5.12　BIM 项目信息与知识规划

BIM 项目信息与知识规划是采用 BIM 技术，集成信息与知识管理平台，对信息需求、管理、协调、编码、渠道、资源以及变更控制，而提前做出的规划。BIM 项目信息与知识规划流程见图 5-16。

BIM 项目信息与知识规划需要采集的数据主要有信息资源、信息渠道、相关责任人等。BIM 技术自身就是信息与知识集成的，在数据采集、传递和使用的各个环节，应当注意数据的安全性，制定信息安全技术措施，保证数据安全。信息系统在建设和使用过程中，应充分利用云计算、大数据、物联网等先进的技术。

BIM 项目信息与知识规划形成的成果主要有项目信息与知识规划。

5.3.5.13　BIM 项目相关方规划

BIM 项目相关方规划是采用 BIM 技术，将各相关的数据与三维模型关联，实现对项目相关方的各项管理而做出的规划。BIM 项目相关方规划流程见图 5-17。BIM 项目相关方规划需要采集的数据主要有 WBS 三维模型、各相关方、管理制度与流程等。

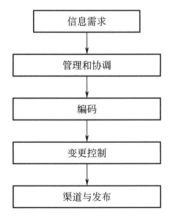

图 5-16　BIM 项目信息与知识规划流程图

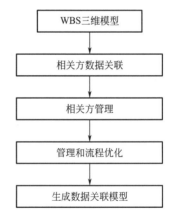

图 5-17　BIM 项目相关方规划流程图

BIM 项目相关方规划形成的成果主要有相关方列表清单、BIM 项目相关方规划、关联相关方的数据模型等。

5.4　BIM 项目的实施

项目规划完成后，即进入 BIM 项目的实施阶段。在项目规划阶段，BIM 规划提供了在各个阶段应用的工作流程与参与人员（即相关方）。进入实施阶段，与项目全过程紧密结合，则 BIM 还需要提供必要的软硬件配套及相应的硬件支持，以及其他的必要资源分配和供应，同时应建立 BIM 技术建模标准，明确模型建立原则、范围、深度要求等，以及规划期间的流程落实。实施之初明确项目的 BIM 应用指标、应用要求及应用点等具体信息之后，根据规划内容中各参与方信息应协同处理的要求，各相关方应着手组建 BIM 团队，确定相应的职责，并根据规划的流程要求建立具体到个人（或某岗位）的实施流程。

5.4.1　BIM 项目日常管理

相对于传统的项目管理方法，BIM 有其研究的专项客体，即建筑物本身。BIM 技术所承载的所有相关信息均应该在实体建设过程中找到本源与其一一对应。其技术的核心是通过 BIM 建立虚拟的建筑模型并使其成为一个或多个数据集散平台。在全过程管理的实施过程中，来自各个项目的相关信息被不断地提交、增加、识别、获取并处理。BIM 作为客观的数据平台，全面准确并及时记录着各种信息，根据提前约定的授权权限向不同的相关方提供不同的数据统计应用和处理的相关信息。相比较传统的建筑方式，BIM 的优势在于其前瞻性和发展趋势可预估。因此，在使用 BIM 技术的项目全过程日常管理中增加一个与传统管理方法不同的手段，即通过其定时（或按要求）提供的相关数据及统计分析，日常管理可在满足大方向要求中采取必要的纠偏或其他措施，以保证项目的顺利开展和实施。

项目管理本身是一项整合性的工作，其日常管理即为对总体整合性工作按不同的节点划分方式分解开来的各个过程进行管理，管理的方式虽因具体实施的人员习惯及方式不同而存在差异，但在实现的过程中联系或关联性则是必然存在的。项目实现的大过程中，其各个效果之间存在的关联性需要协调，通过 BIM 技术的应用，可以使得这些过程通过规定的模式在 BIM 数据平台上得以表现、易于查询，并便于分析和处理。

BIM 项目的日常管理，即是将传统的过程管理与 BIM 技术相结合，改变传统的信息流动方式和获取途径，通过在建立的项目 BIM 模型中输入、获取、更新或修改来支持和处理各自的职责工作内容，实现协同作业。在全过程管理进行中，由于使用人员和范围的不同，BIM 项目的日常管理被赋予不同的工作内容。

5.4.1.1　业主方的日常管理

业主方的 BIM 项目日常管理一般在两个阶段过程中进行。

（1）项目立项阶段。在项目立项阶段，通过相对简单的模型建立，可以实现业主的功能期望和建设要求，以利于业主获得不同参与方的意见和建议，实现方案预选的初衷，并有可能在原有基础上获得更为合理的优化建议，更好的项目功能。因此，在项目立项及初步规划阶段，BIM 的日常管理主要表现为：

① 业主设想的简单体现。用于业主方和不同参与方（如设计方、规划审批方等）进行沟通、调整和改进，从而更好地实现建设意图。

② BIM 模型各个版本的优化和留存。在项目的初级阶段，模型可能需要建立的样本多种多样，以供方案的优化和选择。

③ 初期 BIM 模型的建立、修改和优化形式整理并保留资料，以期作为方案选择和评价的依据。

（2）项目的运营和维护阶段。在此阶段，全过程管理中的设计、施工阶段已经全面完成，与项目初期模型可能出现的多样性不同，经过反复优化后，最终确定的方案是唯一的，且该 BIM 模型已历经设计阶段和施工阶段的全方位应用，其中承载的信息数据同立项阶段的模型项目有了指数级的增长，并基本达到与项目实体同步和优化完成。在这一阶段，BIM

项目的日常管理则包括：

① 整理和完善 BIM 模型，使得信息的录入、取得和处理等发生的相关工作均有相应的记录，并方便查询和检索，从而保证了整个数据平台的可操作性。

② BIM 模型信息后期变更和记录。

5.4.1.2 设计方的日常管理

作为 BIM 技术的主要参与方之一，设计方的成果不仅能体现业主理念，同时也会直接影响到项目的造价以及后期的运维成本。受经济发展和建设环境影响，设计的成果还会被赋予环保、节能、绿色等相应要求，因此，即使是同样在进行设计工作，因其专业的细化程度越来越高，专业之间的沟通与协调也会成为问题。BIM 可搭建协同工作平台，实现了多专业设计期间的协同优化，减少了因专业碰撞而需要后期调整的工作量和出图量，甚至于改图的时间等，其日常管理的工作内容包括：

（1）基于 BIM 平台的协同设计与专业之间的交流与沟通；

（2）专业调整后的信息收集与处理记录；

（3）复杂设计时，使用三维模型展示，并导出二维图纸；

（4）设计方向施工方交底，以及与业主及其他相关方的沟通等。

5.4.1.3 施工方的日常管理

对于施工方而言，BIM 是进行施工管理提高效率的有效手段，可以直观进行图纸的检索、查阅、数据收集，直接而准确地获得图纸相应信息，并与拟施工的部位直接对应，达到准确定位和控制施工的目的。施工方 BIM 应用的日常管理内容包括：

（1）模拟施工并进行碰撞检查；

（2）施工重点、难点等节点的技术交底与展示；

（3）施工进度对比并进行进度控制分析；

（4）构件预留洞口及预制埋件的精准定位；

（5）施工组织设计方案优化；

（6）施工质量及安全隐患问题排查与预防控制等。

5.4.1.4 相关方参与的日常管理

相关方在全过程管理的参与程度与其在各阶段过程中的定位不同，目前较为常规的认知，指在项目实施过程中的相关方和项目在运维期间的相关方。前者主要在 BIM 模型及数据平台中获取相关的信息，从而获取如资源供应时间节点及充足程度等相应的信息，为自身的项目参与深度和范围提供参考。后者主要在交工之后提供的运维模型中获取相关信息，如构件维修、物业管理等相应信息。相关方的日常管理根据其身份定位的不同，应至少包括以下内容：

（1）定期获取按项目资源配置的信息，并进行调整和补给；

（2）结合施工进行模拟，进行相关的应急准备；

（3）定期在 BIM 运维模型中获取相应数据，并结合实体进行检查，定期对运维数据进行补录和确认。

5.4.2　BIM 项目各项保证措施的实施

5.4.2.1　BIM 运行的基础条件

项目 BIM 运行需要的基础条件包括：必要的软件配置和硬件配套设施，相关的技术人员（包括建模人员和使用人员）配备，以及相关的实施策划（或规划）和相应的运行保障机制与体系，包括但不限于以下内容：

（1）软件的选择和硬件配套设备的配置。目前市场上的 BIM 软件数量和种类较多，选择时宜结合短期内项目的可用性和中长期企业其他项目的利用率来综合进行考虑。总体来说，选择的 BIM 软件应具备以下核心功能：可视化沟通与交流，实现信息统计与分析，项目应用性能分析，可实现协同工作与信息的处理实施等。

相关的硬件配套设施也应结合短期的使用成本和中长期使用成本综合考虑后确定。

同时，相关软件及硬件设施的选择还应充分考虑项目所有关联单位及人员的要求，软硬件设施的配置将直接影响项目 BIM 的实施效果。

（2）BIM 应用人员的配备。应结合项目全过程管理要求，设计项目 BIM 因公组织架构表，确定相应的领导人、参与人、实施人等，其中专业建模人员和模型应用人员应尽量固定，以保证工作的持续开展。

（3）BIM 模型的建立要求。建模人员应根据全过程管理各阶段的要求，编制 BIM 整体模型和分段模型的编制计划，并汇总后提交专业碰撞检测，并在计划中预留出修改和调整要求。

项目应规定 BIM 模型建立的深度、精度、表示方式等，以及模型建成后定期的数据录入、维护等相关要求。

（4）项目数据平台建设。项目数据平台建设应至少保证其满足三个基本条件，即有可视化三维模型、可进行协同工作、能保证数据的实时更新。这三项基本条件是项目数据平台建设的必要条件，无论缺少其中哪一项，都会导致 BIM 应用只能停留在模型展示阶段，而失去使用的价值。

5.4.2.2　BIM 项目运行工作要求

BIM 项目运行工作要求至少应包括动态管理要求、模型及数据平台的使用、相关权限设置和授权机制、BIM 模拟施工指导，以及各类 BIM 信息数据的处理、存档和维护等。

5.4.2.3　BIM 项目的运行、监视与检查

包括跟踪落实及模型工艺的实现，以及相应的阶段验收。

基于 BIM 的数据平台，由于参与方众多且需求额目标也各有不同，因此，应建立和健全相应的运行检查制度来保证正常运行。通过定期的例行检查，以了解系统执行的真实情况、其中的过程动态等，并开展模型的有效性检查，以了解平台数据的同步情况。

5.4.2.4　建立工作例会制度和定期总结制度

BIM 项目运行应建立符合项目实际运行情况的工作例会制度，以及时了解工程实际进展情况以及相关的原因，确认 BIM 模型建立与实际施工之间需要调整和解决的相关事宜，对 BIM 应用情况进行定期总结。此举措有助于积累良好经验，并可对运行当中的问题形成纠正

和预防措施或措施要求，以在未来项目和其他项目的实施过程中避免产生同样的问题。

5.4.3　BIM 项目团队管理

BIM 项目的团队建设，是 BIM 项目具体实施的首要任务和工作，项目应明确在全过程管理中各个阶段以及各个参与单位的参与人员，明确其参与的职责和权限，并明确各阶段 BIM 应用过程中可能出现的 BIM 工作流程。人员按照流程要求进行模型的建立、使用和信息的处理，并按照流程要求，与其他人员进行协同工作。在全过程管理中，BIM 的参与人员的岗位职责和实际实施中都必须具有一定的衔接，以保证 BIM 模型的应用和数据平台的持续有效使用。

一般情况下，BIM 项目团队的架构应至少包括：BIM 经理、各个专业的建模负责人和相应的工程师、平台管理人员、项目 BIM 协调人员，以及全过程管理实施过程中应用数据平台的人员等。其相应的基本职责包括但不限于以下内容：

（1）BIM 经理：负责执行、指导和协调项目实施过程中与 BIM 有关的工作，领导和管理 BIM 工作，并负责在项目立项及实施阶段提供相关的模型信息以及管理信息，进行必要的统计分析，以便提供相关的意见或建议，提供必要的信息供项目立项和实施阶段的相关人员进行工作的调整和补充。BIM 经理应协调项目实施过程中各方 BIM 工作的合理性、及时性、完整性和准确性等，以保证项目相关方在 BIM 模型或信息化平台中获得准确的信息，为下一阶段工作任务的实施决策提供依据和保证。

（2）专业负责人：在项目的实施过程中，保证专业 BIM 模型及数据平台的准确性和有效性，在项目运维阶段应保证专业 BIM 模型及数据平台的信息准确和完整，以保证 BIM 使用人员在应用过程中的准确和有效。应保证本专业中的各项数据的前后一致性和完整性，以及信息的检索和查阅的方便性。

（3）平台管理人员：负责 BIM 软件及硬件平台的可靠运行，并定期检查平台应用的合理性和安全性。培训和了解应用人员的平台使用情况，并在项目全过程管理实施中做好项目相关信息的归档和整理备份等工作。

（4）BIM 协调人员：协调和处理 BIM 团队与项目团队之间的沟通与协作等相关事宜。尤其注意 BIM 模型及信息平台中相关数据与实际项目实施过程中可能存在的不一致现象，并尽量使虚拟模型、数据平台中的信息与实际施工保持一致。

（5）数据应用人员：数据应用人员大多数为项目管理兼职人员，主要职责是从模型及信息平台中获取相关信息以进行相关的工作并进行处理，并将其已经实现的处理信息上传至平台，作为全过程管理的过程记录归档保存。为保证数据平台应用得顺畅，应参加适当的培训，了解 BIM 模型的基本情况并了解数据平台应用过程的维护。

5.4.4　BIM 项目采购实施

在建设工程项目中，采购的含义通常包括物资的采购、人员的采购及相关服务行为的采购。项目采用 BIM 技术后，通过 BIM 模型的建立和协同工作平台的使用，可将项目的资源供应情况、实际施工情况等通过平台进行信息录入、数据应用和工作管理，通过项目进度对比了解已采购资源的使用情况和拟进场资源的需求情况。在项目实施阶段，通过 BIM 技术完成资源需求和使用等相关信息的传递。与传统的项目管理方式不同，通过 BIM 技术的建筑模型可以在多个维度上建立不同的项目成本指标体系，其建模细度及精度可以直接影响成本指标的落实细度。这样的方式使得在不同的建造阶段，甚至不同的建设角度都有可能对同一构件或同一施工作业人员或服务进行成本分析及对比，从而有利于采购决策的落实和进行。

5.4.4.1　通过 BIM 可实现对材料用量的精确管控

在传统的施工过程中，材料用量一般通过造价人员或技术人员抽去相应的工作内容，核算工程量后，列出材料需求计划而得到。由于工程量的计算规则不同，使得材料的申报数量不够准确，有可能出现过剩或不足。BIM 模型建立后，相关人员可在模型中精确提取相关构件的材料用量，从而降低材料采购的误差。同时，除主材外，相关的辅助用料也可以进行精准的控制和使用，不仅在材料采购过程中实现精确管控，在使用上也可以通过模型及平台应用，实现将针对性的限额领料，作为材料管理人员的控制依据，减少施工及应用时的材料浪费。

5.4.4.2　通过 BIM 实现的现场综合布置提高了现场场地的利用率

通过 BIM 技术建立的施工现场的相关数据，可以提前规划材料进场后的存放位置和搬运路线，了解材料的搬运成本及所耗费的时间。同时，相应的数据平台还可准确提供材料存放区的消耗情况。当材料连续进场时，根据平台提供的已消耗及还需求的相应数据，进行有序存放，从而避免了区域材料因错放、少放等原因造成的二次搬运，无形中提高了整体的工作效率。

5.4.4.3　通过 BIM 实现的人员及工序穿插

通过 BIM 模型的建立，可实现项目专业公司的提前深化，避免因为专业之间的交叉冲突而导致的碰撞引起的返工工作。在施工时可以一次到位而避免发生如洞口的重复预留、重复定位、预留不准而造成的返工返料等相关事宜。同时可以运用 BIM 模型的建立，精确测量管线及预留洞口的高度和位置，避免因为管线的标高甚至于洞口的标高不符合要求而重复进行的相应施工。基于以上内容，BIM 技术可以有效地实现人员及工序的穿插管理，从而大大提高工程效率，对于项目作业人员的采购安排等相应的服务，可以直接策划，达到有序使用的效果。

5.4.4.4　通过 BIM 实现精准结算

无论是材料还是人工的用量，在施工完成之后的结算时期，核算都是一件非常烦琐而困难的工作。利用 BIM 技术和数据化平台，可以随时记录项目实际施工情况与 BIM 模型的一致程度，并且模拟相应的施工工序，必要时可以模拟施工难度，有利于项目的结算准确度以及项目使用材料、人工以及相关服务情况的统计，能够很好地控制阶段结算量的准确性，从而保证最终竣工的结算量准确。

5.4.5　BIM 项目参建方应用

项目的参建方作为项目相关方中重要组成部分，在项目全过程管理中根据其各自职责发挥不同的作用与影响。由于项目从立项到实施直至运维生命周期完成，本身就是一项复杂的系统工程，其中主要参建方如设计方、施工方和建设方的工作涵盖了大部分的项目实施和管理的过程，利用 BIM 技术对参建方的信息进行整合和处理，能够使各参建方在信息平台中结合自身需求有序使用，体现协同工作的应用价值。

5.4.5.1　设计方 BIM 项目应用

随着建筑物本身的多样性和功能性要求的不断增加，综合考虑项目全寿命周期发展情况，设计方是 BIM 应用的主力符合绝大多数的项目应用要求。出于其专业性和使用频率的考量，BIM 应用在设计阶段就应全面开始使用、建立模型，并实现协同设计与优化，才能使得业主方的全面建设设想及期望的功能要求的实现成为可能，也为后期的施工阶段和运维阶段的信息化管理提供初始平台，并使 BIM 在全过程应用成为可能。

现在 BIM 技术的发展不仅实现了专业之间的协同设计，也使各专业之间的互动性和反馈机制较传统模式的设计更为频繁和高效。在协同设计平台，对设计图纸某处进行的改动可以引起关联专业的自动调整，并能直观地看出专业之间的碰撞或需调整的内容，直接通过专业调整完成对设计成果的优化，并通过可视化的效果使业主能够真实和直观地感受设计意图，并与自己的建设期望进行对比，不仅缩短了项目的设计周期，还能够提高项目的设计效率和质量。

对于设计方 BIM 技术的应用，应提前进行沟通，必要时需进行相应的考察和查看，以便于了解设计单位实际的 BIM 能力和展示效果。在项目施工阶段，设计方应提供基本的 BIM 模型，并能够开放相应的权限，便于后续的施工工作可以在设计阶段数据的基础上添加，从而完善模型信息，实现各种 BIM 应用。

5.4.5.2　业主方 BIM 应用

对于业主方而言，实际上参与了工程全过程实施和应用，即项目前期决策和立项、设计与施工、使用和运维至报废的全过程。BIM 技术对于业主方，应用的含义应大于建模等操作的含义，主要表现在：

（1）项目立项阶段：业主方通过 BIM 技术的应用展示对拟建建筑的需求及综合性功能，并有可能提前策划运维期间的相关事宜，如材料的选用、综合建设成本和成本考量等，通过建立概念式模型用于与设计方及其他相关方的沟通交流，有利于项目的最终决策。

（2）项目运维阶段：可依据竣工提交的相关 BIM 模型制订相应的运营维护计划，并可根据实际情况进行优化和调整，以便于对建筑物实体进行实施监控，以保证其正常运行。

（3）项目设计与施工阶段：项目在设计与施工阶段均有相关的内容需要业主方的参与和决策，如进度控制、质量要求、成本通知、安全要求等，以及必要的深化设计、阶段性验收等。在这一阶段中业主的应用主要以了解和查询为主，通过观看、听取等方式了解设计及施工进展，以及建设理念的贯彻和实体建设的实现程度，通过在模型及平台上获得相关数据并进行必要统计分析，完成信息的输入和积累，达到运维阶段使用的目的。

5.4.5.3　施工方 BIM 的应用

除设计外，施工方是工程实施阶段使用 BIM 的另一大主题。施工方 BIM 的应用在某种角度上说，可以作为设计方 BIM 的拓展和延伸，是设计数据转化为实际数据并增加关联数据的过程。施工方的主要任务是将虚拟的建筑理念和空间模型转化为事物，主要可应用 BIM 技术的内容包括现场质量管理、安全管理、进度管理、成本管理、合同管理及大量的组织协调工作。具体的实施则表现为：

（1）碰撞检测并优化。由于设计阶段的各专业设计人员不同，用于实施的图纸有可能未进行关联和专业检测，如设计方已经通过 BIM 及相应的信息平台建立了模型或进行了协同设计，则碰撞检测的主要目的会改变为查看并讨论确定其施工可行性、可安排的前后施工顺序以及专业之间交叉施工时的注意事项。在管线密集和复杂区域，还需进一步进行优化设计，进行管理综合排布，以期获得更多的使用空间和使用效果。同时，形成的碰撞检测报告有利于细化设计方与施工方交流的时间，提高审图效率，并可望降低成本和节约工期。

（2）虚拟施工优化施工组织。目前提出的在三维模型的基础上增加时间关联成为 4D 模型，和增加成本关联成为 5D 模型，均是通过综合考虑工程的成本、进度、人员、材料设备及施工现场因素，通过 BIM 模型使这些因素发生相互的关联，从而可以集成项目质量、成本、进度、安全以及人员、材料、设备设施等施工信息，合理划分施工段，组织进行流水施工，通过优化施工工艺，并组织施工工序的合理交叉作业，达到优化施工进度的目的。

（3）模型预排优化施工方案，并提供可视化交底的实施。通过脚手架、模板、复杂节点等处的模型预排，迅速查找专项施工方案中的难点、危险点和控制重点，并可通过全角度展示复杂节点的内部构造，优化施工方案，便于进行全角度施工交底，为实际施工提供可视化的参考依据。同时，也可利用预排模型进行必要的受力分析、变形分析等，为工程实际施工时的实施监测对比提供依据。

5.4.5.4　其他相关方的 BIM 应用

项目全过程管理中，还有若干其他相关方参与其中，其他相关的 BIM 工作，主要补充、查询模型信息，增加部分协同工作，对设计及施工的相关内容进行必要的补充。相关方参与平台应用的信息应被计入模型档案，并便于在项目运维阶段进行查询，以提供项目运维期间的信息参考。

相关方的 BIM 应用，应不能替代业主方、设计方及施工方在 BIM 应用的主要内容，也不能取代或替换后者的信息数据。

5.5　BIM 项目的动态控制

动态控制是指对建设工程项目在实施的过程中，因时间和空间的各种主观或客观的变化，不断调整并进行项目管理的一种基本管理方法。由于在项目的实施过程中，因主观原因或客观条件而引起的变化是不可预见但一定会发生的，或多或少地会对项目计划产生影响。故原封不动地执行计划并不能保证其预先目标的完成。因此，全过程管理既要有计划（或策划）来规划全局，也要在实施过程中不断结合项目内外部变化来对计划进行修正或调整，这个过程被称为项目的动态控制。

相对于传统的全过程管理，基于 BIM 技术进行的项目管理，信息的获得更为全面和迅速，有利于作出基于全局的判断和调整。同时，BIM 技术的引进使得项目进行调整后的分析和虚拟模拟成为可能，大大加强了调整的效率和针对性。一般来说，BIM 项目的动态控制重点在以下几个方面。

5.5.1　BIM 项目的进度控制

在项目全过程管理中，代表不同利益法规的项目管理工作，其进度控制的目标和时间范畴均不尽相同。在项目实施动态管理的大环境条件下，进度控制也必须是一个动态管理的过程，至少应包括以下内容。

5.5.1.1　项目进度目标的分析论证和确定

对项目进度进行控制的目的是实现项目的进度目标。进度目标的实现有两个关键步骤，即进度的前期计划与后期的实施，两者缺一不可。而实现进度目标的过程，是在进度计划的实施过程中，随着各种内外条件的变化而不断调整的过程。

全过程管理的进行中，因各自的利益角度不用，项目参建方的进度目标也不同。一般来说，在进入项目运维期之前，实施阶段的进度目标基本一致，因此本节会重点说明实施阶段项目进度目标的分析论证和确定。

（1）总进度目标的论证。总进度目标是各方在项目实施阶段应共同达到的整体目标，将涉及各个参建方的工作开展与相互之间的交叉配合。因其涉及的因素较广，因此总进度目标的确定应经过项目主要参建方的论证和确定。

一般来说，在确定项目总进度目标的时候，项目的具体施工工作还没有全面展开，缺乏比较全面的工程组织等直接影响项目实施的资料，有可能需要借助相关资料以及以往的经验，对项目的总进度目标进行论证。一般情况下，需结合但不限于以下内容的综合考虑：

a. 项目发包及招标程序、频次以及预计的时间；

b. 项目设计工作的进度情况；

c. 工程施工进度情况；

d. 材料设备的供应能力及采购范围和采购进度的落实；

e. 项目开始运营前的准备工作进展及持续时间等。

总进度目标的论证需要结合以上工作的相关关系，并需要在此基础上论证其可行性。通过 BIM 技术的应用，可以模拟施工计划的实施，因其相应的 BIM 模型不仅包含了较为完整的项目信息，还可以在模拟施工进度实施的过程中进行分析和计算各相关因素之间的相互影响，对各相关因素的介入时间和介入范围提供必要的参考，并从中选取关键的控制阶段，有利于增强专业人员之间的协同工作。

（2）利用 BIM 技术建立项目进度计划系统。在总目标论证时，需要将相互关联的多个进度目标进行综合论证，BIM 技术可以建立基于各关联进度的项目计划，形成一个综合的项目计划系统，通过模拟展示其相互之间的联系和协调，从而使总目标的实现成为可能。

5.5.1.2　项目进度计划的编制

项目在规划过程中通过 WBS 工作结构将项目分解成为易于管理的组成部分，并增加项目进度计价的层次性，甚至可直至最基本的工作单元，从而保证了项目进度计划的系统性和完整性，也便于在分析进度影响因素时，将不确定的查找的指向更加明显，也更便于针对性措施的制定和实施。

BIM 应用时，可以以包含信息的构件为基本单元，形成进度控制计划，并提交基于 BIM 技术的数据平台，与其他进度计划之间发生相互作用和交互。各相关方可以参与并进行充分的交流协同，并对可能产生交叉的内容进行分析和调整，以形成更为合理的工作安排和资源供应。

5.5.1.3　项目进度计划的实施与控制

基于 BIM 的进度计划控制的重点在于实时进行过程控制。由于工程项目的复杂性，以及工程实施过程本身就处于复杂的社会大环境中，受到的未知外界干扰和影响不可能全面预估，因此，在项目进度计划的实施过程中，需要根据实际进展情况，不断进行对比和调整。传统的方式是基于定期收集的信息，或进行阶段性计量以获取工程进度的偏差情况，并查找存在问题，采取相应的措施来保证计划进度目标的完成。采用 BIM 技术后，实时对比和纠偏则成为可能，且可以形成进度对比差异的可视化模型，对影响进度的部位和可能的原因均可以进行较为直观的分析，故项目的实施和管理人员根据偏差及可能发生的影响决定是否需要作出计划的调整，如需调整，可在 BIM 控制平台中协同各方进行。从而大大地节约了传统方式中信息传递与决策处理的时间。同时，由于各方均可在同一协同平台实现资源和信息共享，因此，采取的解决措施也可以最大限度地保证各方在调整后的计划落实的可行性。

5.5.2　BIM 项目的成本控制

全过程管理贯穿工程项目的全寿命周期，其成本在不同阶段可以划分为决策成本、设计成本、施工成本、运维成本等，成本的控制目的在于保证项目正常使用的前提下，通过约束和要求各项费用开支，以保证预先确定的支出目标的实现。

由于工程项目在全寿命周期内的不可预见性，成本控制本身也是在不断变化和调整实施的。在全过程管理中，项目实施阶段涉及的设计成本和施工成本在总的成本中占比最大，因此本节主要围绕这两项成本控制展开。

5.5.2.1　成本的预测与计划编制

项目全过程中可能发生的成本，以决策阶段提出的估算为基础，以设计阶段可能发生的影响最大，以施工过程中可能落实的数量最多。因此，成本的预测应以设计阶段终了时所能提供的设计文件为基本计算依据。

对全过程管理而言，成本计划的编制也是一个不断深化的过程。与进度计划不同，成本计划即使是在同一时期，因其形成的深度和作用的不同，会形成不同的成本计划，如竞争性成本计划、指导性成本计划和实施性成本计划等，其关键在于目标成本的确定，以及结合拟采用的施工组织方式，进行必要的优化和合理的资源配置后确定，其最终形成的计划值不得大于目标成本要求。

一般而言，编制成本计划，需根据项目设计文件、施工合同、施工组织设计及一定时期的材料设备使用成本经验等进行。其编制依据应至少包括但不限于以下内容：

（1）项目参建方与业主方所签订的合同；

（2）项目设计文件；

（3）项目施工组织计划（或项目施工组织设计）；

（4）相关工程定额及工程量计算规则；

（5）实施项目所需的材料设备的价格，并注意其在未来一定的趋势；

（6）其他类似项目的成本经验。

5.5.2.2　成本控制与核算

成本控制本身也是一个动态管理的过程。一般认为，在成本控制过程中，分为行为管理控制和指标管理控制两种。前者重点在于对人在过程中的管理控制，后者的重点在于阶段性指标的确认，两者相互补充，某种程度上，也互相制约。项目成本的控制依据主要包括以下内容：

（1）合同文件；

（2）已经审批的成本计划；

（3）工程实际进度情况；

（4）过程中产生的相应变更文件；

（5）一定时期内各种资源的市场价格信息。

成本控制的重点在于过程中对相关的管理因素的梳理和控制。而成本核算，可以看作成本指标控制方法中较为实用的环节。

成本核算可以定期开展或按阶段要求开展，对已发生的成本进行审核，以确定工程成本中各项已发生事项的成本计划与实际执行情况是否一致。

引入 BIM 模型后，项目可以实时查询进度情况、已施工完毕的工程量情况。既便于对比已经完成和计划工程量之间的差异，也可以结合 BIM 模型将所计算工程量的预算单价和实际发生的费用进行形象的比较，有利于分析和统计。

5.5.2.3　成本考核

成本考核是指成本指标完成情况的评价，也是对成本控制水平进行衡量的依据。基于企业盈利考虑，成本考核一般指实施性成本计划的考核。可按项目实际各个阶段分别进行衡量和考量。

成本考核前应对项目实施性成本计划进行分析。成本分析的主要依据是在项目施工过程中，经过会计核算、业务核算以及统计核算所提供的资料。包括但不限于以下内容。

（1）项目成本计划；

（2）项目成本核算资料；

（3）项目施工过程中进行核算的资料。

进行成本分析的时候还应该包括以下内容：根据工程进度所列出的时间节点进行成本分析；根据工程分解的内容作为各个基本单元的成本消耗进行分析；作为项目阶段性成本如主体阶段或基础阶段的单元成本进行分析；对于单项指标成本进行分析如材料消耗量；对于综合项目成本进行分析如某一个分部和分项工程。

成本分析的基本方法，一般有比较法、因素分析法、差额计算法以及比例法等等。在实施的时候，根据不同情况采取不同的分析方法，对成本的综合分析和成本项目地专项成本都应该事先确定成本分析的方式方法。

成本分析的步骤则包括选择成本方法，收集成本相关信息，了解成本发生过程，与运行成本相关的数据的收集、整理和处理等，对数据成本的形成原因进行分析，最终确定成本的消耗结果。

进行成本分析后即可开始成本的考核。成本考核中成本计划是进行考核的最重要依据之一，成本控制的过程以及核算的结果则是成本考核的过程依据和主要指标。一般情况下，成本考核还是要依据成本计划所确定的各类指标。

对于成本计划一般会包括数量指标、质量指标以及项目的效益指标等三类主要指标，成本考核的主要目标也是考核这三类指标的完成情况。一般会以成本降低率和成本降低的直接数据作为这一项目机构的成本考核的主要指标。

目前有部分 BIM 软件可以直接进行成本的阶段分析，也可根据需求来划分阶段进行成本分析，为成本的考核提供了便利条件。

总体来说成本考核和成本分析是不以个人意志为转移的一种客观数据存在和使用。因此借助于 BIM 技术，更有利于相关资料的全面收集整理分析和评价。在这个基础上，可以说使用 BIM 软件对成本进行分析和考核的相关数据相对来说更为及时、客观和准确，为成本的核算提供了必要的依据，为成本控制提供了必要的依据和参考。

5.5.3　BIM 项目的质量控制

根据我国国家标准《质量管理体系　基础和术语》GB/T 19000—2016 的定义，质量是指客体的一组固有特性满足要求的程度。客体是指可以感知或想象到的任何事物。简单来说，质量就是满足要求的程度。这个要求可能是事物固有的，也可能是在人们潜意识中认为它应当拥有的。

对于全过程管理而言，项目的质量，除了包括实体的、人的感官可感知的质量之外，还应该包括人们对项目成品也就是建筑工程的需求和期望。

而广义的质量除了对客体满足使用要求的程度有期望之外，还应该包括全过程管理当中，涉及人员的工作质量以及所产生的效果等等。对于本节而言，重点研究项目的实体满足期望要求也就是狭义的质量要求。

同进度控制和成本控制一样，质量的控制，也应该遵循计划实施纠偏和质量考核或管理等相关手段，来实现全部的质量管理职能，最终实现项目的质量目标。对于项目而言，工程质量不是在全过程管理当中任何一方单独作用的结果，它包括业主方、设计方、施工方以及相应的相关方如物资供应方、人员供应方等单位的共同作用。各参与方在项目质量的形成过程中均有可能产生不可磨灭或不可忽视的影响。因此，只有各方协同工作才能完成项目质量管理任务。

一般而言，工程项目的质量要求是业主提出的，项目的质量目标应当是业主的建设期望。同时项目的质量也与项目的运维阶段直接相关，项目的建成质量也与项目的运维阶段的长短直接相关。因此项目的质量总目标应由业主方提出，其他相关方均应遵循这个目标，并制定相应的质量控制措施。

在全过程管理当中，工程项目的质量控制，包括了项目所有参建方在整个过程当中的各方面质量控制活动。

5.5.3.1　项目质量控制的目标

建设工程项目质量目标，一般就是在项目决策时所决定的项目质量目标。为了满足项目的安全、耐久、可靠以及经济适用性，以及其对环境的协调性等方面需要满足的要求，一般而言，它包括设计质量、材料及设备质量、施工质量以及影响项目后期运维的环境质量等等。目前，建筑业各项质量指标均有相关的技术规范和标准，必要时业主也可以单独提出相关的质量目标用来作为本工程的项目控制。

《中华人民共和国建筑法》以及《建设工程质量管理条例》规定，建设工程项目的建设单位、勘察单位、设计单位、施工单位、工程监理单位都要依法对建设工程质量负责，这也就是我们经常说到的五方责任主体。对于五方责任主体而言，质量的内涵虽然各自不同，但项目工程的基本质量特性应该是一样的，即有关使用功能的特性、有关项目安全可靠的特性以及有关工程环境相互认同相互融合的关联特性等等。

5.5.3.2　项目质量影响因素

在项目主要的实施过程当中，影响质量的因素包括主观因素和客观因素。一般的分类方法是人类因素、机械因素、材料设备因素以及采用方式方法的工艺因素和环境因素。这五大因素之间相互制约也相互影响。因此在项目质量影响因素的分析方面，五大因素的分析也必不可少。引入 BIM 技术后，根据五大因素可以综合项目模型的建立情况，分别引出和比较，从而发现质量控制的关键点，和在质量控制的某个环节中影响最大的因素，以及这几个因素之间的最佳组合，从而间接地保证了工程项目的质量。

一般而言，质量控制也包括了计划、实施、纠偏以及改进等几个环节。工程施工是为了实现设计意图，最终能够实现项目建设目标和使用目标。因此工程项目在施工期间的质量控制，应该是整个项目全过程管理当中质量控制的关键和重点。

5.5.3.3　施工质量计划及编制，施工质量控制点的设置和管理

一般而言，我们会把质量控制的基本环节分为事前、事中和事后三个阶段。质量计划的编制属于事前质量控制，在正式施工或者是在正式的管理实施之前，应主动进行质量计划编制。通过编制相应的保证措施制定一些专项施工方案，选择施工工艺，设置质量管理点等，分析可能会影响质量目标的因素，然后针对这些因素采取、制定有效的预防措施。

通常质量计划的基本内容应包括但不限于以下内容：

（1）工程特点以及工程概况施工条件分析；

（2）施工质量的总目标以及将其分解后各阶段或各岗位的分解目标；

（3）相应的岗位职责以及资源配置计划；

（4）选定的施工工艺方法以及施工组织方案；

（5）施工材料及设备的质量管理及保证措施；

（6）检验检测以及试验的相关机制与实施方法和标准；

（7）施工质量控制点的管理；

（8）相关的记录要求。

一般来说，施工质量计划的编制依据应当包括：共同性依据，如大环境下的国家法律法规等；专业性技术依据，如行业标准规范以及生产规则；项目的合同文件、设计文件、施工过程当中的变更文件，以及建设单位就质量而言，额外提出的相应条件等。以上内容均应该在编制质量计划的时候予以充分考虑。

5.5.3.4　过程质量控制

在质量计划中采取的措施，都应该采取手段进行落实，其中与进度控制以及成本控制不同的是，施工质量是主要针对于工程实体的，因此设置施工质量控制点非常必要。在引入

BIM技术后，施工质量控制点就变得可视、可预见以及可了解，对于施工质量控制点的操作则变得更加直观和具有针对性。

质量控制点的重点控制对象主要包括：

（1）人的行为。即以人为重点作为控制对象，来采取相应的措施以便在相应工作安全情况下质量得到有效保证。

（2）材料的质量和相关性能。由于材料是项目最终组成的主要内容，人的操作和材料的质量，都会直接影响到工程项目在运维期间的相应的质量管理。因此材料的质量控制，应该作为仅次于人的管理之后的一个重点项目。必要的时候还应该增加试验、复核以及定期检验等等。

（3）采用的施工工艺以及关键操作点。对于某些直接影响工程质量的点应该作为关键控制点，我们将它们称为关键工序和特殊工序。这些工序的特点之一就是没有办法以后续的检测情况来保证它的施工质量。因此在施工关键工序和特殊工序的时候经常采用事先的措施整合并且反复模拟之后才能实行。

在这个阶段中引入BIM技术，可以通过对关键工序及特殊工序的反复模拟实施操作，寻找出在质量控制过程当中的薄弱点和需要改进的部位。最后可以将整个模拟过程以及调整后的相关措施，作为整合性的交底发给相关的操作人员，从而也可以完成对人的质量行为的控制。

此外，施工技术参数、必要的技术间歇、施工的交叉以及施工的先后顺序、有可能发生的质量通病等等，也可以通过BIM技术经过反复模拟之后来实现它们之间的完美组合。

当工程项目设计得比较新奇，或者是采用了新工艺、新材料或新技术的时候，因为工作经验的缺乏，一般会把这样的新兴技术作为施工重点来对待。这个时候如果引入的BIM技术可以对此进行实施模拟，并且很快地找出关键控制点，则可以达到对新工艺新技术的有效使用和高效使用。

在整个管理过程当中运用BIM技术所建立的模型，可以发挥至关重要的作用，通过各种虚拟化建设以及各种不同参数的输入而引发的后果，可以从中选出最优的质量控制方案。同时，经过反复模拟形成的工程模型，也可以将其剖析展开以及通过其他的三维展示等方式，为操作人员提供直观而可靠的交底，从而使质量的控制更为精准。

BIM技术所建立的数据控制平台，也可以使过程管理的相应人员在项目实施的过程当中，及时发现并实时上传有可能产生质量隐患，或已经发生了质量缺陷的部位，通知相应的人员进行处理和改进。从而避免质量隐患，或者是已经发生质量问题的部位，出现被隐蔽或者是被忽略的状况。同时在短期内或者定期阶段内，BIM平台还可以将发生的类似问题进行归类分析，作为下一阶段类似问题的预防措施。

BIM模型还可以进行相应的分析。对工程建造过程中已发生问题所采取纠正措施的有效性进行模拟和分析，对尚未发生的类似问题采取预防措施的有效性进行模拟和分析，从而优化质量措施，并且能够达到最优效果。这也是BIM技术引入之后，在传统的施工质量管理中的一个新的突破，极大地提高了工程的质量管理水平和质量管理的综合效果。

5.5.3.5　工程质量的验收

与进度控制和成本控制不同，工程质量验收的主要依据并不是项目的质量计划，而是国家的相关标准、行业要求以及合同文件等等。

由于工程质量的控制和效果将会直接影响到建筑物的全寿命周期，对整个全过程管理产生重要影响。因此施工质量验收往往不是单一单位的内部验收，而是横向联合五大责任主体以及政府相关监督部门所进行的工程验收。

质量验收的依据以及相关的参与人员，相对于其他的过程控制而言是比较庞大的。因此，如果项目采用了 BIM 技术搭建数据平台之后，在验收之前可以方便又快捷地将项目的整个质量管理过程进行梳理检查、整理甚至优化。对于过程当中质量管控形成的记录、图片影像等也可以直观地展示在验收人员面前。这样无形中提高了工程验收的总体有效性。可以说引入 BIM 技术后，在全过程管理的范畴之内，对于项目的实体质量以及参与人员的工作质量等，均可以通过不同的形式在 BIM 模型以及相关的数据平台上得以展示，作为工程质量评判的最有效的依据。同时所有产生的相关记录，均会被记录在模型或平台档案中，将来质量问题或质量事故的时候，有利于资料的查询和追溯。

5.5.4 BIM 项目的变更控制

工程变更一般是指在全过程管理过程当中，根据相关的合同约定，对相应的工作程序、工作内容、质量数量以及要求标准等作出变更的一项工作。

5.5.4.1 工程变更的原因

工程变更的原因，一般会有以下几个方面：

（1）由于业主方有新的意图要修改项目计划，如增加和减少项目预算、增加和减少项目的预期功能等等。

（2）由于设计人员、监理方人员以及施工方、业主之间事先没有充分地进行沟通而引起的变更。

（3）由于工程环境的变化导致预定的工程条件不能实现，或预定的工程条件与原设想的不太一致，需要修改方案或修改实施计划导致的变更。

（4）由于工程设计或其他原因采用了相应的新工艺、新技术、新方法，有必要改变原有的施工方案或相关的实施计划。

（5）由于业主和监理方的指令错误，或业主的其他责任原因而导致施工变更或施工方案的改变等。

（6）由于政府工作环境要求或项目所处周边环境出现了新的要求，如环保要求、城市规划的变动等产生的变更。

（7）由于合同实施过程当中出现了不可预见的问题需要调整合同，进行相关目标的修改或者相关条款的修正而引起的变更。

5.5.4.2 项目变更的范围

根据我国建设工程施工合同的范本，其中规定的变更范围，除专用合同条款、另有约定外，合同履行过程中发生以下情形的应进行变更：

（1）增加或减少合同当中的任何工作或追加额外工作；

（2）取消合同中的任何工作，但转由他人实施的工作除外；

（3）改变合同中任何工作质量标准或其他特性；

（4）改变工程的标高位置和尺寸；

（5）改变工程的时间安排或实施顺序。

5.5.4.3　工程合同变更的程序以及变更的处理

工程变更对整个项目的施工过程影响可大可小，直接的后果是会影响工期的提前或拖延、费用的增加或减少，在实施过程当中变更的双方容易发生争执。因此工程变更的管理以及相关的程序规定非常重要。

一般而言，根据工程的实际情况，业主方、设计方以及施工方都可以提出工程变更的要求。其中对于业主方或承包商提出的工程变更，涉及建筑结构的变化或影响到建筑物耐久性等方面的，还需要设计方进行相关的核算时，提出的变更需由设计方进行核定后确认。

按照一般的管理惯例，在变更发出之后规定时期内，相应接受变更的人员应该给予及时的回应，如果超出时限则视为默认。因此在变更发生后，在传统的管理当中一般会存在传递路线不及时、传递信息不够全面以及信息内容含糊不清的问题或现象等等。

随着 BIM 技术的实施，项目建设的各参建方都可以在 BIM 模型和相应的数据平台上，对于需要变更或者是必要变更的内容进行及时的沟通与协商，大大减少了信息传递的速度，以及保证了信息有效、内容的含量不失真，或者是在传递过程中不损坏。

在 BIM 模型或者是协同数据平台上沟通变更的情况，还有利于各参与方均能及时看到变更的情况，从而调整自身的施工进度、进场时间以及相关的施工工艺调整和安排。相对于传统的变更途径和变更要求而言，项目实施过程中的整体工作效率会有很大的提高。

必要时可以利用 BIM 模型进行虚拟演示，以了解项目变更情况，包括项目变更要求提出后对整个项目所产生的影响和其后所需发生的变动，也可以加入成本核算以及变更所需时间的推演等等。有利于提出变更和实施变更的人员对变更内容有更加充分的认识，也有利于变更内容的批复和实施。

BIM 模型和项目数据平台还可以忠实地记录变更的相应过程，包括发起的时间、回复的时间以及变更所传递的范围，为将来变更是否能够顺利执行提供了必要的档案依据，同时也作为一种可追溯性的依据。所以，其中涉及成本变化的变更还可以牵连到成本计算，作为今后纳入成本核算的依据。

5.5.5　BIM 项目的风险控制

一般而言，风险是指在全过程管理实施过程当中引发的不确定性。因为工程在施工以及项目实施的过程当中，会存在着如技术经济环境以及履行等方面的风险因素。由于我们目前的市场不够成熟，全过程管理的实施本身就具备了一定的不确定性，风险就是指这个不确定性以及会造成相应影响以及后果的内容。

5.5.5.1　风险的分类

按照风险产生的原因来划分，可以分为工程本身的风险以及与工程合同相关的信用风险。工程本身风险，是指由于客观原因和非主观因素所引起的相关风险，如施工过程当中因为勘察、设计报告未能预测到而产生的不利地质条件、工程中遇到的不可抗力以及短期内物价超出承包商预见的不正常上涨或跌落等等。

信用风险则往往表现为，在全过程管理当中相关参与方主观因素造成的行为或投机行为，如恶意拖欠工程款料，材料供应不及时，施工过程相对简陋以及偷工减料等等现象。

5.5.5.2 风险产生的原因

一般来说，风险产生的原因在于对过程不确定性的认识不够全面，基于全过程管理的个人能力有限，外在环境复杂，不确定信息的不对等，以及施工过程中参建方有可能出现的机会主义，相应人员不可能观察或了解以及提前预防的一切行为，等等。

在复杂的、无法预测的外部环境当中，项目的实施会存在各种各样的风险隐患以及概率。人们很难预测未来发生的事件，同时也没有办法根据未来情况做出预先的计划，往往会出现计划不如变化快，各种不利现象或措施的制定和实施与变化的速度脱节等现象。此外，由于交易成本的存在，项目各参建方都是按照自己的需求来核算各自的成本。因而当签订相关的合同，以及进行某一事项的实施或操作的时候，由于存在着不同立场以及不同的交易成本，人们签订的某些合同或某些事件的执行可能是不够完整的。基于这种合同，在实现过程当中有可能出现诸多意外事件，造成了风险的存在以及产生。

风险产生的另外一个原因是信息的不对称性。信息的不对称会导致迁建方之间签署的合同不够完全，多数问题都可以在信息不对称中可以找到风险的隐患，一般而言是双方不够了解或双方给予了错误的了解。

5.5.5.3 风险的识别

在全过程管理当中，风险的类型包括外界环境风险、各参建方之间的内部风险两大类型。其中外界环境风险，包括在国家及国际政治环境下所发生的变化、经济环境所产生的变化以及法律环境所产生的变化，也包括不可抗力造成的自然环境变化等等。所有的外部风险本身是不可预见的。

现在的 BIM 技术可以模仿一定行为下，自然环境的变化所导致的风险，如洪水、地震、台风等周边环境的变化，或不可抗力的恶劣气候条件等等对现场所造成的影响，所采取的相关措施是通过 BIM 来进行一定的预测和风险准备。

参建方之间的内部风险，包括各参建方之间的资信和能力以及诚信要求等等。同时各参建方本身单位或个人所具备的管理能力，以及管理体系的建成都会产生一定的内部风险。

BIM 技术和数据平台都无法对项目各参建方的个人以及单位的资信以及诚信行为作出评价。但是基于 BIM 的信息平台可以通过收集参建方以往的过程数据进行统计分析，然后作为相应的评价。总体来说，由于这一部分的风险类型所涉及的主观因素以及实际操作的因素比较灵活多变，变化性比较大，变化的多样性也比较复杂，具备一定的不可预见性。因此，单纯的一个模型以及相应的数据平台并不能杜绝因双方诚信的不确定性引发的风险。

就 BIM 技术的使用而言，整个项目的管理风险可以通过在模型中进行实时模拟、操作，以及对相关人员进行交底培训和采取其他措施进行预防。

5.5.5.4 风险的分配

风险需要项目各参建方结合自身的条件进行理性的分配。合理分配的风险使得各参建方可以在自己的能力承受范围内，最大限度地利益让步，为其他项目参建方提供相应的便利，有可能使综合风险的发生概率降到最低。

通常风险会遵循效率原则和公平原则来进行分配。从工程的整体效益出发，应最大限度地发挥项目各参建方的积极性。尽可能做到谁更能有效地预测和控制风险，谁就承担相应的风险、责任。而承担者在承担相关风险后，能够以最合理的成本来承担损失。所以有必要对风险承担的相关方进行必要的经济补偿。同时通过风险的分配，可以使各参建方都能够发挥自身的技术管理优势以及提高处理风险、防范风险的积极性。

此外，承担有相应的风险，就应该获得相应的利益。风险的责任与权利之间应该是对等的，风险的责任与机会之间也应该是平衡的，这样才能给风险的拟承担者予以风险预测计划和控制。此外风险的分配还应该遵循现代工程管理的原则和存在即合理的处置原则，以最有经验的一方来抵用相应的风险，其他的相关方需进行必要辅助和配合。

在这个基础上，基于BIM技术的数据协同化工作平台，可以使风险的分配以及风险的响应得到最大化的传递和效益使用，从而提高风险应对的有效性。通过对风险的模拟以及预测，还可以使风险的控制方案以及应对的应急措施均能达到最优化方案的效果。

5.5.6　BIM项目的其他知识领域

BIM技术除了可以对项目的进度、成本、质量以及发生的变更风险等进行控制之外，一般而言，BIM的其他知识领域还可以包括互联网与移动应用、云计算平台、大数据收集与整理、3D交互以及3D扫描数据互换和其他基于BIM的相关工作。

目前而言，基于BIM技术的互联网与移动应用已经开始在越来越多的项目平台中进行应用。而基于BIM技术的ERP互联网信息分析、图形的生成、3D打印的交换等等，是在现有的BIM模型上所开展的各种不同方式的尝试与探索。随着BIM技术的推广和应用，这些相关的应用会逐渐拓展，并且形成各自领域的分支。

现在人们还在基于BIM技术做不断地深入和拓展研究，由BIM技术引申而带来的知识领域，仍然在不断地扩展当中，而我们基于全过程管理中对BIM的应用、对BIM技术的应用挖掘还远远不够，需要我们在现有的基础上发挥自由创新的探索精神，不断地进行钻研和学习，找到更多更好的与全过程管理相结合的典型，从而使建设工程项目发展替代以往粗放式发展，向智能化建造更进一步。

5.6　BIM项目收尾

通常项目的收尾会包括两个方面的内容：一是合同方面的收尾，即项目参建方都会完成合同规划的全部工作内容，并对项目成本情况进行核算以及彼此之间的数据结算，以解决所实施的合同义务中所有的未尽事项；二是进行管理的收尾，对于项目全过程管理当中本身所参与阶段所发生的信息，如资料信息以及相关的其他内容进行收集整理和归档，同时总结评价相应的经验，为今后的项目提供必要的参考。

5.6.1　BIM项目总结

项目收尾是整个项目生命周期的最后阶段。根据全过程管理以及项目全寿命周期的评判，项目收尾也分两大阶段，一个是项目的实施阶段收尾，另一个是项目运维阶段的收尾。收尾工作的有效管理，有利于对项目进行综合的评价与分析，对其失败或成功的原因进行总结，为今后的项目管理积累经验。

5.6.1.1　合同收尾

合同收尾的内容包括合同内容的核实与确认、项目的移交以及文件的归档等相关工作。

在项目实施阶段的合同收尾，意味着项目运维期的开始以及实施阶段的结束，在收尾过程当中应该对实施阶段所签订的各方责任主体，以及各自签订的相关合同进行细致的梳理和核对，一一排查未完成的合同内容以及已完成的合同内容和完成情况。

无论以哪种方式结束合同，合同收尾都面临着一个盘点核算和查找的过程，同时合同收尾也是将合同执行过程中的相关资料进行整理和归档的过程，通过利用 BIM 技术可以查询在项目实施过程当中发生的相关事宜以及处理的方式等。项目实施过程中所建立的 BIM 模型和数据平台可以加载项目实施过程中发生的各种合同行为，包括遵守、违反合同条款或者变更、添加风险管控因素等。BIM 模型如果是实时监控的，可以被详细记载过程信息，并承担可追溯性。项目收尾时，这些信息可以被整合，为项目后期运维工作提供依据。

同时，BIM 技术的存在，也使繁杂的项目合同执行过程规范，并进行分类整理和归档，实现快速准确和便捷的可能。

5.6.1.2　管理收尾

各参建方在完成自己合同内容后，还应该协助其他参建方完成对项目的验收，以确保项目事先规定的工作目标的完成。同时，还应该检查目前为止项目完成的情况是否符合客户的要求，或者是否符合其他相关方的要求，以保证业主的最初建设需求得到满足。

总的来说，项目的收尾过程，实际上也是一次项目的总结过程，各参建方需要对与项目实施过程中有关的因素，包括人、成本、环境以及实施过程的检查和纠正等相关内容进行分析和总结。

应对项目的实施情况进行总体的评价。一般而言，会通过项目的完成情况来考量参建方的管理绩效、组织结构的合理性、相应人员的能力和履职水平以及参见方总体管理技术的应用等。有条件的业主还可以把以上的管理收尾内容，作为对项目参建方诚信以及总体能力评价考核的标准放入档案库，在下一次全过程管理当中作为选择和评价的依据。

5.6.2　BIM 项目成果

BIM 项目成果通常而言一般会包括项目承建的 BIM 模型以及在后期运维阶段所使用的 BIM 模型等等。施工方或者设计方，通常还会把自己的设计理念，以及施工过程中，借用 BIM 所处理的相关问题，以分类总结的形式进行表述和展示，作为在一个项目全过程管理当中，成功或者不成功的应用 BIM 技术的经验总结，同时也作为所有工作成果的汇总总结进行归档记录，并且可以成为公开的资料，用于显示参建方本单位对 BIM 技术的学习和掌握能力等等，还可以展示企业实力。

第6章

工程建设全过程信息化技术展望

6.1 物联网

6.1.1 物联网概念

物联网（internet of things，IoT）是指通过信息传感设备，按约定的协议，将任何物体（如汽车、家用电器等）与网络相连接，物体通过信息传播媒介进行信息交换和通信，以实现智能化识别、定位、跟踪、监管等功能。它广泛应用于网络的融合中，也因此被称为继计算机、互联网之后世界信息产业发展的第三次浪潮。在这项技术中，每一个设备都能自动工作，根据环境变化自动响应，与其他或多个设备交换数据，不需要人为参与。整个系统由无线网络和互联网的完美结合而构建。物联网的主要目的是提高设备的效率和准确性，为人们节省金钱和时间。

物联网中的"物"即物品，通过对物品进行编码，实现了物品的数字化。物品编码是物联网的基础。物联网包括智能手机、耳机、汽车、灯泡、冰箱、咖啡机、安全系统、警报系统以及其他家庭和移动设备。据有关专家估计，2020年左右，物联网连接全球超过300亿件物品，全球市值达到约7.1万亿美元。

6.1.2 物联网工作原理

物联网的每一个设备都由两部分组成：第一个是互联网，也是必不可少的，任何一个物联网设备都离不开网络；第二个是智能手机或移动设备，每个物联网设备都需要另外一个或多个设备相互交换数据才能确保其正常工作，这也是目前控制物联网设备的唯一方法。当要使用智能手机控制物联网设备时，必须在手机上安装一个专门用于控制和管理设备的应用程序（图6-1）。

图6-1 物联网工作原理图

在物联网应用中有两项关键技术，分别是传感器技术和嵌入式技术。

物联网通过多种渠道来嵌入设备共享数据，这些数据与数以亿计的设备和事物相互关联。例如现在大家基本上都会用到无线或蓝牙，这是目前最常用的无线网络技术。此外，还有一些电子设备通过LTE和卫星技术连接到物联网。

6.1.3 物联网的应用场景

6.1.3.1 智能家居

智能家居意味着房屋及其设备是一个完全自动化的控制系统。

（1）方便。如果在家中使用了物联网设备，会使你的生活变得更加方便。比如你要出门，家里的电视机、空调、灯泡等电器设备的电源会自动关闭，扫地机器人开始工作，烟雾警报器自动打开。而且你可以在任意地点、任何时间控制家中的智能设备，比如下班后通过手机APP打开家里的空调，到家后打开房间的灯，这样一回到家就能享受到舒适的温度，也不用摸黑去找灯的开关了（图6-2）。

图6-2 智能家居应用界面一

（2）安全。可以通过智能摄像头连接到互联网，24h 随时随地查看家里录像，还可以自动检测到家里有没有异常，发现可疑人员会自动提醒甚至报警。智能门锁可以利用指纹开锁，更加安全快速，不用怕忘记带钥匙而无法开门，通过摄像头和麦克风与门外的访客进行交谈，确保安全再开门。如果安装了自动门窗，这些设备上的特定传感器可以根据环境的变化自动开关（图 6-3）。

图 6-3　智能家居应用界面二

（3）温度控制。物联网设备可以检测房间内的温度，根据设定的温度，自动开启制热或者制冷，保持房间内的温度在一个适宜的范围内，温度正常后自动关闭电源，节省资源。

6.1.3.2　可穿戴设备

物联网在全球范围内的另一个增长点是它已经从谷歌和三星等世界领先的公司获得了大量投资。可穿戴设备由传感器和软件组成，在佩戴时该设备可以收集用户数据，然后对这些数据进行分析并反馈给用户（图 6-4）。

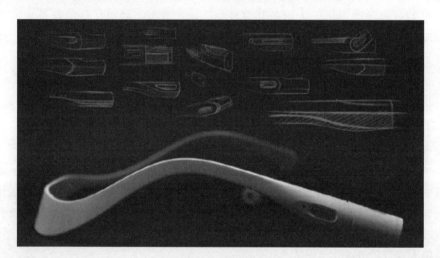

图 6-4　可穿戴设备

可穿戴物联网设备已经应用于游戏、影音、健康、健身和环境检测等多个领域。

6.1.3.3　连接汽车

当物联网与汽车相结合时，能够通过传感器和互联网进行自动优化，实现自动驾驶，同时可以保护乘客安全（图 6-5）。

6.1.3.4　智慧城市

这是物联网的另一项重大应用，智慧城市可以通过自动化系统让城市生活更健康、便捷。智能监控、供水、电力获取和供应、城市交通、自动化运输、城市安全都是智慧城市的体现，见图 6-6。

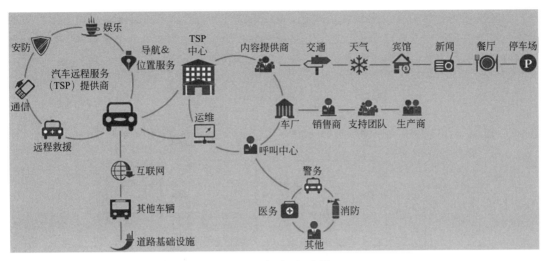

图 6-5　车联网概念图

图 6-6　智慧城市概念图

这些只是物联网改变我们生活的几个例子。世界上有数以亿计的物联网设备正在不断地收集数据、分析数据、做出优化，以更好地为我们的生活提供便利。

6.1.4　物联网与施工建造

就物联网技术而言，其本身是一项信息技术，与建筑信息技术 BIM 集成与融合，使建筑施工全过程管理变得智能化、信息化。BIM 技术发挥上层信息集成、交互、展示和管理的作用，而物联网技术则承担底层信息感知、采集、传递、监控的功能。二者集成应用可以实现建筑全过程"信息流闭环"，实现虚拟信息化管理与实体环境硬件之间的有机融合，可提高施工现场安全管理能力，确定合理的施工进度，支持有效的成本控制，提高质量管理水平。

6.1.4.1　"智慧"监测，科学决策

据全国智慧工地大数据云服务平台负责人介绍：所有搭载了全国智慧工地大数据云服务

平台的施工现场，利用视频探测器、智能设备传感器、环境传感器等传感设备进行实时信息采集，将工地现场作业视频数据、施工升降机、塔式起重机作业产生的动态情况、噪声粉尘数据等信息上传至全国智慧工地大数据云服务平台，就像给工地装了一个智慧大脑，实现对人、机、料、法、环的全方位实时监控，变被动"监督"为主动"监控"。智慧工地应用示意图见图6-7。

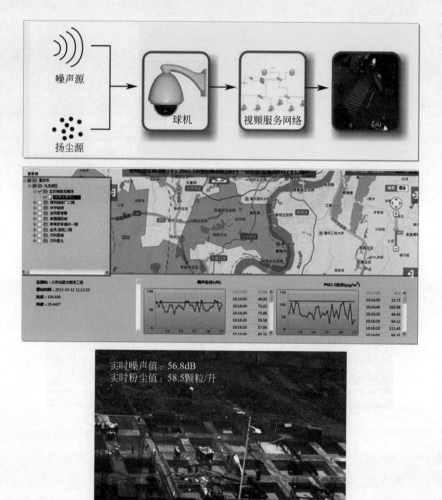

图6-7　智慧工地应用示意图

该平台作为政府部门、企业、施工现场的三级联动平台，有效实现了视频数据共享。各级监管部门可通过系统24h全天候监控在建工地的作业情况，形成移动巡检的监管闭环。与执法人员定期上门抽检的方式相比，该方式能尽早发现安全隐患，减少安全监管部门的监管成本。此外也可促使企业更好地对工地进行安全质量监管，落实企业责任主体。同时还有助于企业进行自我监管，实时掌握工地现场信息，减少管理成本。

6.1.4.2　全方位定位监管

运用在地面沉降、施工人员的监管、基坑有滑移、施工车辆、工程机械安全控制应用等方面实现信息化管理。全方位对施工现场进行定位监管，避免建筑安全事故的发生，减少人员生命和财产损失（图6-8）。

图 6-8 智慧工地之实时监控图

6.1.4.3 物联网可视化管理

工地现场装载的传感器将前端采集的数据上传至平台，管理者则可以利用无线移动网络，通过监控中心LED大屏幕、台式电脑、平板等不同终端，远程查看工地现场画面了解到现场的施工进度，可以远程监控现场的生产操作过程，还可以远程监控现场人员、材料的安全，也实现了远程云控制球机转动、远程接收现场报警、远程与现场进行语音对话指挥等功能。利用互联网的海量数据进行项目精细化和标准化管理，满足监管部门对所监管工地，企业对下属建筑工地的可视化远程监控。

6.1.4.4 工地云端数据共享

智慧工地（图6-9）离不开"云+端+大数据"，端有三类：PC端、移动端和智能硬件。云是后台，大数据是体现。通过提供基础设施服务、平台服务、软件服务和硬件服务等方式，为工地提供全方位的数据支撑，达到信息化管理、精细化管理、和谐建设以及可持续发展的目标。

图 6-9　智慧工地之物联网应用场景图

在充分利用物联网技术的基础下，不断促使着工地现场工程施工的各个环节相互交替、相互管理，最终高效地满足与实现了工地工程施工建设项目的绿色、智能、低碳、集约化的精细智慧管理模式。

6.2　区块链

6.2.1　区块链的概念

区块链是一个去中心化的按照时间顺序安全记录交易的数据库。每一笔交易就是一个类似于比特币的数字加密货币，了解区块链技术可以先从研究比特币开始。然而，区块链交易可以更好地代表类似于以太坊等的价值在系统内的转移。该价值可能是一种服务、一个产品或一个智能合约的许可。

区块链四个可能的应用方向包括：记录价值的交换；监管智能合约；将智能合约结合起来从而建立一个去中心化的匿名组织（decentralized autonomous organisation，DAO）；确认数据的存在，例如，提供安全的后台数字身份（数字 ID）。

6.2.2　区块链在未来建筑的应用场景

所有区块链的应用都与未来的建筑行业息息相关。以下是其在建筑中应用的一个简单描述以及设想。

6.2.2.1　智能合约

智能合约是根据 if/then 原则运行的一个计算机程序，通过这样的方式，该合约也受到了监管。举一个例子，如果（if）粉刷工人已经将墙粉刷完毕，那么（then）他会提出检查的请求。如果（if）负责检查该项工作的人认为质量合格，那么（then）粉刷工人则可得到酬劳。智能合约可以在这些 if/then 的场景中得到应用并记录在区块链上（还可以用数字加密货币作抵押）。再举一个例子，商品供应中顾客可以直接从供应商的手中购买商品，因为智能合约可以在交易中为双方提供信任。支付过程可以分成几个阶段，同时债务也可以转移给不同的群体。以机械设备为例，业主可直接向供货商采购设备，当确认设备已离岸时支付一部分款项，那么此时债务（或责任）就转移给了轮船公司。然后当设备到达地点时，支付下一笔款项，又一次转移了债务，这一次对象为负责安装的承包人。最后，当设备安装完成并可投入运行时，支付最后一笔款项。所有的步骤可以储存在区块链上并且在不需要中间人的情况下提供直接的交易。

6.2.2.2　DAO

一系列的智能合约可以创建一个DAO，这个组织遵循着基于智能合约编译成计算机程序的规则而运行。在建筑内可以安装测量设备传感器，它们通过物联网（IoT）与区块链相连，那么该建筑在工程开始、建造和使用阶段都可以被设置成为和视作一个DAO。

区块链和建筑维护系统（building maintenance system，BMS）的结合可以形成一个建筑内的DAO，该DAO可以引导新的灯具的设置，接受运输和其对应的责任，叫人来安装并支付薪酬给供货商和安装承包人。同时，也可以从DAO的钱包（银行账户）付款，这是与住在建筑内的人的钱包相连接的。利用建筑的DAO来自主收取租金、团体费用和保险费用等，这一情景已不再遥远。

而到了实际建造施工阶段，情况又不一样了，需要投入一些人力去理清施工需求，同时作出满足这些需求的决定，比如灯具的摆设、墙的粉刷、室内温度调节等等。所有的这些要求和决定通过之前提到的一系列if/then的逻辑关系（需要基于一系列相互关联的智能合约建立，这些智能合约是在业主和项目团队、承包人、设计人以及从事监测、许可、投标、安装、授权和接手的人员之间执行运作的）来实现。项目管理过程也可以通过区块链记录。施工前的批准记录和建筑使用中的管理过程可以就施工中的各种问题进行表决。金钱、保险、投票和所有权的DAO交易通过程序规则（program rules）被记录并在区块链上得到维护。

6.2.2.3　身份的验证授权

电子ID的创建使得人们可以共享经过权威机构验证的相关信息。人们和（或）供应商的身份可以在区块链上被安全地记录，同时这些信息可以用于工作和合同中信誉的建立。这个身份和信誉系统可以使得并不互相了解和信任的人们建立商业联系。例如，在施工过程中，我们可以认为，我们有了相关专业机构颁发的成员证明从而在机场、学校和政府合同中进行自证工作并获得权威机构（公安局）安全许可。

尽管在建筑业对科技的开放度不断增加，但现有的行业进步还是依托于旧的建筑方式。通过拥抱区块链，建筑业可能会看到其他行业出现重大的变革。

目前的建筑方式出现的重大转变［或者说断裂（disruption）］应该是什么样子的？要想弄清楚如何转变，就要去调查大多数建筑工程中的采购流程。

目前，与业主直接签订合同的仅限于其聘请的顾问和主要承包商。总承包商再雇用分包商进行各项细分的工作。一个建筑工程的采购流程可简化如下：

业主聘请顾问制作招标文件；召集各个机构投标，同时主要承包商也参与；主要承包商再雇用多个分包商在现场从事各项细分工程；签订建筑合同，由顾问进行管理和监督；移交建筑物，要求依次对各种签字、认证和保证单进行检查和确认。

图 6-10 展示了项目主要阶段的合同联系。可以看到每个顾问都有单独的合同；业主和总承包商有一份合同。总承包商的主要职责是管理所有的分包商和供应商或制造商，分包合同将包括他们安装的货物的供应。这种单点接触的方法有很多优点，但它意味着在业主和最终产品之间会有许多中间人。

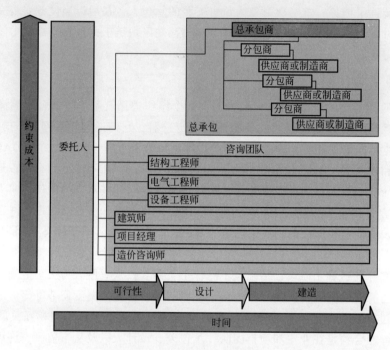

图 6-10　区块链应用构想图

建筑合同具有各种功能，如向总承包商支付费用、更改项目交接日期、损害赔偿、纠纷解决等，而所有这些都可以用一个智能合同进行管理。这是对英国和大多数英联邦国家建设项目进程的一种非常简单的解释，采购方法大多归结为整个过程中的风险分配。

这个共同的过程，如果结合了区块链的应用，看起来可能是什么样？通过区块链的应用，可以看到一个更加直接的与业主的合同关系。这也与零工经济（gig economy）的发展趋势联系在一起，甚至有助于弥补行业中的技能短缺。零工经济是指由工作量不多的自由职业者构成的经济领域，他们会利用网站或应用程序在网上签订合同。笔者不认为这会导致公司结构的彻底崩溃，但可能会导致更多规模较小的公司定期合作。它还将使那些从事该项建筑工作的人更好地反映和输出他们在职业生涯中所获得的真实经验。

现在已经有一种形式的采购称为施工管理（construction management），由施工经理管理直接与业主签订分业务。通过区块链，采用智能合同和 DAOs 交付工程项目并实现建筑管理和子合同的自动化，将在这个行业走得更远。这可以创建可供审查的交易记录和在建筑物的生命周期内的事件证明记录。

通过电子 ID，更多的合同可以在业主和从事设计、监测、出售和制造的个人之间直接签订，这就省去了需要付给中间人的费用。设计将以同样的方式进行，但是现场的施工安排是有可能发生变化的。因此，实际上可以直接从工厂购买材料，只雇佣劳动力。

利用智能合同和项目创建 DAO，报告交流、管理协调、监测责任和风险转移的负担可以减少。

6.2.3　区块链 + 建筑，我们需要做什么

拥抱 BIM 和"二次建造"的精神将是关键。通过上述提到的直接的合同关系，专家的评审意见直接通过供应链导入到 BIM 系统中，区块链在建造过程中的应用将得到很好的促进。此外，一个能够将参与项目的各方聚集在一起的区块链上备份的协同工作平台也可以起到很好的促进作用。

一个精确的 BIM 系统可以使得工程量清单（Bill of Quantities，BOQ）的创建更加容易。工程量清单可以分为贸易商通过市场投标的活动计划表。它还允许对所需材料进行计量。

有了专业的投入，这些活动就可以用来创造一个工作方案。该方案和活动时间表可用于交易投标。可以输入一个智能劳动合同，并通过精确的算法，用一个均衡的经过校准的智能合同将这些活动进一步拆分成更小的工作包。同时，出于业主的利益，有人负责代表业主评估工作质量。

这里可以再举一个粉刷工的例子。工程量清单（BOQ）上说，有 10000m² 的墙壁需要刷漆，同时需要 X 罐涂料。10000m² 可以分解成更小块的工作量。一个具有数字证书的合格的粉刷工人可以对这些工作进行投标，并确认他们能够完成该方案的时间表，然后由业主代表输入一个智能合同中。当工作完成时，由监理人员检查（该工作内容通过在智能合同中竞标得到并记录）验收，合格后粉刷工得到应得薪酬。

与业主直接签约的建筑工作人员知道，一旦他们完成一部分工作，他们就会立即得到薪酬。如果他们有 200m² 的工作量，3 天时间完成后即可立即得到 450 元，那么他们的积极性将被调动起来，从而在更短时间完成更多工作。

以同样的方式，一个项目的材料可以投标。粉刷涂料的供应商与业主直接签订一份智能合同，在规定的日期提供涂料以满足规定的要求。

这一切都需要一个平台，在这个平台上，业主可以发布他们的需求，由投资者、顾问、制造商和交易人员组成的社区来应答业主的需求。通过使用安全数字 ID，业主完全可以信任项目中持有相应资质的个人。

主要承包商承担的功能仍然存在，如监测、程序编制、健康管理和安全管理等，但将直接与业主签订合同，而不是通过一系列分包合同。

利用区块链和 BIM 的串联应用，加上其他快速推进技术，有机会创造一个精简的采购方法，更好地使分散的个人组成一个项目团队。这将通过移除中间商来降低成本，这样，业主在项目的成本、时间和范围上有更多的控制和透明度。

6.3　建筑 3D 打印技术

6.3.1　建筑 3D 打印发展历程

6.3.1.1　建筑 3D 打印概述

3D 打印建筑是以砂浆、水泥及纤维等为打印材料，基于 3D 打印技术打印出来的建筑

物。近年来，3D 打印建筑在国内外均取得了一定的进展。

6.3.1.2　国内外 3D 打印建筑的发展概况

（1）国外 3D 打印建筑的发展。建筑 3D 打印起源于 1997 年美国学者 Joseph Pegna 提出的一种适用于水泥材料逐层累加并选择性凝固的自由形态构件的建造方法。2001 年，美国南加州大学教授 Behrokh Khoshnevis 提出了称为"轮廓工艺"（contour crafting）的建筑 3D 打印技术，通过大型三维挤出装置和带有抹刀的喷嘴实现混凝土的分层堆积打印。英国 Monolite 公司于 2007 年推出一种新的建筑 3D 打印技术——"D 型"（D-shape），采用黏结剂选择性硬化每层砂砾粉末并逐层累加形成整体。2008 年，英国拉夫堡大学的 Richard Buswell 教授提出了另一种喷挤叠加混凝土的打印工艺，即"混凝土打印"（concrete printing），并且具有较高的三维自由度和较小的堆积分辨率。

2010 年，意大利籍 Enrico Dini 教授发明了世界上第一台以细骨料和胶凝料为打印材料的数字打印机，名为 D-Shape，其可用建筑材料打印出高 4m 的建筑物。这台打印机的底部有数百个喷嘴，可喷射出黏合物，再在黏合物上喷撒沙子，通过一层层的黏合物和沙结合，将沙子黏成像岩石一样坚固的石质建筑物，建筑物的质地类似于大理石，比混凝土的强度更高，并且不需要内置钢筋进行加固。

2012 年，英国伦敦设计工作室 Softkill Design 的设计师运用 3D 打印机打印出了一个 1∶33 的房子模型 ProtoHouse 1.0，它采用纤维材料打印而成，各房屋组件由场外制造，在 3D 打印实验室使用激光烧结生物塑料，并添加金属等较坚固的物质，打印好之后运送至建筑基地拼装固定。

在十多年的发展过程中，世界范围内的学者对这种新的建造方式进行了大量的研究探索工作，部分国家和地区的政府机构也给予了大力的支持。

（2）国内 3D 打印建筑的发展。在国内，2008 年，盈创公司用 3D 打印技术打印出了第一块建筑墙体材料。2014 年 4 月，10 幢 3D 打印建筑在上海张江高新青浦园区正式交付使用，作为当地动迁工程的办公用房。这些打印出来的建筑墙体是用建筑垃圾制成的特殊"油墨"，按照电脑设计的图纸和方案，经一台高 6.6m、宽 10m、长 32m 的大型 3D 打印机层层叠加喷绘而成，10 幢小屋的建筑过程仅花费 24h，每幢小屋面积十几平方米，最高不超过两层。2015 年 1 月，数幢使用 3D 打印技术建造的建筑亮相于苏州工业园区，这批建筑包括一栋面积 1100m^2 的别墅和一栋 6 层居民楼。

6.3.1.3　建筑行业应用 3D 打印技术的优势

（1）节省建筑材料。传统建筑技术会产生很高比例的建筑垃圾。据预测，中国每年 20 亿平方米以上的工程建设将持续 10～15 年，同时每年会产生约 6 亿吨的建筑垃圾。而 3D 打印混凝土技术在建筑过程中由于支模拆模的烦琐程序的取消，实现了混凝土的充分利用，降低了水泥用量，降低了建筑垃圾的产生，符合当今绿色发展的主题。

（2）节省劳动力成本。3D 打印建筑与传统建筑相比，采用 3D 打印技术建造房屋，不需要数量庞大的建筑工人，也不需要使用模板，建筑工序一体化集成，提高了生产效率，一般比传统施工方法提高 4 倍左右，而且能降低 40% 的建筑成本。

从我国建筑行业反映的情况可知，大部分企业均受到劳动力紧缺与素质低下的困扰。而劳动力又是建筑建造最重要的因素。在建筑工程日益专业化和大量化的情况下，解决劳动力问题将大大推进建筑工程行业的发展。3D 打印技术在建筑行业必然会朝着打印具体建筑构件的方向发展，譬如打印建筑物的墙体、梁构件、柱构件等。届时，建筑企业只需购备打印设备与打印材料即可，培训专业操作人员便可摆脱劳动力带来的困扰。

（3）减少建造时间。建筑工程在建造时耗费的时间主要在于构件的分块施工，空间上的变化为施工带来了不便。3D 打印技术应用于建筑工程方面，能够降低各阶段的衔接时间，同时施工各个构件，必然能够减少建造用时，提高生产效率。

（4）保护环境。建筑工程运用 3D 打印技术能够对环境起到保护作用，3D 打印建筑原材料可以来源于建筑垃圾、工业垃圾、矿山尾矿，变废为宝，采用干法施工可避免施工粉尘和噪声影响，达到了节能环保、资源再生和改善环境的目标。

6.3.2 建筑 3D 打印原理及方法

6.3.2.1 建筑 3D 打印数字建造基本原理

建筑 3D 打印技术作为新型数字建造技术，它集成了计算机技术、数控技术、材料成型技术等，采用材料分层叠加的基本原理，由计算机获取三维建筑模型的形状、尺寸及其他相关信息，并对其进行一定的处理，按某一方向（通常为 Z 向）将模型分解成具有一定厚度的层片文件（包含二维轮廓信息），然后对层片文件进行检验或修正并生成正确的数控程序，最后由数控系统控制机械装置按照指定路径运动，实现建筑物或构筑物的自动建造，如图 6-11 所示，也被称为增材建造（additive construction）。此外，由机械臂或机器人主导完成的建筑实体的构建也是一种建筑 3D 打印数字建造技术。

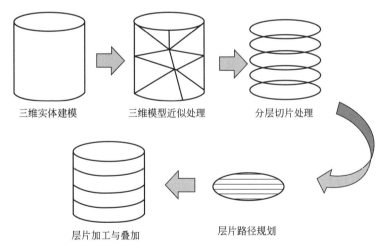

三维实体建模　　　三维模型近似处理　　　分层切片处理

层片加工与叠加　　　　　　层片路径规划

图 6-11　增材建造的基本原理

（1）三维模型建立与近似处理。有两种三维建模的方法：通过建筑参数化建模软件（如 Revit、3dmax 等）直接建模；利用逆向反求工程（如三维扫描等），通过点云数据构造出三维模型。然后用软件将三维模型导出为特定的近似模拟文件，如 STL 格式文件等，为后续工作做好准备。

（2）模型切片与路径规划。将三维模型模拟文件导入建筑 3D 打印数控系统，系统对模型进行两步处理：用一系列平行、等间距的二维模型进行拟合，即分层切片处理；将切片得到的层片轮廓转化为打印喷嘴的运行填充路径，即层片路径规划。经过上述两步处理生成机械运动指令。

（3）模型层片加工与叠加。打印喷头在建筑 3D 打印数控系统的控制下按照规划好的路径进行打印，然后层层叠加，最终得到建筑产品。建筑 3D 打印数字建造技术实质上是全新的设计建造方法论的革新，使得传统的建造技术被数字化建造技术所取代，从而满足日益增长的非线性、自由曲面等复杂建筑形式的设计建造要求。

6.3.2.2 基于混凝土分层喷挤叠加的增材建造方法

（1）轮廓工艺（contour crafting，CC）。2001 年，美国南加州大学（University of Southern California）的教授 Behrokh Khoshnevis 提出了一种称为轮廓工艺的建筑 3D 打印技术，通过混合料分层堆积成型实现建造，图 6-12 给出了其打印工艺流程。经过多年发展，轮廓工艺已具备利用一定材料实现大型建筑构件甚至整体建筑自动建造的技术可能性，如图 6-13 所示。目前，研究团队正在美国宇航局（NASA）的支持下，研究利用轮廓工艺在月球上建造太空基地的相关技术。

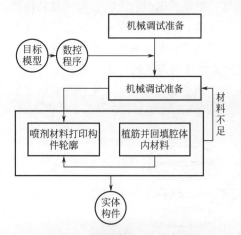

图 6-12　轮廓工艺打印工艺流程

图 6-13　轮廓工艺机械装置及打印墙体结构

图 6-14　轮廓工艺——带缆索系统示意

轮廓工艺的主要优势为利用抹刀实现构件平整光滑的表面，但其工艺较为耗时，且打印构件整体性不足，尺寸受设备限制。

（2）轮廓工艺——带缆索系统（CC-cable-suspended）。2007 年，美国俄亥俄大学（Ohio University）的 Paul 等人改进并提出了轮廓工艺——带缆索系统（CC-cable-suspended），该工艺以钢框架作为机械骨架，通过 12 条缆索控制终端喷嘴的三维运动（图 6-14），称其为基于直角坐标系的轮廓工艺缆索机器人（contour crafting cartesian cable robot），图 6-15 为改进后的工艺流程。

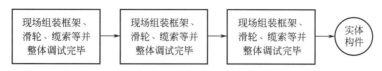

图 6-15 轮廓工艺——带缆索系统工艺流程

改良后的工艺主要体现在：用轻质钢框架代替笨重龙门架，更加便携、灵活、易拆装，使得在工地现场打印建造房屋更具有可行性。

（3）混凝土打印（concrete printing）。英国拉夫堡大学（Loughborough University）创新和建筑研究中心的 Lim 等人于 2008 年提出了后来被称为混凝土打印的建筑 3D 打印技术，也是基于混凝土喷挤堆积成型的工艺，其工艺流程如图 6-16 所示，机械装置如图 6-17 所示。

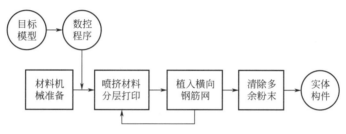

图 6-16 混凝土打印工艺流程

图 6-17 混凝土打印机械装置

团队研发出了适合 3D 打印的聚丙烯纤维混凝土，已于 2009 年成功打印出一个尺寸为 2m×0.9m×0.8m 的混凝土靠背椅，并对其原位剥离进行立方体抗压等性能测试。

混凝土打印通过空间钢筋网保证了构件的整体性，其工艺较简单，打印效率较高；但打印构件表面粗糙，尺寸受设备限制。

（4）基于砂石粉末分层黏合叠加的增材建造方法。2007 年，英国 Monolite 公司的意大利工程师 Enrico Dini 提出了一种通过喷挤黏结剂来对喷洒砂粉末并压实后的结构体进行黏结以实现堆积成型的方法（图 6-18），即 D 型（D-shape），图 6-19 为其机械装置。

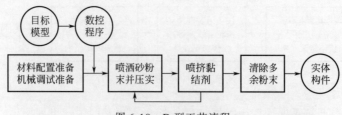

图 6-18　D 型工艺流程

图 6-19　D 型机械装置

研究团队已经于 2009 年成功打印了一高 1.6m 的雕塑，近两年来，针对 D-shape 技术用于月球基地的建造进行了研究。

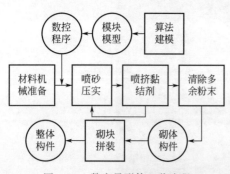

图 6-20　数字异形体工艺流程

D 型高精度一体化成型打印的构件强度高、整体性好，但其打印过程缓慢，构件尺寸受机械限制，且成本较高。

（5）数字异形体（digital grotesque）。从 2012 年开始，瑞士苏黎世联邦理工学院的 Michael 等人以砂石粉末为材料，经过数字算法建模、分块三维打印、垒砌组装等过程（图 6-20）完成了一个 3.2m 高的 Grotesque 构筑物的 3D 打印建造，称作数字异形体，如图 6-21 所示。

图 6-21　数字异形体雕塑

打印建造的数字异形体雕塑被置于工作室中用于展示，是建筑师数字设计建造方法的一个典型尝试。

6.3.2.3　大型机械臂驱动的材料三维构造建造方法

（1）砖块堆叠（brick stacking）。从 2006 年开始，瑞士的 Fabio、Matthias 等人开始进行了由大型机械臂主导的数字设计建造研究，其中较为典型的即为砖块堆叠（brick stacking）。砖块堆叠以砖块作为材料单元，由数控程序驱动 3m×3m×8m 的机械手以错位形式抓取堆叠砖块，上下两块砖之间用环氧树脂黏结剂连接补强，建造了外立面超过 300m² 的"动态砖墙"（informing brick wall）（图 6-22）。近两年来，研究者开发了用小型机器人飞行器进行砖块抓取堆叠的新技术，提高了工作自由度及效率，图 6-23 为其工艺流程。

图 6-22　机械手驱动砖块堆叠过程

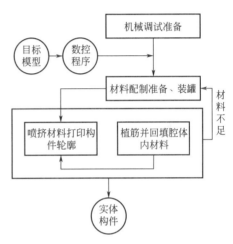

图 6-23　砖块堆叠新技术工艺流程

该方法以砖块为建造材料，将原始建筑材料与数字建造技术相结合，彰显了非线性建筑之美，但其建造尺寸仍受机械限制。

（2）展亭编织（pavilion）。2010 年，德国斯图加特大学（University of Stuttgart）Archim Menges 教授的 ICD 工作室开始了以公园展亭（pavilion）为对象的数字设计建造探索。2012 年，团队采用计算数学设计和机器臂自动操作的技术，使用碳纤维材料及设定的编织工艺，精准控制机器人使其与自动旋转的模具之间协同工作，编织了一个可自支撑的壳体结构展亭。最后，人工拆卸钢支架形成最终的展亭结构，实际建造结果同设计模型之间的误差控制得非常小，如图 6-24、图 6-25 所示。

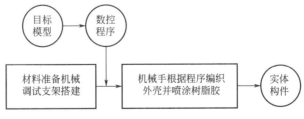

图 6-24　展亭自动编织工艺流程

图 6-25　展亭自动编织过程

团队研究采用新型材料，将材料算法设计与数字建造技术相结合，最终建筑造型美观、整体强度、刚度较高；需要注意的是，其打印建造过程需要以钢支架为支撑。

6.3.3　建筑 3D 打印相关问题

6.3.3.1　从创新概念到经济适用

目前，3D 打印建筑毫无疑问是一个创新概念。它集成了计算机、三维扫描、三维打印、快速成型等新技术、新观念；它代表了快速、高效、自动化、机械化的新建筑模式；极大程度上实现了节约、绿色、低劳动强度、文明施工的现代生产方式，是传统建筑技术、传统建筑模式的机遇和挑战。

目前，3D 打印建筑概念清晰，它可以从图纸直接打印成建筑。简单的建筑目前就可以通过直接打印或水平打印垂直安装得到。

可是目前的所有试验建筑，没有对材料的组成、结构、性能、造价，尤其是耐久性、抗震性能等进行细致的研究，故 3D 打印建筑从一个创新概念到大规模使用，仍有漫长的路要走。

6.3.3.2　材料的性能问题

（1）强度。打印材料的强度高低，决定了其可以在何种高度的建筑中使用。目前各国试验的 3D 打印建筑多为 1～2 层。这种建筑的材料抗压强度在 1.5～3.5MPa 就能使建筑物矗立，即可达到临时应用或展览的目的。

在日本、美国，1～2 层建筑就能满足住宅建设需要，而在其他国家和地区，多层、小高层、高层以及超高层建筑量大面广，需求巨大。但要使打印材料能满足多层甚至小高层建筑在 7 度地震烈度地区的安全要求，最低抗压强度要达到 20MPa，要满足高层、超高层建筑相同地震烈度地区的安全要求，抗压强度应达到 35MPa 以上。

（2）保温节能。我国推广实行建筑节能政策，采用加气混凝土、多层复合墙体能满足三步、四步节能的保温隔热要求。目前国内外的 3D 打印技术材料中，有保温节能型和非保温节能型打印材料，前者采用树脂型材料打印墙体蜂窝结构，达到保温隔热的节能目的；后者采用其他材料打印空腔墙体，再向空腔填加泡沫材料或再次浇筑发泡材料，达到保温隔热的节能目的。

从产业化的方向性看，一次打印成型的 3D 打印材料可能是多种材料与多种功能的复合。开发多种打印材料、多喷头同时打印、一喷头多种材料同时或交替打印，实现多喷头多材料打印技术，不仅可以满足保温复合墙体的节能构造要求，而且可以实现结构、保温、装饰等多功能打印。

（3）抗震。建筑结构抗震问题一直是众人瞩目的建筑科技难题。采用 3D 打印成型的建筑，其材料和结构的均匀性好，可以按仿生学原理优化建筑空间、优化结构节点、优化结构构件。

但如何使打印材料从均匀的油墨形态，提升为钢筋混凝土结构或玻璃钢结构，是 3D 打印建筑材料和打印技术的核心性研究课题。只有通过钢筋混凝土结构，才能较好地保证建筑物的抗震性能，所以，在打印时如何增加水平筋和钢筋混凝土梁以及如何布置竖向钢筋，最终打印成钢筋混凝土梁、柱、楼板、楼梯等，是 3D 打印建筑、材料、工艺、设备不可逾越的难题。

纤维增强混凝土以及钢筋混凝土的思路，预制钢筋混凝土构件、轻钢结构、木结构与 3D 打印复合的思路，均有深入研究的意义和价值。如何利用 3D 打印技术，形成框架结构、剪力墙结构、框架剪力墙结构、筒形结构、筒壳板壳结构、钢板剪力墙结构等，都是提高 3D 打印建筑抗震性能应该考虑的问题。

（4）经济性。3D 打印材料具有多样性。作为具有实用性的建筑，其打印材料要在满足技术性能的同时，还要满足经济性的要求。

从目前国内外钢筋混凝土造价的现状看，采用树脂的最佳经济模式是用其作为胶黏剂，起到调整打印材料黏聚性的目的或是使用其固化的功能来控制打印材料的固化速度。而打印的主要材料依然要以水泥、石灰、石膏、黏土、砂子、碎石为主。同时，应该研究现浇钢筋混凝土结构、预制钢筋混凝土结构、轻钢结构等和 3D 打印材料与技术的结合，这样才能降低综合造价，达到工程可接受的经济性要求。各种材料价格见表 6-1。

表 6-1 打印材料的经济性

材料	混凝土	石膏	钢材	树脂
造价 /（元 /m³）	400	600	23550	75000
造价 /（元 /kg）	0.16	0.30	3.0	50.0

（5）与钢筋混凝土的相容性。

① 成型比较。钢筋混凝土成型是基于属性混凝土的浇筑概念。为保证混凝土的密实成型，常采用振捣液化的原理，"筑"成"体"型构件。而 3D 打印技术是基于油墨状材料的印刷，靠材料自身的塑性，"叠"成"层"状黏合构件。这样混凝土材料的成型一般需要模板，混凝土要在模板中进行浇筑、振捣和成型，待混凝土硬化后再拆除模板，完成施工。而 3D 打印技术无需模板，直接打印成型。与混凝土相比，更容易与钢筋形成钢筋混凝土结构，而 3D 打印技术如何与钢筋复合，值得认真探索。推荐的 3D 打印材料技术参数和性能见表 6-2。

表 6-2　打印材料技术参数及性能

材料	混凝土	细石混凝土	砂浆	膏体
集料粒径 /mm	20	8.0	5.0	2.0
单层厚度 /mm	150	50	50	20
喷口宽度 /mm	80	50	50	50
强度	+++	+++	+	
节能	--	-	-	+++
耐火	+++	++	++	
抗震	++	++	+	+++

注：+ 表示性能较强；- 表示性能较弱。

② 力学性能比较。混凝土与钢筋形成钢筋混凝土后，不仅能承受自重载荷和设计使用载荷，而且能承受地震载荷等突发性动载荷作用。钢筋混凝土梁、板、柱等构件，都能承受很高的外力作用，具有很高的抗压强度、抗拉强度、抗弯强度、抗剪强度等。

③ 保温结构构造的实现。目前的 3D 打印能很容易地形成空腔墙体结构，这样就使得其打印的墙体自身就有一定的保温节能优势。若目前马上推进 3D 打印建筑工程，则完全可以在其空腔墙体的基础上，采用常规的外墙薄抹灰保温技术，在打印墙体时，就把泡沫保温层分层加入，与打印喷头喷出的膏状材料一起胶结成保温层和空腔墙体，这样有可能在减少保温泡沫层厚度的前提下，达到三步节能的要求。此外，这种墙体还会有良好的隔声效果，见图 6-26 ～图 6-29。

图 6-26　3D 打印的空腔构造

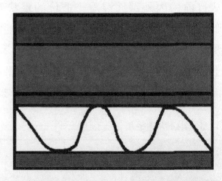

图 6-27　推荐的 3D 打印空腔 + 保温层墙体构造图

图 6-28　3D 打印墙体的安装

图 6-29　3D 打印墙体细部

目前的 3D 打印技术，只完成了一、二层低层建筑的施工应用试验。而要让 3D 打印进入真正的施工领域，完成多层、高层乃至超高层建筑的施工，才能更广泛地推广这种现代技术。

实现多层、高层乃至超高层建筑的 3D 打印，最应解决的 2 个基本问题就是打印机的爬升和混凝土的提升。相应设备的设计和混凝土材料性能的多功能性，是实现多层、高层及超高层打印的技术基础。

独立打印 + 人工辅助施工：研究 3D 打印建筑的出发点，就是最大程度实现依靠 3D 打印机的独立性施工模式。但作为一项实用技术，根本上不应完全排除人工辅助的合作施工模式，尤其是在复杂的土木施工环境条件下，在 3D 打印施工技术开发初期，不应完全拒绝人机共做模式。比如预制构件节点处的连接；局部加强部位钢筋的摆放、固定和调整；轻钢结构的构架、拴接等。采用必要的人机工作模式，可能会在 3D 打印初步，有效地解决打印机尚不能很好解决的建筑工地遇见的一些意想不到的问题。这样，也有利于让承包商快速接受 3D 打印建筑施工技术。

6.3.3.3　精度的问题

建筑设计非同儿戏，它的完成需要分毫不差的精确度，但是 3D 打印技术是否会出现偏差，以及如何做好预防工作是 3D 打印技术在建筑设计模型应用中应该注意的问题。由于 3D 打印混凝土工艺发展还不完善，快速成型的零件的精度及表面质量大多不能满足工程使用的要求，不能作为功能性部件，只能作原型使用。

6.3.3.4　软件的问题

与传统混凝土施工不同的是，3D 打印混凝土是降维制造，需要将三维模型转化为二维模型以方便打印工作的进行，因此需要相关软件在电脑上完成相关的工作，再通过自动化程序使之转换为实物，所以软件是 3D 打印的重要部分，是将模型数据化的重要环节。软件的开发是至关重要的。目前，我国还没有专业的软件公司与 3D 打印相配套形成完整的产业链。

6.3.3.5　打印设备的问题

随着技术的发展，3D 打印设备在快速发展，一台 3D 打印设备的价格从最初的几十万美元到几千美元，再到现在我国五千多人民币的价格，3D 打印设备在不断地走向大众，走进各个领域。

然而，目前的 3D 打印混凝土设备还不能够完全满足其应用环境的特殊性的要求。例如，目前使用的打印设备只能满足平面扩展阶段，可用于低层大面积建筑的建设，而对于广泛使用的高层建筑还无法进行打印。

6.3.3.6　标准依据问题

3D 打印建筑属于土木工程建筑的范畴，其建造方式与传统的建造方式有极大差异，现有的设计、施工及验收标准已不适用，需要有相关的标准作依据。目前，国内外尚无 3D 打印建筑的相关标准规范，不利于 3D 打印建筑技术的发展及推广应用。

6.3.3.7　待研究问题

（1）打印材料的固化。打印材料的固化速度是打印建筑不可避免的一个问题。

打印材料的固化速度受温度的影响。在 14～28℃ 范围内，不进行较大的配比调整就能正常固化；在 5～14℃，采用加速固化配比保证固化；在 28～38℃，采取缓解固化技术达到正常打印的工艺要求；而在 0℃ 以下，需要在保温养护的条件下谨慎调整固化方案，以满足冬期施工的质量要求。

固化时间根据打印速度和环境温度确定，见表 6-3。

表 6-3 3D 打印控制参数

环境温度 /℃	配比类型	打印速度 /（mm/s）	打印厚度 /mm
28～38	缓解	100～150	80～150
14～28	正常	150～250	50～80
5～14	加速	50～100	20

打印速度和打印材料固化速度，决定了打印建筑施工速度，也决定了打印的结构形式、生产模式等。喷射混凝土由于掺入了速凝剂，使混凝土从加水到初凝可调控在 5min 之内，终凝可控制在 15min 之内。3D 打印若不采用其他辅助措施，打印拱形窗口门洞，打印材料固化宜在 1min 之内；打印其他结构如墙面后门窗洞口的竖向结构部分，固化速度应 ≤ 5min；打印其他水平构件固化时间不宜 >15min。

（2）打印材料的养护。养护要解决 2 个问题：其一保证强度增长；其二避免开裂破坏。

根据特性，3D 打印材料可分为非养护型材料和养护型材料。如树脂类材料可通过光固化、化学反应固化等，无须提供特殊的养护。而通过水泥类无机胶凝材料拌和的打印材料，应该保证其环境的温度和湿度，保证水泥类材料的正常水化、凝结和硬化。

（3）打印材料的提升及泵送。3D 打印材料要实现多层及高层建筑的建设需要还要解决打印设备的爬升、提升问题。

单层或二层建筑的打印，仅通过龙门架的高度就可实现。要完成 6～7 层多层建筑的打印，可考虑龙门架的爬升、脚手架悬挂、塔带机式的送料与骑墙式行走等打印的模式。可选择干料提升、拌和料提升、塔带机输送、拌和物泵送等工艺。

这样就要求混凝土的流动性（坍落度）不能低于 100mm，混凝土的凝结时间也应达到 30min，甚至 120min。

（4）打印与预制的组合。尽管本书在讨论 3D 打印建筑，但为实现其产业化，也有必要探讨其与预制混凝土的结合，与常规的现浇混凝土的结合，甚至与电气设备安装的有机结合。

实际上现浇钢筋混凝土结构和预制钢筋混凝土结构材料可以与 3D 打印材料及技术在组合和构造上达到互补，在施工和性能上相互协调。现浇或预制钢筋混凝土构件可以形成框架结构，3D 打印可以形成填充墙体、剪力墙墙体、保温节能墙体，甚至是装修的地面、墙面、棚面；可以完成预制构件节点的打印"焊接"施工等。现浇或预制构件中的钢筋混凝土结构可以补偿打印过程中配筋烦琐、节点构造复杂、钢筋混凝土柱竖向钢筋框架阻碍打印、混凝土梁钢筋框架打印不密实而导致的抗震能力不足等缺陷；3D 打印可以解决预制框架结构的冷桥，改善剪力墙结构的外保温隔热性能，实现建筑物的抗震及三步、四步节能，亦可以通过

3D 打印技术，协同留置并安装各种水电气管线，实现电气安装、建筑装饰的一体化过程，见图 6-30。

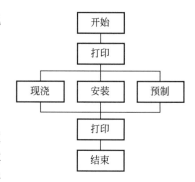

图 6-30　3D 打印与现浇及预制相结合示意图

6.3.4　我国 3D 打印建筑的应用与发展前景

6.3.4.1　3D 打印技术适用的建筑类型

（1）应急性建筑。3D 打印建筑建造速度快、成本低这一特点，在简易应急时可以充分利用。在一些自然灾害或其他灾难发生后，3D 打印建筑技术可在短时间内建造出用于应急指挥、急救、安置人员的建筑。这一运用也会大大改善地震等灾难发生后灾民、伤员的居住救治环境，避免次生灾害的发生。在灾后重建时期，3D 打印建筑的中空墙体保温、坚固性要强于简单的帐篷。可在较短的时间内将灾区建成温暖舒适的家，"打印"出幼儿园、学校、公共卫生间等基础设施，加快灾后生产生活的恢复速度。

（2）临时性建筑。3D 打印建筑可以运用于一些临时性的建筑。例如上海世博会的一些建筑，建造时期投资不小，但后期多数都被拆除。3D 打印建筑在这方面既可以省时省力，又可以减少资金投入，降低后期拆除的成本。在高速公路、铁路等大型建设项目中，3D 打印建筑可替代项目部传统使用的活动板房，改善项目部的办公环境和建筑工人的居住条件。由于临时性建筑使用时间较短，导致多数临时性建筑只是单纯的满足使用需求，毫无美感可言。3D 打印技术的运用，可在省时省力的情况下，将临时性的样板房、展览房等空间建造得舒适、美观、实用。

6.3.4.2　3D 打印建筑的发展前景

（1）抗震建筑。在地震发生时，墙体和梁柱倒塌，将逃生人员压在厚重的混凝土楼板下无法逃生，这是造成地震时人员伤亡的主要原因。在地震多发的日本，除在建筑基础部分增加橡胶隔震支座外，还运用了轻质墙体，减轻墙体自重，降低逃生时被建筑构件砸伤的风险。3D 打印建筑的空心墙体，大大减轻了墙体自重，在地震多发地区有广泛的应用前景。虽然在现阶段抵抗地震力作用较有效的措施是采用钢筋混凝土结构，而 3D 打印建筑的抗震性能尚不明确。但是随着科学技术的蓬勃发展和试验研究的不断改进与完善，如何在 3D 打印建筑中增加竖直钢筋、提高建筑的抗震性能的问题也会迎刃而解。

（2）高层建筑。目前 3D 打印建筑的高度也仅局限于 1 ~ 2 层的小型建筑，如何提高 3D 打印机的高度、如何泵送打印材料是限制建筑打印高度的主要因素。如果解决了打印材料的垂直运输问题，3D 打印技术就可在高层建筑作业中发挥其优势，就可以减少高空作业的工作人员，减少高空作业量，增强施工过程中的安全系数。将 3D 打印技术与传统建筑施工方式相结合，把一些建筑构件利用 3D 打印技术打印出来，在传统施工现场进行拼接安装，既可保证建筑主体结合的刚度、强度、稳定性、抗震性等综合性能，也可缩短工期，加快施工进度。

（3）非线性建筑。3D 打印建筑是一种精细化数控操作的结果，其精细化程度也在逐步提高。优越的精准性可以将非线性建筑打印得更加细致，将连续流动状的形体表现得更加真实，弥补了因施工工艺导致的实体建筑与效果图的差距，使得一些通过传统工艺无法精确实施的设计方案更加完美地表现出来。

（4）室内装饰。国内现已建成的 3D 打印建筑的表面粗糙，样式单一。但在英国的 3D 打印研究试验中，3D 打印技术不仅能打印出毛坯房屋，还可以打印出精细的室内装饰雕刻。随着国内 3D 打印技术的不断发展，将 3D 打印技术运用于室内装饰装修，并与建筑设备一体化完成，将增强建筑的整体美感和统一性。

（5）别墅。在建筑 3D 打印的发展初期，材料成本和技术成本还相对较高的情况下，别墅的 3D 打印是其发展的一个主要方向。别墅主要注重外形及品质，较少考虑成本，可充分利用建筑 3D 打印技术的特点，打印造型奇特和复杂的别墅，并在别墅打印过程中不断改进技术、降低成本，推动其进一步发展。

（6）农村住宅。在建筑 3D 打印的发展中期，农村住宅的 3D 打印是其发展的一个主要方向。农村住宅多为 2～3 层的多层住宅，多为农民自建住宅，不仅成本高，而且设计施工不规范，抵抗地震等灾害的能力较差。如果建筑 3D 打印能够做到降低成本，采用规范的设计和施工标准，则能在农村地区得到迅速推广，这对我国的新型城镇化建设和农村地区发展会起到不可估量的作用。

（7）经济适用房和廉租房。在建筑 3D 打印的发展中后期，在技术相对成熟的情况下，可以利用建筑 3D 打印速度快、性能优越的特点，修建以经济适用房和廉租房为主的多层住宅，短时间内可以建造大量的低成本房屋，改善低收入人口的居住条件。

（8）防风固沙。草方格治沙是国际公认的防风固沙效果非常好的办法，但是人工铺设速度慢，成本高，无法大面积推广。可以利用建筑 3D 打印技术，以草为打印材料，实现草方格铺设的自动化，使其在沙漠环境中大规模应用。

（9）太空基地。如果未来人类要在月球上建造栖息地，就可以将建筑 3D 打印设备运送到太空基地，直接利用外星球表层的土壤作为主要的打印材料，从地球运送少量建筑材料即可。建筑 3D 打印技术可以更快速、环保地在外太空批量建造适合人类居住的建筑。

信息化和数字化制造已经成为现实，与其他行业相比，目前 3D 打印革命的重点在于创新和实验。在不断地研究和探索中，我们一定可以打印"梦想的建筑"。

目前，3D 打印建筑技术正处于研究和发展阶段，其结构的性能和实际应用的可靠性也处于探索阶段。例如未来原材料的选择、配合比的设计、材料连续式供应模式、高层建筑打印机的爬升问题、用于打印的控制软件及硬件设备的设计、打印后的养护、应用以及最后投入生产的知识产权和使用年限等一系列的问题，都缺少相应的规范和有关部门的权威认证，我们都需要进一步的研究和探索。现代建筑和混凝土发展目前不过 100 多年时间，世界就发生了翻天覆地的变化。我们也相信 3D 建筑时代会带给我们意想不到的变化。

随着材料科学和电子信息技术的发展，我们将研究和开发出更加智能环保的材料用于 3D 打印，这也符合走环保可持续发展道路的模式。如用于 3D 打印的智能混凝土，它具有仿生的功能，可以建成温度、湿度自调节博物馆或展览馆，用来自动调节应力重分布以提高抗震建筑的承载力；再如可以自动监测变形和自动修复裂缝的重要建筑，这些建筑融合多种功能于一体，具有感知、辨识、寻优和控制驱动等性能。虽然只是一些设想，但随着 3D 打印技术的发展，必将会变为现实。

6.4 建筑机器人

6.4.1 建筑机器人发展历程

6.4.1.1 概述

在人类所有工程实践活动中，建筑业历史最为久远。当人类先祖尚未成"人"时，它们便已开始了各种各样以"遮风雨、避寒暑"为目的的营建实践。建筑施工形态不仅与人类的生产、生活休戚相关，同时也承载了厚重的文明印记和文化特色。然而，一个无法回避的现实是，近百年来，虽然自然科学与工程技术领域的不断革新，建筑本身的形态和功能也与以前大为不同，但建筑施工的业态形式却始终没有出现显著的变化。如果我们审视今天的建筑施工形态，诚如百余年前先辈们的营建工作一样，依然被粗放、伤亡、污染、浪费这些与时代主题相悖的业态标签所充斥。相较于农业、航空航天、交通运输、金融、商贸等其他行业如今所具有的现代化、智能化、信息化、自动化等业态标签，建筑行业的施工、管理与营建方式，远未跟上时代进步与革新的步伐。今天的建筑业比以往任何时候都需要一场变革，这一需求迫在眉睫。

在既有的现代化技术体系中，最有可能承担起建筑业革新重任的便是机器人技术。机器人是近代机电技术与信息技术高度发展的产物，具有强烈的时代符号。过去30年间，随着机器人技术逐步投入应用，很多行业的业态发生了翻天覆地的变化，其中以制造业尤其是汽车制造业最为典型。机器人技术源自人们祈求摆脱"危、繁、脏、重"工作的本能需求，而建筑业几乎集这些弊端于一身——工作强度大、繁杂；工作环境差、危险。由此，便出现了建筑机器人（construction robotics）的概念，以期通过机器替代或协助人类的方式，先期达到改善建筑业工作环境、提高工作效率的目的，最终实现建筑物营建的完全自主化。

值得欣喜的是，近年来机器人技术出现了向建筑业渗透的趋势，建筑施工用机器人系统的研发已引起了很多研究机构和高科技公司的关注，出现了一些可完成简单施工工序的初级实验或商用系统。尽管如此，建筑机器人的发展总体上还处于欠发展阶段，对于机器人技术如何与建筑业相结合、建筑业如何适应机器人的介入等基本性问题，目前都还没有形成清晰、统一的发展图景。本小节试图通过对现有建筑机器人系统研发动态的梳理和介绍，阐述建筑机器人发展的现状与趋势。借此阐明建筑机器人的概念内涵，拓展相关研究的思路，为我国建筑机器人的发展提供参考。

6.4.1.2 发展建筑机器人的背景及意义

（1）提高建造效率。在现在的建筑施工中，虽然已有大量机械设备参与，但更多的工序还是有赖于手工作业，导致建造周期长，少则数月，多至数年。而采用机器人技术，可使建造效率大获提升。以欧美的标准民居为例，传统人工作业的平均建造周期约为6～9个月，若采用最新的机器人3D打印技术，建造周期可大幅缩短至1～2天。这意味着遭遇地震、恐怖袭击、泥石流等灾难后，可以快速完成居所重建，保障居民的基本生存条件，这在以往是无法想象的。

（2）保障施工人员安全、提升工作品质。建筑业是公认的高危行业，伤亡率仅次于矿山与交通事故。例如在美国，建筑业每年造成约40万人的死伤，已成为严重的社会问题。另外，建筑施工人员的工作条件极差，操作繁重，遭受着泥浆、粉尘、噪声、震动等的干扰，极大地危害着从业人员的身心健康，导致职业病高发。若要将建筑工人从中解脱出来，就现有技术发展水平来看，机器人技术或是破解这一难题最佳也可能是唯一的途径。

（3）解决人力资源日益短缺问题。随着社会老龄化趋势的不断加速，青壮年劳动力的供给将日益紧缺。加之建筑业所具有的"危、繁、脏、重"属性，若未来建筑业不能成功去除这些不利标签，重塑自我形象，势必无法吸引年轻劳动力进入这一行业。以澳大利亚为例，2015 年该国泥瓦匠的平均年龄已达 55 岁，若短期内无法吸引更多的年轻人加入，5 ～ 10 年之内该国便面临无工可用的尴尬局面。

（4）构建节约型社会。建筑业属于资源需求极为密集的行业，而传统的手工作业方式又流于粗放，建材使用不能精确控制，导致营建过程的材料浪费极为巨大。据美国有关部门测算，一栋普通民居，建造过程中材料浪费率高达 40%。此外，老旧建筑的拆除目前还未形成资源化回收的观念，除钢筋等少数金属材料外，其他材料均被作为建筑垃圾填埋，这种资源浪费的规模难以估量。事实上，若采用建筑机器人代替人工施工，通过合理规划和精细化作业，可大幅减少原材料浪费，甚至实现零浪费；利用机器人技术也可以实现老旧建筑材料的回收再利用。这些无形之中将会降低建筑成本，也符合构建节约型社会的时代价值要求。

（5）是实现人与自然和谐发展的有效途径。一方面，传统建筑施工均为"侵入式"开发，先开挖破坏原有植被，这一方式对于自然环境的破坏性很大。另一方面，建筑施工期间产生的固体垃圾、废水、有毒有害化学物质也会对环境产生很大危害。此外，水泥、钢材、玻璃等原材料的生产，对于环境的污染也很大。在倡导环保的时代大背景下，如何实现更具环境友好性的营建开发、减少垃圾及废物排放、提高原材料的利用率，均是时代对于建筑业革新的迫切要求。而以建筑机器人为代表的未来数字化营建技术，有望彻底重塑建筑业的面貌，实现真正的绿色环保、无污染的营建。

6.4.1.3　现状

（1）国外建筑机器人研究现状。关于建筑机器人的研究起源于日本。1982 年，日本清水公司的一台名为 SSR-1 的耐火材料喷涂机器人被成功用于施工现场，被认为是世界上首台用于建筑施工的建筑机器人。之后，越来越多的建筑机器人不断问世。美国军方的 John Deeve 690C 掘进机被用来修复爆炸毁坏的跑道；麻省理工学院的 trackbot 和 studbot 被用于墙体内部建设；日本清水公司的多功能行走车（MTV-1）可以修平和磨光混凝土楼板表面，并且能够自动躲避墙壁和立柱；外墙喷涂机器人可以进行外墙中间层以及保护层的自动喷涂，作业效率是人工的 5 倍；日本鹿岛建设株式会社的隧道钻探机可以进行钻探、鼓风、清理以及混凝土的喷浆作业；放射性碇切割机器人被用来进行核电站水泥柱的拆除作业；卡耐基梅隆大学的机器人挖掘机（REX）可以通过不接触物料的方式挖掘城市埋在地下的公共设施管道，进而保证管道不被破坏；鹿岛建设株式会社的瓷砖检测机器人能够自动敲击瓷砖，并分析所产生的声音同时记录瓷砖的位置信息，最终判断瓷砖的粘接强度。除了日本和美国在进行建筑机器人的研究之外，法国、德国、英国、以色列、荷兰、芬兰、丹麦、新加坡等国家也在进行相关领域的研究。如法国的国立机器人人工智能研究所（IIRIAM）和建筑科学技术中心（CSTB）；英国的布里斯托尔工科大学、诺丁汉大学、兰开斯特大学等；德国的斯图加特大学附属生产自动化研究所（IPA）；以色列的工科大学建筑研究所等。

（2）国内建筑机器人研究现状。我国在建筑机器人领域的研究起步较晚，目前主要集中在大学和一部分研究所，多数是机器人相关领域的团队在研究。如哈尔滨工业大学研究的遥控壁面爬行机器人，可以完成建筑物或者大型容器的壁面喷涂和检查。山东科技大学研究出一种煤矿井下喷浆机器人，可以实现自动、均匀的高效作业。河北工业大学研究开发了一种室内板材安装机器人，可以自动高效地实现大理石板材的干挂安装。

6.4.2　建筑机器人分类

就概念而言，建筑机器人包括"广义"和"狭义"两层含义。广义的建筑机器人囊括了与建筑物全生命周期（包括勘测、营建、运营、维护、清拆、保护、营救等）相关的所有机器人设备，涉及面极为广泛，常见的保洁、递送、陪护等服务机器人，以及管道勘察/清洗、消防等特种机器人均可纳入其中。狭义的建筑机器人特指与营建施工作业密切相关的机器人设备，其涵盖面相对较窄，但具有显著的工程化特点，典型系统包括墙体砌筑机器人、3D打印营建系统、基坑清理机器人系统等。本小节针对广义以及狭义的建筑机器人，对目前一些具有代表性的机器人类型及系统加以梳理和介绍。

6.4.2.1　营建类建筑机器人

（1）墙体砌筑机器人。世界上第一台建筑机器人应用于墙体砌筑方面。1994年，德国卡尔斯鲁厄理工学院（KIT）研发了全球首台自动砌墙机器人ROCCO；1996年，斯图加特大学开发了另一型混凝土施工机器人BRONCO。之后，哈佛大学、卡耐基梅隆大学等机构也都开展过一些建筑机器人研究。不过，受当时经济及技术条件所限，这些早期砌筑机器人系统均未投入实际使用，但是为后续型号的研究提供了前期的概念和理论铺垫。近年来，随着机器人技术走向成熟，以及劳动力成本的不断提高，砌筑机器人系统的研发重获发展契机，甚至部分系统已投入商业应用。现有的墙体砌筑机器人大多基于工业机械手改装而成，一般具有"移动平台＋递送系统＋机械臂"的体系结构。典型代表如美国 Construction Robotics 公司的 SAM（Semi-Automated Mason）系统、ETH Zurich 研发的 In-situ Fabricator 系统，以及澳大利亚 Fastbrick Robotics 公司的 Hadrian 109 砌筑机器人系统，如图 6-31 所示。

（a）SAM　　　　　　　　（b）In-situ Fabricator　　　　　　　（c）Hadrian 109

图 6-31　墙体砌筑机器人

SAM 100 砌筑机器人系统的核心是一具配备夹具的通用工业机械手、一套砖料传递系统以及一套位置反馈系统。机器人采用轨道式移动机构，由于工作轨道需事先人工铺设，故工作范围及灵活性受到一定限制。事实上，SAM 100 系统的设计初衷并非完全替代工人工作，而在于配合工人提高砌筑作业的效率，故采用了半自主化的工作模式。单台设备可使墙体砌筑效率提高 3～5 倍，减少工人超过 80% 的砖料抓举作业。目前，SAM 100 砌筑机器人系统已投入商用。

In-situ Fabricator 是一套用于非确定环境下砌筑作业的全自主机器人系统，其主体由一个汽油机驱动的履带式移动平台顶置一具 6 轴 ABB 工业机械臂组成，机械臂前端配置吸盘式抓取装置。

该系统通过配置于机械臂前端的 2D 激光雷达获取环境信息，用于监测砌筑进程、构建工作环境 3D 模型并实现机器人的自定位。与 SAM 100 系统相比，In-situ Fabricator 系统引入了鲁棒与自适应建筑技术，使得该机器人系统具备非标准墙体砌筑能力，并就墙体变化动态调整砌筑过程。与此同时，该系统还集成了移动机器人的自主导航技术，使其能够工作于存在障碍物的复杂施工环境，其自主性和智能化程度得到了提升。In-situ Fabricator 系统的砌筑效率约为人工的 20 倍，不过目前该系统尚处于实验阶段。

上述两种砌筑机器人适用于小范围作业，与此不同，Hadrian 109 砌筑机器人系统可以以单体建筑物的尺度开展工作。Hadrian 109 系统基于履带式挖掘机平台改装而成，配备一具长达 28m 的两段式伸缩臂，沿臂敷设有砖块递送轨道，其末端配备砖块自动夹取 / 砌筑装置。该机器人系统可基于 CAD 3D 模型自主完成建筑物的营建，砌砖速度高达 1000 块 /h，砌筑精度可达 0.5mm 水平，可在 1～2 天内建造完成一栋标准民居（约 200m^2）。该系统于 2016 年投入市场，先期在澳大利亚西部城市珀斯建造商用建筑。

（2）墙 / 地面施工机器人。众所周知，瓷砖、大理石等墙 / 地面装饰物的铺贴作业需要耗费大量的人力和时间，而且由于手工操作精度所限，材料的铺设精度与平整度很难保证，尤其是对于大型空间。目前，利用机器人技术进行瓷砖等的自主或辅助人工铺设或吊装作业，已成为建筑机器人领域重要的研发主题。

2014 年，新加坡未来城市实验室联合 ETH Zurich 开发了一款名 MRT（Mobile Robotic Triling）的地瓷砖铺设机器人 [如图 6-32（a）所示]。该系统由一个可自主实施室内导航的移动机器人平台和一具通用机器手组成，机械手末端配置有吸盘抓取装置和混凝土喷口。两套距离传感器安于机械手末端，分别用于识别邻近瓷砖边际和确定作业空间结构，同时配合以自适应控制算法，保证瓷砖铺设的精度。MRT 体积小巧，不仅可用于大型公共空间作业，而且也适用于小型居室的铺设工作。

(a) MRT　　　　　　　　　(b) C-ROBOT-I　　　　　　(c) Mobile Drilling Robot

图 6-32　墙 / 地面施工机器人

在国内，河北工业大学、河北建工集团在 863 计划的支持下，于 2011 年研发成功我国第一套面向建筑板材安装的辅助操作机器人系统——C-ROBOT-I［如图 6-32（b）所示］。该机器人系统面向大尺寸、大质量板材的干挂安装作业，可满足大型场馆、楼宇、火车站与机场等装饰用大理石壁板、玻璃幕墙、天花板等的安装作业需求。C-ROBOT-I 由搬运机械手、移动本体、升降台和板材安装机械手组成，采用超声波、激光测距仪、双轴倾角传感器、结构光视觉传感器等进行板材姿态检测与调整控制，可保证板材安装的精度和可靠性。C-ROBOT-I 的最大承载能力约为 2t，满载平移速度为 8km/h，最大安装高度达 5m，最大可操作板材尺寸为 1.0m×1.5m，可操作板材质量达 70kg 以上，安装精度约 0.1mm。采用该系统后，两名工人便可完成大型板材的安装，工作效率较传统作业方式可提高约 30 倍。

除了装饰物铺贴，墙面很多其他作业也都适合由机器人实施。例如，高层建筑外墙的粉刷、清洁等作业不仅耗时费力，而且极具危险性。2014 年，韩国机械与材料研究院（KIMM）开发出一款外墙施工机器人——WallBot。该机器人采用遥控方式工作，通过真空风扇吸附于墙面运动，目前已能完成墙体粉刷、平整和清洁等作业。另外，室内外管线安装中的打孔作业同样耗时费力，施工人员还要忍受粉尘和噪声的侵害，并且手工打孔的质量极难保证。2015 年，瑞典 nLink 公司推出了一款钻孔机器人系统——Mobile Drilling Robot［图 6-32（c）］。该系统采用"移动平台 + 升降台 + 机械手"的结构，具有手动和自动两种工作模式，通过专用 APP 设置孔径、孔深等参数，之后便可指定打孔位置进行打孔；若载入待安装线路系统（包括水、电、气、空调等）的 CAD/BIM 数据后，MDR 机器人便可自主完成打孔作业。目前 MDR 机器人已投入商业市场。

6.4.2.2 清运/清洁作业机器人

（1）清拆/清洁作业机器人。在建筑物的营建准备、基坑挖掘及老旧建筑改造、拆除过程中，涉及大量的土石方清运、既有结构清拆工作。现有的清拆施工，主要依靠人工驾驶挖掘机等破拆设备进行，作业危险性极高，工作环境粉尘及噪声污染严重，对施工人员的人身健康及生命安全构成了极大的威胁。这种粗放式的清拆作业，不但造成资源的极大浪费，使得大量混凝土材料被当作垃圾处理，而且后续的材料（如钢筋）分离回收又会造成人力的巨大消耗。为了解决这些问题，有关机构研发了清拆机器人，其作业方式包括两种：一种是冲击破碎，另一种是分离回收。

采用冲击破碎作业方式的清拆机器人大多基于有人驾驶清拆设备发展而来，主要改变在于利用遥操作技术替代原有人工驾驶系统。这种机器人化改造使得设备更为紧凑、体积更小，便于室内及狭小空间下的作业需求，广泛应用于灾难救援、房屋维修等领域。另外，遥操作技术使得操作人员远离施工现场，安全性和工作舒适性大获提高，可以大幅提高清拆效率。此类机器人系统目前各大工程机械制造商均有研发，瑞典 Husqvarna 公司的 DXR-301 型遥控清拆机器人如图 6-33（a）所示。

采取分离回收方式的清拆机器人系统直接将混凝土与钢筋剥离，同时予以资源化回收。瑞典 Umea 大学提出的 ERO 机器人系统即基于这一思路提出［如图 6-33（b）所示］。ERO 机器人由移动本体和机械臂组成，机械臂前段配备高压射流喷射装置破碎墙体，剥落的混凝土浆液被真空吸尘器收集并进行离心分离，其中的混凝土被打包收集，水进行循环再利用。ERO 系统目前尚处于概念研究阶段，但其所倡导的资源化、无污染清拆理念，代表了该方向未来的发展趋势。值得一提的是，国内目前也有一些基于高速射流的破拆设备问世，但均未考虑对墙体材料进行资源化回收。

（a）遥控清拆机器人（瑞典Husqvarna公司）　　（b）混凝土回收机器人（瑞典Umea大学）

图 6-33　建筑物清拆机器人

　　利用机器人技术实现基坑填挖等大规模土方作业的自动化，是近年来工程机械领域一个重要的研究方向。目前，基于遥操作技术或无人驾驶技术，已实现了对于推土机、挖掘机等设备的机器人化改造。然而，论及自动化、智能化程度最高的场地土方清理系统，当属日本工程机械巨头小松株式会社所研发的"智能建设"（Smart Construction）系统，如图 6-34 所示。SC 系统集成了小松株式会社所研发的无人驾驶挖掘机、推土机等工程设备，动用四旋翼无人机作为"目民睛"监控施工进度及设备状态，进而达成空–地协同及地面间各设备的有效协同。SC 系统利用无人机配备的 3D 激光扫描设备，实时绘制施工场地 3D 模型，进而指导施工规划；通过实时检测土方量变化，动态调整各设备任务。该系统自主化程度颇高，尤其是无人机的引入，成功解决了大面积清场作业信息获取不及时的问题，使得多机之间的在线动态规划与协同成为可能。这种技术集成思路值得其他系统借鉴和推广。

图 6-34　土方清理机器人系统（日本小松株式会社）

　　（2）高层建筑外墙清扫机器人。随着我国城市化的高速发展，雾霾空气对高层建筑外观的影响不容忽视，它不仅影响了居民的正常生活，而且严重影响了城市形象，因此，高层建筑外墙清扫显得愈加重要。常规的高层建筑外墙的清扫办法是采用人工吊篮的方式手工处理，这种处理方式的缺点是工人工作环境危险，劳动量大。

　　随着爬墙机器人技术的发展，科研人员对爬墙机构的吸附原理进行了研究，将其分为负气压式、履带磁吸式和真空泵吸盘式。但由于各种技术还不足够完善，所以目前还没有大规模量化生产，不被人们熟知。以下为各种原理的爬墙机器人的特点。

　　① 负气压式机器人腹部大部分接触墙面，依靠负压电动机将腹部空气抽走形成负气压，机器人被压在墙上，这种机器人的缺点是摩擦力大，动作慢，且不能跨越阴阳墙角。

　　② 履带磁吸式机器人用于金属结构外墙，靠履带式磁铁行走，这种机器人的缺点是结构庞大，耗电多。

　　③ 真空泵吸盘式机器人是仿生机器人，依靠足部吸盘接触墙面，工作原理类似负气压式机器人，缺点是活动范围较小，不能离真空泵太远。

　　针对以上三种爬墙机器人的不足，有一种正在研发的电磁吸盘式高层建筑外墙清扫机器人，它不需要负压电动机获取吸附力，靠四足行走，与墙面之间的摩擦力大大降低，能够适应多种材质的外墙清扫，在不久将来有望成功研发上市。

6.4.2.3　建筑消防机器人

　　针对越来越多的高层建筑火灾，消防云梯车等消防救援设备并不能完全满足高层建筑消防的实际需要。由于高层建筑楼梯间、电梯井、管道井等竖井的烟囱效应和风力影响，使火势迅速蔓延，消防人员无法从建筑内部或通过云梯进行灭火和救援。

　　目前，已有很多种不同功能的消防机器人用于救灾现场。从各国的研究情况来看，消防机器人应具有三个方面的作用：在短时间内实现对火情的侦察；能够对被困火中的人员进行有效的救助；能够携带一定量的灭火剂进行灭火。

　　消防机器人按其智能化程度可分为三代：第一代属于简易的遥控消防机器人，第二代是具有感觉功能的计算机辅助遥控消防机器人，第三代是智能化消防机器人。目前，工业发达国家正在加快开发具有不同功能的实用型第二代消防机器人和第三代低级智能化消防机器人，着手研究第三代高级智能机器人，并且把研究开发消防机器人列入国家技术发展规划，将它作为经济发展的一个重要保证手段。

　　目前，日本在消防机器人的研究方面处于世界领先地位，投入应用的消防机器人最多，共有 5 种消防机器人。

　　（1）遥控消防机器人。1986 年第一次使用了这种机器人。当消防人员难以接近火灾现场或有爆炸危险时，可使用这种机器人。这种机器人装有履带，最大行驶速度可达 10km/h，每分钟能喷出 2t 水或 3t 泡沫。

　　（2）喷射灭火机器人。这种机器人于 1989 年研制成功，属于遥控消防机器人的一种，用于在狭窄的通道和地下区域进行灭火。机器人高 45cm，宽 74cm，长 120cm，由喷气式发动机或普通发动机驱动行驶。当机器人到达火灾现场时，为了扑灭火焰，喷嘴将水流转变成高压水雾喷向火焰。

　　（3）消防侦察机器人。这种机器人诞生于 1991 年，用于收集火灾现场周围的各种信息，并在有浓烟或有毒气体的情况下支援消防人员。机器人有 4 条履带、1 只操作臂和 9 种采集数据用的采集装置，包括摄像机热分布指示器和气体含量测量仪。

　　（4）攀登营救机器人。攀登营救机器人于 1993 年第一次使用。当高层建筑物的上层发生火灾时，机器人能够攀登建筑物外墙壁调查火情，并进行营救和灭火工作。该机器人能沿着从建筑物顶部放下来的钢丝绳自己用绞车向上提升，然后利用负压吸盘在建筑物上自由移动。这种机器人可以爬 70m 高的建筑物。

（5）救护机器人。这种机器人于 1994 年第一次投入使用，能够将受伤人员转移到安全地带。机器人长 4m，宽 1.74m，高 1.89m，质量为 3860kg。它装有橡胶履带，最高速度为 4km/h，它不仅有信息收集装置，如电视摄像机易燃气体检测仪、超声波探测器等，还有两只机械手，机械手可将受伤人员举起送到救护平台。

目前国内外针对高层建筑火灾特点的消防机器人尚不成熟，国内消防机器人的研究工作正蓬勃展开，但大多属于在移动小车的基础上加装高压水枪或其他灭火剂发射装置，智能化水平仍待进一步提高。

6.4.2.4 可穿戴辅助施工机器人系统

人体外骨骼机器人（wearable robotic exoskeleton）是一类通过精密机械装置协助人体完成动作的装置（同步、加强、模仿），它结合了外骨骼仿生技术和信息控制技术，涉及生物运动学、机器人学、信息科学、人工智能等跨学科知识。目前，外骨骼机器人系统主要应用于医疗（助残、康复）和军事（增强负重、助力）领域，下一步自然是延伸至工业领域，包括工程施工、紧急救助（疾病、事故、灾害、突发事件）、生产制造、搬运输送、危险工作（如核电站操作维护、航天空间站、深水作业）等领域，用以减少工伤事故，提升工作效率。

在建筑施工领域，外骨骼机器人尚处于概念提出和原型机开发阶段。典型系统有 MIT 的 Arbeloff 实验室开发的 SRL 和 SRA（Supernumerary Robotic Limbs/Arms），如图 6-35 所示。SRL 系统主要用于高空作业人员安全防护，同时为钻孔等作业提供助力支持并稳定其工作位姿。SRL 通过背带固定于工作人员腰部，主体包括两个三自由度机械臂，可实现上下、左右及前后运动，目前通过平板电脑进行遥控操作。SRA 系统采用背囊式结构，主体包括两个六自由度机械臂和一套佩戴于工作人员腕部的传感器系统，主要功能在于辅助施工人员托举、稳定重物，以便双手可以进行更为精细和复杂的安装作业。SRA 最为显著的特点在于能够识别人员行为意图，自主决定何时、何地给予施工帮助，极大方便了工作人员。

（a）SRL　　　　　　　　　　　（b）SRA

图 6-35　施工用外骨骼助力机器人

在今后相当长一段时间内，建筑施工还不能完全由机器人替代，加之建筑业本身所具有的危险、繁重的自然属性，为了提升人员的施工效率并减少安全事故，今后在工程施工中引入外骨骼机器人将是必然之举，其应用潜力非常巨大。不过，鉴于外骨骼机器人系统涉及复杂的人体—机电—信息—控制等多学科，尤其是受制于人员运动意图判断、能源供给、控制策略等技术因素制约，这些系统要真正投入应用，尚需时日。

6.4.2.5　飞行建造机器人系统

近年来随着无人飞行器技术走向成熟，催生了利用四旋翼飞行器实施建筑物营建的新潮构想。飞行平台可以在 3D 空间自由移动，能够克服陆基系统对于脚手架等辅助设备的依赖，具有可扩展性好、作业空间不受限制等优势。同时，飞行营建可实现建筑物设计与营建全过程的数字化整合和信息化监督。因此，飞行营建特别适用于特殊非标准结构的营建作业。

飞行营建的概念由 ETH Zurich 的建筑与数字建造专家 Gramazio Kohler 联合该校机器人专家 Raffaello D'Andrea 一同提出。2012 年，他们实施了一个名为飞行装配建筑（Flight Assembled Architecture）的实验项目，利用多台四旋翼无人机搭建了一个高约 6m、包含 1500 块泡沫块的大尺度曲线形构筑物［如图 6-36（a）所示］。营建实验在一个配备运动捕捉系统的实验室进行，整个系统采用集中式控制体系，由一台中央计算机负责无人机运动数据采集、算法运算和运动指令发送，使无人机能够自主完成抓取、运送、定位、放置及充电等作业。该工作主要出于概念展示目的，其成功实施验证了飞行器平台实施结构体营建的可行性，产生了强烈的社会反响。

为了进一步展示飞行器营建不受空间限制的独特优势，Gramazio Kohler 还开展了柔性悬索结构的无人机搭建实验［如图 6-36（b）所示］，这类结构可用于野外的临时性通过或牵引结构。柔性绳索结构的基本构成元素包括结点（node）和链接（link），结点兼具固定和牵拉作用，结构相对复杂且类型很丰富，如半转结、圆转结、圆结等。根据其类型不同，需无人机牵引绳索实施绕飞、穿梭、双机配合等机动飞行，而如何将不同结点映射为无人机的有效飞行轨迹，便成为解决此类搭建最为关键的问题。另外，由于无人机需携带重物并牵拉绳索，故其控制需同时考虑牵引力和空间位置，这对无人机的运动规划、飞行控制及多机协同均提出了极高的要求。

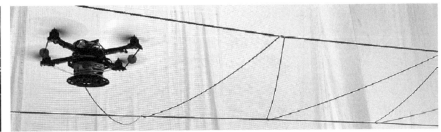

（a）Flight Assembled Architecture　　　　　（b）Building Tensile Structure

图 6-36　飞行建造

以上两项工作均采用集中式协调策略控制多台无人机运动，与此不同，宾夕法尼亚大学的 Lindsey Kumar 基于分布式协同技术，开展了多台四旋翼无人机搭建三维立体框架结构的研究，使得各无人机在不获取结构体全局信息的情况下便可完成预设结构搭建，极大地降低了无人机系统的控制复杂度。此外，ARCAS项目关注于利用装配在直升机上的机械臂进行装配作业。

与常规的陆基建筑机器人相比，空基营建作业的最大优势在于飞行器运动空间不受限制、通用性好、可扩展能力强，这有助于在数字化建筑物设计方案与自动化营建之间建立更为直接的联系，提高施工作业的灵活性，后继发展潜力很大。不过就当前而言，受制于无人飞行器承载能力、建筑任务分解与规划、大载荷下的飞行稳定性、多机协同控制等技术因素的局限，飞行营建技术还处于非常初级的概念研究阶段，该技术要真正投入使用还为时尚早。

6.4.2.6 建筑物机器人化营建框架

前面所述建筑机器人技术大都针对某一单项任务，其中多数系统的研发目的仅着眼于对现有手工作业的替代，整个营建模式依然遵循经典模式。事实上，为了最大限度发挥建筑机器人的优势，既有的建筑结构及营建模式必须发生适应性改变。这便涉及如何利用机器人开展更为有效的营建作业这一基础性问题。

2015年，英国政府资助了一项名为"针对建筑环境的柔性机器人装配模块"（FRAMBE）的新一代建筑机器人研究计划。该项目由工程机械巨头 Skanska UK 领衔，联合了 ABB Robotics（机器人）、Dekla UK（软件）、Exelin（咨询）、The UKs Building Research Establishment（建筑设计）等多家机构，旨在从整体实施思路出发，建立将机器人技术引入建筑施工的整体框架并进行演示。FRAMBE 的大致思路是基于模块化思想，建筑物整体采用模块化结构，利用机器人进行预置模块的就近制造，现场采取机器人装配。该项目目前尚未发布研究结果，其最终成果值得期待。

另外一项值得关注的项目便是 Google 公司位于山景城的新办公大楼的建造，如图 6-37 所示。据报道，Google 计划研发一款（套）名为 Carbot 的机器人来建造整栋建筑。该建筑将采用模块化结构，包括墙体、立柱、地板等基本构件，可通过对相关模块的拆解与重组改变室内空间布局，以针对不同的空间使用需求。这种"可变形空间"的思想将极大地简化室内改造的成本和难度。Google 的这一项目极具想象力，然而到目前为止尚未见其发布详细技术报告。

CRABOT机器人

图 6-37 Google 新总部建造设想图

毫无疑问，随着机器人技术越来越多地应用于建筑施工作业，势必导致建筑物本身及其营建模式的巨大改变。因此，在目前除了主要着眼于工序替代的建筑机器人研究之外，急需开展更为广义和具有指导性、方针性的机器人化施工框架研究，以使建筑物和机器人相互适应，达到真正自主、智能、高效营建的目的。目前来看，建筑本体及施工作业的模块化，是一条较为可行的途径。

6.4.2.7　其他建筑机器人系统

建筑机器人的涉及面非常广泛，除前面所列举的几大类，还有其他一些与建筑施工作业密切相关的系统。例如，混凝土建筑中需要对钢筋、钢丝等线材进行箍扎作业，该工作耗时费力，近来出现了基于通用机械手的线材编制机器人［如图 6-38（a）所示］；基坑四壁、隧道和矿坑内壁的混凝土喷浆加固作业，目前已有投入应用的喷浆机器人系统，极大地提高了喷浆效率和喷施均匀度［如图 6-38（b）所示］；在大型钢结构施工中，已有专用的焊接机器人参与部件高精度对接作业，北京奥运场馆"鸟巢"和"中国第一高楼"上海中合的钢结构施工中均用到了建筑焊接机器人［如图 6-38（c）所示］；基于 SLAM 与无人机技术的建筑物三维重建，在建筑物的勘察、保护等方面亦极具应用前景；目前用于建筑物消防、管线清理的机器人系统，更是不胜枚举。

（a）线材编织机器人　　　　　　　（b）混凝土喷浆机器人　　　　　　　（c）钢结构焊接机器人

图 6-38　其他建筑机器人

6.4.3　机器人技术下的建筑设计理念

6.4.3.1　概念化设计

（1）建筑机器人的两个特性。建筑师都有着对新工具新技术的渴望与执着，因为这些技术可以帮助他们更有效地建模和施工。当建筑师们设计了复杂的形式，如非线性建筑之后，会选择参数化软件或者计算机数字控制机床来解决结构模拟和构件加工的问题。计算机数字控制机床也可以视为一种较为基础的建筑机器人。除了作为实现建造的工具，建筑机器人的原理也给建筑师提供了更加概念化的设计理念。总的来说，参数化系统和精确度控制这两种特性增加了设计的可能性，昔日建造困难的概念设计甚至可以从纸面、屏幕转为现实。

（2）机器人参数化对设计形式的概念化。参数化在当前建筑概念化中扮演着重要角色，建筑机器人对参数化功能的充分开发，更加速了参数化在建筑设计行业概念设计中的应用。拿仿生设计来说，在德国 2014 年 Landesgartenscha 展览中，来自 ICD/ITKE/IIGS 斯图加特大学的建筑团队使用智能计算机数字控制机床来展示他们的研究成果。他们提出仿生轻质的概念，建造了一个类海胆的有机形式。相比于手工结构，参数化可以控制极高等级的形态变化。更特别的是，机器人的参数化特性可以根据设计方案自行有效利用建筑原材料，通过仿生的测量技术，建筑师可以最小化 243 块木制模块的材料花费。根据形态学，他们可以用参数化来设计生物的形体，同时开发每个模块的物理性能。某种程度上，机器人科技中的参数化加速了建筑设计向着生态学方向发展概念化设计。

（3）机器人精确度对设计结构的概念化。另一个概念化影响是精确度带来的新的结构理念，这种结构理念基于建筑机器人的精准度。在同样的实例中，ICD/ITKE/IIGS 斯图加特大学的团队在结构上设计了一种新的建造方法，叫作"手指节点"，这种"手指节点"由相互交错的 7600 余个单独的连接点组成，这些连接点在外部不可见，以此来保持结构的简洁性和整体性。这种结构理念正是在微观领域通过精确的无缝节点来实现的。

这种结构理念在传统技术下实现起来会耗费大量时间和精力在计算和绘制工作上，即使那样，传统技术的精确度还是无法避免 7600 余个模块的安装产生的误差，而建筑机器人在形态上的灵活操控鼓舞了这种新的结构理念的发展。相比其他机器人已较早推广的制造领域，制作复杂各异的单体零件即是依赖机器人精确操控，增加设计的可行性同样也丰富了工程师的思维。建筑领域亦将是如此。机器人的参数化原理和精确特性将极大增加建筑设计的可行性，进而增加概念化设计的机会。

6.4.3.2　大尺度构件设计

（1）功能整合的趋势。随着建筑机器人在行业中的广泛应用，建筑设计的理念变得更概念化时，建造的细节也将同样包含更复杂的功能。更加复杂的功能会引导建筑师设计更加大尺度的构件。当代建筑中，墙体的厚度随着功能的增加而增加：隔热材料被添加在墙面来改善热工性能；钢框架被安装在墙面来固定装饰；通风管道也被组合进墙体中来保持冷却供暖。

（2）机器人对构件的功能堆叠。作为一项革命性的科技，建筑机器人具有将更多功能整合在构件上，合理配置空间资源的便利性。同济大学的建筑设计团队发展了一套更为高阶的，名为 6-DOF 的建筑机器人，其基础框架来源于蜘蛛网（见图 6-39）。这套框架可以让机器人根据建筑的结构逻辑，生出更为精巧复杂的形态和功能。这项技术的潜在意义是建筑节点设计的便捷性，建筑师将输入他们想要的功能于构件上，如墙体、楼板，而后 6-DOF 机器人会依据建造结构合理布置节点处的空间使用和自行制造需要的构件。

上述以研究为目的的机器人单体也许不够典型，或者说不能够成为一种趋势，但是自从 21 世纪以来，国际会议例如国际建筑机器人协会 2012 年创建的 ROBIARCH，在其机器人研发中已经倾向于赋予构件产品更多的功能。美国密歇根大学名为 Craft Class 4 Robots 的建筑机器人依赖于另一种不同于 6-DOF 的方法来实现复杂的功能。团队成员将 4 个机器人用于 4 项主要分工，它们分别负责 Bot& Dolly 软件模拟的运动、分析传感器的输入输出、运动捕捉的数据和处理实验的结果。即使只有两个 KUKA KR60 工业机器人承担建造角色，这种建造方法也可以自动根据一系列对传感器输出结果的捕捉来添加需要的功能和涂层。如果收集到的传感器结果越多，就会有越多的功能被自动应用于构件中。

建筑机器人的智能会鼓励建筑师们通过计算机在构件上应用越来越多的功能，虽然机器人可以设计和制造整洁的构件表面，但是由于材料的限制，功能的堆叠会不可避免地增加构件尺寸。

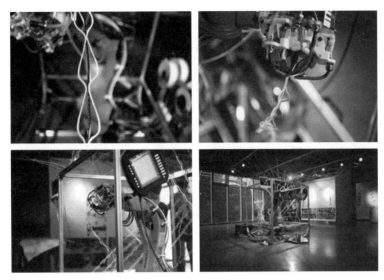

图 6-39　KR 6R700 机器人正在全身心投入地进行着 "仿生建筑设计"

（3）材料发展与功能增加的脱节。现有建筑材料不能随着功能的快速填充而显著地轻薄化。出于经济性的考虑用于实际建造的材料主要是现代建筑材料，在多数情况下建筑机器人可以任意使用塑料、金属、木材等普通材料来生产产品，但是这些材料都不能够在显著控制成本的同时有效地减少厚度，更别说还需要保持材料基础的建筑物理性能。所以说，机器人在增加构件功能的同时也是在增加构件的尺寸。

6.4.3.3　渐变化建筑表皮

（1）建筑机器人对数据的感知和处理。如果建筑机器人的参数化原理可以为建筑师在创新的方向上提供指引，那么是否这种原理也可以带来更多的设计形式？答案是可以的，建筑机器人的智能参数化可以让建筑的立面更为渐变。在使用参数化时，建筑师虽然可以输入因数进行调控，但机器人输出的结果会根据特定的环境条件而改变。换句话说，机器人可以在一定程度上做出设计决定。建筑机器人输出结果的不确定性造成了建筑表面的变化。研究者Alexandre Dubor 介绍到他们的 Sense-It 6-Axis 机器人时说到："它们突破机械、材料、传感器接口的限制来使它们协同工作，而不需要观测操作员的直接干预，Sense-It 6-Axis 机器人借用了传感器的响应性和建造材料的属性来产生人为不可预测的产品结果。在参数化、塑料沉积和实时传感器之间的反馈回路会注入工作站的结果，这种结果还伴随智能的不稳定性。换句话说，这种结果可以被引导但是不能被完全预测。"因此，这些传感器会使用一定比例的工作点来收集数据，然后相关的参数会重新生成设计。

（2）外部数据的渐变性生成建筑表皮的渐变性。前面提到工作点用于收集数据，那么数据输入端的依据是哪些方面？它们可以是建筑的外部环境。单体建筑的生态环境中极少存在陡然的变化，所以输出参数，特别是外立面会呈现出渐变的效果。建筑的周围环境例如风荷载、气温范围和日光质量这些主要因素都控制着建筑机器人的输出结果。第一，风荷载会随着建筑高度的增加而增加，使用自适应机器人建造的立面则会展示出明显的垂直方向的渐变。这种立面的垂直渐变可以和高层建筑的结构相配合，因为高层或者超高层的风荷载会极大影响立面与结构设计。第二，建筑周围的温度范围会随着季节和位置而变化，因此，建筑机器人极有可能会根据外部气温建造地域性、季节性的渐变立面。第三，建筑的采光会随着环境和方向而变化，随着遮挡和暴露，建筑接收光的范围差距变化也会更为剧烈，如果建筑机器人具备足够敏锐的传感器，相比于前两个因素，光线引导的立面渐变会更富于变化。

总而言之，如果使用者从微观角度观察一个建筑机器人风格的建筑，建造的成果将是随环境变化的，而立面也将呈现出惊人的渐变。相信随着建筑机器人可适应性的普及，越来越多的机器人建筑将会具备立面渐变的特性，而这种独特的非人工立面也将是机器人建筑中的特色元素。

6.4.3.4   机器人建筑风格的反思

（1）机器人建筑对建筑简洁性和建构文化的冲击。由于机器人尖端技术的优势，机器人建筑的设计理念将是突破性的，但是从现代建筑文化的角度来说，机器人建筑的自由形式有可能会使建筑丧失自20世纪发展而出的简洁性和建构性，这种形式的过度变化还会破坏特定建筑的氛围，例如图书馆所需要的宁静氛围。

（2）机器人建筑的独特视角和拓展价值。然而，对于简洁性和建构性的缺失，建筑机器人也不完全意味着疯狂的形式，如前面所说，它仅是代表一种新的建筑理念。形式只是表达方式的一种，当代建筑不断涌现出丰富的理念，诸如古典主义、未来主义、全球主义、地域主义、建构文化和机器人建筑，这些不同的建筑风格和理念之所以可以存在是因为使用者从来不会从单独一个角度来理解建筑。宁静等建筑氛围虽然是一种人类特有的感觉，但是在实现的过程中也会有科学逻辑与具体方法，所以也很难断言空间氛围无法靠参数化来模拟与实现。

（3）机器人建筑在领域内探索的必要性。既然人们可以用程序化的机器人来生成变化，就有能力编写程序代码来设计宁静的空间氛围。从哲学角度上看科学发展，不停探索是事物发展的必然，现有的范式都存在无法解决的问题，直到问题可以通过新的范式解决而取代，尝试机器人建筑就好比试验新的范式，即便无法取代现有的建筑体系，也会为当下建筑问题寻找新的出路。

建筑机器人作为一个具有极大发展潜力的新兴技术，有望实现"更安全、更高效、更绿色、更智能"的信息化营建，整个建筑业借机完成跨越式发展。建筑机器人不仅可以高效地建设建筑，还可以在今后形成新的建筑设计理念，它包括在未来更加新颖的概念，更大尺度的构件和更渐变的外立面。具体来说，它的参数化和精确度可以发展出更加创新的概念化设计，而日趋复杂的功能能够引导建筑师设计更大尺度的构件，最后，机器人建筑会让建筑立面更富有渐变性。随着机器人性能不断被挖掘，这3个建筑特性在将来或许不会是最主要的，但是在现阶段，这些机器人建筑设计理念依然具有探索与启发的意义。在实际项目中，机器人可以成为建筑师的合作伙伴，对机器人的接受可以为建筑师提供更多的角度来思考当下存在的诸多问题，如工业化背景下的可持续建筑，全球化背景下的地域保护等。

建筑业在我国属于支柱产业，2015年其总产值达18.08万亿元，占到GDP近27%的份额，从业者近5000万，这一庞大的内需市场为我国建筑机器人的发展壮大提供强有力的保障。在"十三五"规划中，明确指出将大力发展机器人技术，这一方针将对建筑机器人的开发应用产生极为深远的影响。十多年来，我国在工业机器人、特种机器人以及机器人通用技术方面已经积累了较多的经验，并储备了大量人才，加之国家大力倡导创新的利好局势，建筑机器人未来在我国必将取得长足的发展。

6.5 大数据的分析与应用

6.5.1 大数据的概念

大数据，简单地说是通过对全量数据，也就是对群体数据的研究，来认识个体的一种方法。将采集过来的原始数据加工成规律，用这个规律来科学地解释过去、现在以及将来，并且用数据来支撑决策，让一切有理可依。它也是将经验量化成定律的一种求真思维。

美国互联网数据中心指出，互联网的数据每年将增长50%。国际数据公司（IDC）的研究结果表明，2008年全球产生的数据高达1.82ZB，相当于全球每人产生200GB以上的数据，而到2012年为止，人类生产的所有印刷材料的数据量是200PB，全人类历史上说过的所有话的数据量大约是5EB。IBM的研究称，整个人类文明所获得全部数据中，有90%是过去两年内产生的。

大数据有四个特点：

第一，数据体量巨大，从TB级跃升到PB级。

第二，数据类型繁多，数据来源于各种各样的渠道。

第三，价值密度低，商业价值高。

第四，要求处理速度快，处理时间太久就失去价值。

6.5.2 建筑行业数据现状

目前，全球已经开始步入大数据时代，我国政府高度重视大数据产业的发展。国家"十三五"规划纲要明确指出，实施国家大数据战略，把大数据作为基础性战略资源，全面实施大数据发展行动，加快推动数据资源共享开放和开发应用，助力产业转型升级和社会治理创新。

我国每年工程建设行业占据我国GDP的30%左右，解决就业人口超8000万。行业仍然是非农产业中工作方式最传统，生产效率最为低下的领域。研究表明，建筑业是数据量最大、业务规模最大的大数据行业，但同样是当前各行业中最没有数据的行业。建筑行业近30年来一直被约20%的行业增速麻痹，整个行业基本与互联网和大数据割裂，管理创新能力弱，企业与行业的转型升级步履艰难。

在数据分析的方法尚未普遍应用时，建筑企业负责人所做的决策基本都是根据以往积累的经验进行，决策的正确与否仅依赖于决策人经验的丰富程度和对事物的判断能力，难以保证决策的科学性和正确性。

大数据的出现，将逐渐改变这一决策习惯，它可通过对大量历史数据的整理与分析，为决策人提供更加有效的决策依据。例如决策人可通过对以前项目施工条件、项目施工进度、项目施工影响因素等数据进行分析来制订未来同类项目的施工进度计划，进而制订相应的预算。

2018年，全国建筑业总产值235086亿元，同比2017年增长9.9%。中国建筑业呈现个位数增长，行业发展进入低谷期，建筑业企业转型升级迫在眉睫。建筑业企业需要充分挖掘和利用自身的大数据，逐渐提高生产效率，进而实现产业转型升级。

6.5.3　大数据的形成及应用阶段

任何企业的大数据发展必须经过以下几个阶段，中间可能整合迭代优化过程。

（1）数据准备与分析。引入企业各方数据源，并进行数据的标准化建议，为数据收集整理创造条件。然后进行多方数据采集，打通各种数据之间的转换渠道，实时监控数据质量，确保数据安全。

（2）数据分析与产品。对接入的数据进行初步分析，形成可分类、可扩展的数据库资源。制订行业标准数据格式，为数据产品研发提供基础支撑。

（3）数据产品及服务。通过行业中间数据标准，形成行业数据产品。初步将数据产品转换为服务，解决行业痛点，并逐步提供信息化的解决方案。

（4）形成数据资产，并深入运用。把行业数据及产品进行数据资产化管理，通过互联网扩展应用渠道，将数据资产转化成市场财富。

6.5.4　建筑行业大数据的未来

对于建筑业而言，大数据在行业中的应用遍布"各个角落"。以建筑物为例，一栋楼在建筑阶段大概能够产生 10TB 的数据，如果到了运维阶段，这个数据量还会更大。相关数据显示，我国每年大概有 50 万个甚至 60 万个项目产生，因此，建筑业是一个不折不扣的具有海量数据的行业，而这些数据散落在各个不同的政府部门、施工现场中。这些大数据可以帮助建筑业企业便捷地了解市场，合理确定自身需求。对于结构复杂、专业交叉施工多、施工难度大的工程建设项目，建筑业企业可以通过建筑信息模型（BIM）技术，以相关信息数据为基础建立工程模型，并通过大数据技术了解人员、设备、材料等要素的市场行情，优化设计方案，在设计之初就在成本、质量、工期、安全和环保等目标之间寻找到最佳平衡点，减少合同履约阶段人、材、物的浪费和延误工期的损失（见图 6-40）。

图 6-40　建筑大数据概念图

目前，大数据在建筑行业项目管理质与量的提升、实现项目成本的量化管理方面的作用已经初见端倪。因此，打造集"互联网＋物联网"以及大数据应用于一体的建设工程施工现场管理云平台，对建筑业企业全面掌握项目中存在的问题并提出针对性的解决方案、降低项目成本、提高工作效率、降低生产风险、提升企业利润等方面将发挥重要的作用。

参考文献

［1］ 陈金海，陈曼文，杨远哲，等．建设项目全过程工程咨询指南［M］．北京：中国建筑工业出版社，2018．

［2］ 杨卫东，敖永杰，翁晓红，等．全过程工程咨询实践指南［M］．北京：中国建筑工业出版社，2018．

［3］ 胡勇，郭建淼，刘志伟．全过程工程咨询理论与实践指南［M］．北京：中国电力出版社，2019．

［4］ 王辉，徐希萍．全过程工程咨询概论［M］．郑州：郑州大学出版社，2018．

［5］ 蔡志新．全过程工程咨询实务指南［M］．广州：华南理工大学出版社，2018．

［6］ 曾金应．全过程工程咨询服务指南［M］．北京：中国建筑工业出版社，2020．

［7］ 季更新．全过程工程咨询工作指南［M］．北京：中国建筑工业出版社，2020．

［8］ 刘辉义，李忠新，张文勇．全过程工程咨询操作指南［M］．北京：机械工业出版社，2020．

［9］ 吴玉珊，韩江涛，龙奋杰，等．建设项目全过程工程咨询理论与实务［M］．北京：中国建筑工业出版社，2018．